양심을
보았다

BEAUTIFUL SOULS
Copyright ⓒ 2012, Eyal Press
[2012 being the year of initial English-language publication of the Work]
All rights reserved

This Korean translation published by arrangement
with Eyal Press c/o The Wylie Agency (UK) LTD through Milkwood Agency.

이 책의 한국어판 저작권은 밀크우드 에이전시를 통한 저작권자와의 독점 계약으로 한국어판 판권을 흐름출판이 소유합니다.
신 저작권법에 의해 한국 내에서 보호를 받는 저작물이므로 무단전제와 복제를 금합니다.

분노할 것인가, 침묵할 것인가
양심을 보았다

초판 1쇄 인쇄 2014년 3월 3일
초판 1쇄 발행 2014년 3월 10일

지은이 이얼 프레스
옮긴이 이경식
펴낸이 유정연

책임편집 김소영
기획편집 김세원 최창욱 장지연 **전자책** 이정 **디자인** 신묘정 이애리
마케팅 이유섭 최현준 **경영지원** 박승남 김선영

펴낸곳 흐름출판 **출판등록** 제313-2003-199호(2003년 5월 28일)
주소 서울시 마포구 동교로 134, 3층(서교동 464-41)
전화 (02)325-4944 **팩스** (02)325-4945 **이메일** book@hbooks.co.kr
홈페이지 http://www.nwmedia.co.kr **블로그** blog.naver.com/nextwave7
출력·인쇄·제본 (주)상지사 **용지** 월드페이퍼(주) **후가공** (주)이지앤비(특허 제10-1081185호)

ISBN 978-89-6596-104-8   03810

• 흐름출판은 독자 여러분의 투고를 기다리고 있습니다. 원고가 있으신 분은 book@hbooks.co.kr로
  간단한 개요와 취지, 연락처 등을 보내주세요. 머뭇거리지 말고 문을 두드리세요.
• 파손된 책은 구입하신 서점에서 교환해 드리며 책값은 뒤표지에 있습니다.

이 도서의 국립중앙도서관 출판시도서목록(CIP)은 e-CIP홈페이지(http://www.nl.go.kr/ecip)와 국가자료공동목록시스템
(http://www.nl.go.kr/kolisnet)에서 이용하실 수 있습니다. (CIP제어번호 : CIP2014005913)

살아가는 힘이 되는 책 흐름출판은 막히지 않고 두루 소통하는 삶의 이치를 책 속에 담겠습니다.

B·E·A·U·T·I·F·U·L·S·O·U·L·S

양심을 보았다

분노할 것인가,   침묵할 것인가

이얼 프레스 지음 | 이경식 옮김

흐름출판

이 책에 쏟아진 찬사

우리의 도덕적인 삶과 도덕적인 상상력의 한가운데에 위대한 저항의 본보기들이 자리한다. 그것은 바로 '아니오'라고 말했던 사람들의 위대한 이야기이다.

— 수전 손택, 《타인의 고통 Regarding the pain of others》 저자

사람들은 보통 용기라고 하면 예를 들어 총탄이 비 오듯 쏟아지는 전쟁터를 누비거나 눈 덮인 에베레스트 산을 오를 때 필요한 어떤 것쯤으로 생각한다. 그러나 이얼 프레스는 이 용기를 전혀 다른 방식으로, 또 훨씬 중요한 어떤 덕목으로 파악한다. 그는 수십 년이라는 세월에 걸쳐서 세계 곳곳에서 일어났던 사건들을 차례로 하나씩 풀어내면서, 예컨대 비윤리적인 행위를 하는 기업 경영진의 지시를 거부하는 데도 전체주의 체제에 저항하는 것만큼이나 큰 용기가 필요함을 입증한다.

— 애덤 혹스차일드, 《모든 전쟁을 끝내려면 To End All Wars》 저자

어떤 집단에서 대다수 사람들이 원칙을 지키지 못함에도 어째서 몇몇 사람은 여전히 원칙을 지키는지, 그 이유를 알 수 있는 책이다. 양심, 집단의 압력, 윤리 그리고 영혼을 다루는 이 책은 우리 시대에 정말 소중한 책이다. 양심과 관련해서 제기될 수 있는 문제들에 섣부른 대답을 거부하며 양심의 문제를 진지하게 파헤친다.

— 레베카 솔닛, 《이 폐허를 응시하라 A Paradise Built in Hell》 저자

이 책을 가까운 사람 누군가의 손에 슬쩍 쥐어주고 싶은 것은 이 책이 소개하는 작고 평온한 어떤 서사적 순간들 때문이다.

— 〈뉴욕타임스〉

인간의 숭고한 정신을 강력하게 환기시킨다.
— 〈월스트리트 저널〉

흔히 도덕적 딜레마는 연극 무대에서나 교회 설교단 위에서는 '흑 아니면 백'으로 선명하게 갈린다. 그러나 저자는 우리의 실제 삶에서는 흑과 백 사이에 회색이 있음을 보여준다. 원칙을 따지는 논리적인 사람이라면 못 보고 지나칠 만한 개인적인 정황들을 세세하게 제시했다.
— 〈이코노미스트〉

저자는 정교한 솜씨로 불복종이라는 주제를 다룬다. 《양심을 보았다》를 따뜻한 위로와 격려라고 생각하면 별 것 아닌 것처럼 보이겠지만, 동정심이 위대하지 않은 적은 한 번도 없었다.
— 〈뉴욕타임스〉 북리뷰

도덕적 선택을 둘러싼 도발적인 이야기들. 저자는 이런 질문을 던진다. 과연 우리에게는 다수에 맞서 행동함으로써 어두운 시대에 빛을 뿌릴 힘이 있을까?
— 〈워싱턴포스트〉

정말 매력적인 책이다. 양심의 판단을 좇아서 결코 쉽지 않은 길을 가는 행위에 대한 눈부신 명상이다. 모든 사람에게 말하고 싶다. 이 책을 꼭 읽으라고.
— 〈네이션〉

추천의 글
우리가 놓치고 있던 것들

우리 마음에는 무엇이 담겨 있을까요? 무엇이 담겨 있기에 이리도 많은 움직임들이 있을까요? 아주 작은 일에서 커다란 일들에 이르기까지 마음의 움직임은 현란하기까지 합니다. 그 마음의 움직임이 우리를 살아가게 하는 힘이 되겠지요. 그러나 그 움직임이 차츰 약해지고 있다는 생각이 들어서 안타깝습니다. 자신을 돌보는 일에, 이웃을 돌보는 일에, 그리고 세상을 돌보는 일에 마음을 나누어주었던 아름다운 일들이 사라져가는 것 같아서 슬퍼집니다.

이얼 프레스의 《양심을 보았다》는 우리가 그동안 놓치고 있던 것이 무엇이었는가를 알려줄 것 같습니다. 돌보는 데에 마음을 쓰는 이들과 함께하는 것입니다. 내부 고발자인 주인공들이 절망적인 소외감에 빠져 있을 때 그 옆에 함께 있어준 누군가야말로 양심을 지탱하는 버팀목이었습니다. 그 대목이 제게는 매우 큰 희망으로 느껴졌습니다. 우리 역시 이제 수많은 선택의 자리에 놓일 것입니다. 그 선택의 순간에 올바른 선택을 위한 지도를 그리고 있어야겠습니다. 그리고 올바른 선택을 한 이들에게 박수와 함께 지지가 있어야 하겠습니다. 그저 세상을 위해 일했다는 한마디가 아니라 그를 마음으로부터 받아들이는 또 하나의 선택이 있어야 하겠습니다.

책을 읽는 내내 저자가 주인공들과 대화를 나누듯이 시대를 왕래한 것처럼 이 책을 읽는 독자들도 함께 시대를 여행할 수 있을 것입니다. 그때 그 자리에서 나는 어떻게 했을까? 어떻게 하여야만 했을까? 선한 마음을 가진 사람이라면 그 여행이 조금 더 진지해질 것 같습니다. 그리고 매 순간 시대의 주인공이 될 것입니다.

이 책을 읽는 또 하나의 기쁨은 주인공들이 탁월한 재능과 지혜를 가진 사람들이 아니라는 점입니다. 나와 똑같은 사람이고, 내 이웃이며, 내 형제자매입니다. 그래서 세상을 구하는 사람들이 결코 영웅적 캐릭터로 마련된 구세주가 아니었다는 것입니다. 나도 당신도 세상을 구할 수 있다는 희망입니다. 그러면 이 세상은 조금 더 돌봄을 받을 것이니 말입니다. 그러면 그 마음들이 더 아름다운 세상이 될 것이니 말입니다.

이 책이 굳어져 가는 마음을 녹이는 부드러운 바람이 되었으면 좋겠습니다. 말라져 가는 마음을 녹이는 빗줄기가 되었으면 좋겠습니다. 그리고 따스하게 살아 숨 쉬게 하는 맑은 햇빛이 되었으면 좋겠습니다.

— 나승구, 신부·천주교정의구현전국사제단 대표

프롤로그
'아니오'라고 말한 보통 사람들

폴란드 동부 지역의 작은 도시 유제푸프. 이 도시의 중앙 광장을 지나 약 1.6킬로미터쯤 더 들어간 곳에 작은 숲이 있다. 벨벳처럼 부드러운 이끼가 깔려 있고 솔방울이 여기저기 떨어져 있는 숲이다. 마을 외곽, 어쩐지 음산한 분위기를 풍기는 연못 건너편에 위치한 이 숲에는 나무 말뚝 수십 개가 여기저기 박혀 있는데, 사람들은 관목과 잡풀이 우거진 이곳을 지나가면서 거기 자리 잡은 5,60센티미터 높이의 말뚝들은 보지 못하고 그냥 지나친다. 말뚝 주변에 서 있는 소나무 둥치에는 파란색과 흰색이 섞인 리본들이 묶여 있다. (이스라엘 국기를 구성하는 색깔이 파란색과 흰색이다―옮긴이) 어느 고요한 여름날, 나는 소나무 사이로 나 있는 그 길을 따라서 걸어갔다. 숲은 기괴하리만큼 적막했다. 나무 말뚝 위, 말라붙은 진흙이 묻은 작은 표지판에 이름이 적힌 사람들. 한때 그 마을의 주민이었다가 지금은 넋으로 남은 그 사람들에게 마치 공기조차 경의를 표하는 것 같았다. 비닐로 감싼 표지판들에는 유대인의 별 표식과 히브리 글자 그리고 1942년 7월 13일이라는 날짜가 새겨져 있었다.

  운명의 그날 새벽, 동 트기 전의 유제푸프는 적막했다. 그런데 갑자기 시끄러운 엔진 소리가 이 적막을 깼다. 트럭 여러 대가 마을로 들이닥친 것이다. 마을에서 서쪽으로 약 30킬로미터쯤 떨어진 도시 비우고라이에서 온 트럭 행렬이었다. 트럭에는 나치 독일 101예비경찰대대의 대원들이 타고 있었는데, 이들은 도착하자마자 곧바로 마을에 살던 1,800여 명의 유대인 주민들을 집 밖으로 끌어냈다. 광장으로 끌려나온 주민 중 일을 할 수 있는 남자들이 선별되었다. 강제노동수용소로 보내질 사람들이었다. 하지만 대부분의 주민, 즉 여자와 어린이와 노인들은 트럭에 태워져 숲 입구까지 갔고, 거기에서 차례대로 몇 명씩 숲으로 걸어 들어갔다. 이들은 줄지어 바닥에 엎드렸다. 그 뒤로 독일 경찰이 한 사람씩 섰다. 경찰들은 자기에게 할당된, 이제 곧 학살될 유대인의 목에 소총 총구를 겨누었다. 사람들은 죽음의 공포 앞에 비명을 질렀고, 커다란 비명은 메아리가 되어 숲을 흔들었다. 총구들은 어김없이 불을 뿜었다. 소나무 그림자 아래, 희생자의 두개골 윗부분이 분리되어 땅에 떨어졌다. 길고 긴 학살은 아침부터 밤까지 이어졌다. 숲에 쌓이는 시체는 점점 늘어났고 주변은 온통 피바다가 되었다. 학살을 집행하는 경찰대대 대원들의 옷도 온통 피범벅이었다. 경찰들은 중간 중간 담배를 피우며 휴식을 취했다. 학살은 그렇게 밤늦도록 집행되었다.

내가 메고 간 백팩에는 역사학자 크리스토퍼 R. 브라우닝이 쓴 《아주 평범한 사람들 Ordinary Men》이 들어 있었다. 그날 유제푸프에서 있었던 학살을 상세하게 묘사한 책이었다.[1] 나는 그 끔찍한 범죄의 현장을 찾기 훨씬 오래전에 이 책을 읽었지만, 학살을 세밀하게 묘사한 내용은 여전히 내 머릿속에 생생하게 남아 있었다. 이 책이 새롭게 밝혀준 놀라운 사실과 더불어 이 책이 나에게 남긴 것, 즉 그 역사적인 사실에 대해서 좀 더 자세하게 알아보고 싶은 마음 때문이었다. 내가 놀라움 속에서 새로 안 사실은 학살과 관련된 것이 아니라 이 학살이 있기 전의 어떤 한 순간, 101예비경찰대대의 대대장 빌헬름 트랩 소령이 부하들을 불러 명령을 내리던 그 순간과 관련된 것이었다. 누구나 짐작할 수 있듯 트랩 소령은 부하들에게 유대인은 독일의 적敵임을 상기시켰다. 당시 그의 부하들 가운데 4분의 1이 나치당원이었다. 트랩 소령은 학살 집행에 참가하고 싶지 않은 사람은 빠져도 좋다고 했다. 사병들 사이에 잠시 침묵이 흘렀다. 한 사람이 옆으로 빠졌다. 곧 10여 명이 더 빠졌다.

인상적인 순간이었다. 짧지만 의미심장한 순간, 사병들이기에 달리 선택의 여지도 없이 학살에 참가해야만 했다는 상식적인 발상을 뒤엎는 순간이었다. 사병들은 단지 명령을 따라야 했던 이유로 학살 작전에 참가한 게 아니었다. 그들은 스스로의 선택으로 학살에 참가했다. 그리고 이것은 나중에, 이들을 학살 행위로 내몬 것이 대체 무엇이었을까 하는 의문을 제기하게 만들었다. 브라우닝은 이에 대한 해답을 집단에서 따로 떨어져 나와 외롭게 서 있을 때 개인이 느끼는 공포에서 찾았다. 작전에 참가하지 않는다는 것은, 작전 대상이 유대인이라고 할지라도 어쨌든 대대의 대원들 대부분이 꺼렸던 '더러운 일'을 동료들에게 떠넘긴다는 뜻이었고, 자기 국가와 동료들이 하는 행동을 부정적으로 바라본다는 뜻이었다.

그런데 나는 이것 말고 또 하나 흥미로운 질문을 품었다. 여태껏 상대적으로 무시되어왔던 질문이었다. 왜 적지 않은 사람들이 트랩 소령이 했던 제안을 진지하게 생각한 끝에 총을 내려놓았을까? 겉으로 보기에 완전히 통일되어 이견이 없을 것 같은 상황에 놓였을지라도 집단의 행동에 반기를 드는 사람은 나타난다. 왜 이런 일이 일어날까?

이 책은 트랩 소령이 지휘하던 대대에서 학살에 참가하지 않은 사람들처럼, 집단의 획일성에 반대하는 사람들에 관한 내용이다. 도덕적으로 용납할 수 없는 행위를 강요받을 때, 어째서 어떤 사람들은 위험을 무릅쓰고 '아니오'라고 말하는 초월적인 행동을 하는지, 수수께끼와도 같은 질문의 해답을 찾아나가는 내용이다.

제2차 세계대전 기간 동안 독일군 병사들은 유제푸프 같은 유대인 마을에 쳐들어가서 유대인을 사냥하고 학살하라는 임무를 받았다. 그러나 그런 극단적인 환경은 다행스럽게도 일반적이지는 않다. 대부분의 사람들에게 그런 상황은 그저 상상 속에서만 존재한다. 그런데 우리 상상력이 이런 이야기들에 끌리는 데는 이유가 있다. 만일 우리가 1942년 7월의 그날에 유제푸프에 있던 평범한 독일 경찰이었다면, 과연 집단 획일주의의 지시를 거부하려는 충동이 우리를 사로잡았을까? 또 과연 마음먹은 바를 행동에 옮겼을까? 사실 이런 생각들은 그야말로 상상일 뿐이다. 대부분의 사회에는 해소할 수 없는 긴장이 가득하다. 현실에서 우리는 모두, 마음속 깊은 곳에 세워둔 자신의 원칙이 충성심 혹은 다른 사람들이 기대하는 의무와 충돌하는 상황을 마주한다. 우리는 양심을 깨끗하게 간직한 채 과연 어디까지 버틸 수 있을지 고민해왔으며 지금도 고민하고 있다. 솔직하게 말해보자. 우리 머릿속에 있는 어떤 목소리가 우리에게 말한다, 양심을 지키라고. 그러나 또 다른 목소리는 경고한다, 자신이 속한 공동체를 적으로 돌리지 말라고, 자신의 상관을 당혹스럽게 만들지 말라고. 혹은 자신의 경력과 명성, 나아가 가족의 평온함과 목숨을 위험하게 만들지 말라고.

할리우드 영화들 그리고 최근 수십 년 동안 점점 더 보편적이 된 경건한 찬사들은, 그런 결정적인 상황에서 자기 신념을 지킨 사람들을 영웅으로 묘사한다. 예루살렘의 야드 바셈 홀로코스트 박물관에는 그런 사람들을 추모하고 기념하기 위한 나무가 있다. 정치인들은 '모든 형태의 사악함에 저항해야 하는 우리의 도덕적 의무'[2]를 상기시킨 그들에게 경의를 표한다. 2005년 조지 W. 부시 대통령 역시, 1994년 르완다에서 벌어진 대학살의 현장에서 목숨을 걸고 투치족 사람들의 생명을 지켜냈던 폴 루세사바기나라는 호텔 매니저를 치하하며 미국 자유훈장을 수여했다. (루세사바기나의 이야기는 돈 치들이 주인공을 맡아 〈호텔 르완다 Hotel Rwanda〉라는 영화로도 만들어졌다.) 복종과 획일성을 동력으로 100년이라는 시간 동안 공포가 지속되어왔다면 과연 누가 이 공포에 맞설 수 있을까?

문명 세계는 현대사의 대격변을 겪으며 몇 가지 교훈을 얻었는데, 뻔뻔스러운 악행을 용납해서는 안 된다는 것도 분명히 그중 하나이다. 그러나 독일 경찰이나 과격한 르완다 후투족이 아니라 미국인이 이라크 아부그라이브 교도소 같은 곳에서 잔인한 학대 행위를 저질렀다면, 사악함에 맞서는 우리의 행동은 달라진다. 이 교도소에서 자행되었던 사악한 범죄 행위는 조셉 다비라는 제대 군인이 갖가지 학대 행위를 담은 CD를 미군범죄수사국에 제출하면서 세상에 드러났다. 부시 대통령이 폴 루세나바기나에게 자유훈장을 수여하기 1년 전인 2004년이었다. 그런데 그 명예로운 행동으로 다비는 과연 어떤 보상을 받았을까? 다비는 배신자로 낙인이 찍혔고 끊임없는 살해 위협에 시달리다 못해 고향을 떠나야만 했다.³

심지어 민주적인 사회에서조차 다비와 같은 사람들이 그들이 속한 공동체에서 빠르게 추방된다는 사실은, 획일성에 반기를 드는 사람의 행위는 멀찌감치 떨어져서 바라볼 때에만 쉽게 찬양할 수 있는 것임을 상대적으로 알려준다. 자기가 속한 집단 혹은 그 집단이 공통적으로 가지고 있는 믿음이 사악한 어떤 행위와 연관되어 있을 때는, 획일성에 쉽게 반기를 들 수도 없고 또 반기를 드는 행위를 쉽게 찬양할 수도 없다는 말이다. 이런 사실은 어떤 사람들이 영웅적이라고 여기는 양심의 행동이 다른 사람들에게는 배신, 불복종 혹은 무책임으로 비칠 수도 있음을 생생하게 증명한다. 이런 갈등은 1949년에 발표된 이스라엘 소설 《히르벳 히제Khirbet Khizeh》에서 소설 속 화자話者를 괴롭히는 공포로 묘사된다. 이 소설은 1948년 제1차 중동전쟁 때 팔레스타인에서 준동하는 '침입자들'을 소탕하라는 명령을 받고 파견된 이스라엘 부대의 이야기를 다루고 있다. 당시 군인으로 전쟁에 참가했던 S. 이즈하르가 이즈하르 스밀란스키라는 필명으로 쓴 이 소설은, 소탕해야 하는 대상이 비무장 민간인이라는 사실을 깨달은 한 병사가 겪는 내면적인 갈등과 고통을 기록한다. 마을을 불태우고 주민을 트럭에 태우라는 명령을 받은 병사는 주저한다. 그리고 스스로에게 이렇게 말한다.

"만일 누군가가 추악한 짓을 해야 한다면 다른 사람이 그 일을 하게 하자. 나는 못 하겠다. 도저히 할 수 없다. 그런데 또 하나의 목소리가 내 안에서 노래를 부르기 시작했다. '동정심이 지나쳐! 동정심이 지나쳐! 동정심이 지나쳐!' 마음은 점점 더 불편해졌다. 나는 아름다운 영혼을 찬송했다. 더러운 일을 거부하며 거룩하게 눈을 감고 외면했다. 내 눈은 그 사악한 행위를 똑바로 바라보기에는 너무도 순수했다."[4]

하지만 이 병사는 결국 그 번민을 뒤로하고 명령에 복종한다. 그리고 자기가 범죄 행위를 거들었다는 자책감에 시달린다.

이런 상황에서 저항을 선택할 경우 어떤 대가를 치르게 될까?

자기가 한 선택에 따라 마땅히 대가를 치러야 한다는 것을 우리는 어떻게 알 수 있을까? 복종해야 하는 합리적인 이유를 찾지 못할 때 명령을 거부하며 '아니오'라고 말하는 건 온당한 일일 수 있다. 그러나 어떤 일에 대해 그렇게 할 수 있을까? 또 언제 그렇게 할 수 있을까? 어떤 시점 혹은 어떤 순간에, 어떤 도덕적 원칙을 기반으로 한 저항 행위가 무분별한 것으로, 혹은 그와 정반대인 열정으로 판단 내려질 수 있을까? 설령 저항이 받아들여진다고 해도 그것이 보다 큰 사회적인 변화로 연결될 수 없다면, 과연 그 저항은 가치 있는 것이었을까?

철학자들과 정치학자들은 많은 시간과 노력을 들여 이 문제를 탐구해왔다. 그러나 언제나 높고 추상적인 차원에서 탐구를 했고, 실제 삶 속에서 딜레마에 빠져 허우적거리는 사람들의 고통은 상당 부분 외면했다. 나는 이런 불균형을 바로잡을 생각으로 정반대의 접근법을 선택했다. 나는 어떤 사람들이 부당한 지시를 거부하고 저항하도록 용기를 불어넣은 계기가 무엇인지 이해하기 위해, 실제로 그런 행동을 한 사람들을 직접 만나 그 사람들이 살아온 삶의 모습들을 가능한 한 구체적으로 많이 알아보기로 했다. (내가 이들의 삶에 매료된 이유는 여러 가지였지만, 그 가운데 하나는 이 사람들은 애초에 갈등이나 반란을 일으킬 생각이 전혀 없어 보였다는 점이다.) 저항과 불복종을 소재로 삼은 문학작품은 거의 대부분, 명백하게 정의된 이념적인 대의를 위해 기존의 권위와 전통에 도전하는 반항적인 '국외자'들을 다룬다. 마르크스주의 혁명가들, 프랑스의 레지스탕스 대원들, 베트남전쟁 때 징병 소집장을 불태운 미국의 청년들 등이 이런 문학작품의 단골 주인공들이다. 그러나 이런 무리만큼 익숙하진 않아도 중요성에 있어서는 결코 뒤지지 않는 저항자들이 있다. 바로 국외자가 아닌 내부자이다. 스스로를 저항 운동의 한 부분이라고는 조금도 생각하지 않았던 내부자, 제도를 부정하기 위해 시커먼 아가리를 벌린 심연을 뛰어넘지 않아도 되었던 내부자, 또한 집단의 이상을 거부했기 때문이 아니라 그 이상을 너무도 충실히 신봉했기 때문에 거부와 저항의 행동을 했던 내부자, 요컨대 그리 특별할 것 없는 보통 사람들이다.

다음에 이어질 이야기들은 네 명의 이런 거부자들이 걸어갔던 삶을 추적한다. 1장은 어느 경찰관의 이야기를 다룬다. 이 경찰관은 1938년에 자기가 당연히 집행해야 했던 법을 의도적으로 어기는 행위를 했다. 당시에는 전 세계의 모든 국가들이, 그 경찰관과 같은 수많은 법 집행자들로 하여금 자기에게 주어진 직무를 다하는 것과 무고한 사람들을 구제하는 것 사이에서 선택을 하게 만들었다. 이어서 2장에서는 그로부터 약 50년쯤 지난 뒤 발칸 반도에서 벌어진 이야기를 다룬다. 1990년대 초 유고슬라비아를 둘로 쪼개는 인종적·민족적 분열이 일어났을 때, 그 경계를 초월하여 행동한 세르비아인의 일화이다. 그는 실체가 모호하긴 하지만 법보다 결코 약하지 않은 '공동체'라는 압박에 저항한다. 엄밀하게 말하면 1장과 2장의 주인공 두 사람은 실제로 '아니오'라는 말을 하지는 않는다. 두 사람은 행동을 통해서 말한다. 그들은 당연히 해야 한다고 가르침을 받은 것과는 정반대의 행동을 하면서, 이 행동 때문에 자기들에게 돌아오는 재앙에 맞선다. 3장에서는 거부자의 저항이 보다 공개적으로 드러난다. 이스라엘 최정예 특수부대 대원이 이스라엘 군대가 점령한 이른바 점령지 근무를 하지 않겠다고 결심하는 것이다. 그러나 그의 투쟁은 1장이나 2장의 경우보다 내면적이다. 이 군인의 이야기는 한 개인이 가지는 정체성의 핵심인 여러 가지 관념과 가정假定이 뚜렷한 형태를 갖출 때 어떤 일이 일어나는지, 즉 스스로에게 '아니오'라고 말할 때 어떤 일이 일어나는지 탐구한다. 마지막으로 4장에서는 자기가 팔아야 하는 금융상품이 고객들을 위험에 빠트릴 수 있다고 판단해 그 상품의 판매를 거부한 투자 전문가의 이야기를 다룬다. 4장 역시 내부자의 투쟁이지만, 개인이 국가나 공동체를 위해 자신의 희생을 강요받는 환경이 아니고 오로지 자신만을 생각해도 되고 또 그런 행동이 권장되는 환경이라는 점이 다르다. 이 이야기는, 물질적인 가치와 이익에 집착하는 오늘날의 탐욕과 무관심을 향해 '아니오'라고 말하는 내용이다.

이런 이야기들은 사람들의 관심을 끌 만하다. 도덕적인 용기를 보여주는 훈훈한 사례를 찾아보기 어려운 세상에 살고 있기 때문만은 아니다. 오늘날 우리는 '악'을 설명할 때 너무도 자주 '선택'이라는 문제를 잊어버린다. 그저 묵묵히 따를 것인가 아니면 저항할 것인가. 이것은 선택이다. 한나 아렌트의 《예루살렘의 아이히만 Eichmann in Jerusalem》이 출간된 지 반세기가 지나도록 악을 다룬 글 가운데 대다수가 개인이 부닥친 선택이나 딜레마보다는 '상황'이 가진 엄청난 영향력에 초점을 맞추었다. 세계의 경찰을 자처하던 미군을 잔학한 고문자로 바꾸어놓은 아부그라이브 교도소의 악랄한 환경과 조건, 아돌프 아이히만과 같은 '끔찍하게 정상적인'[5] 관료를 자기가 하는 행위에 대해 조금도 공포심을 느끼지 못하는 대량 학살자로 만들어버리는 전체주의가 그 예이다. 아렌트는 유대인 집단 학살 계획을 감독한 나치의 충실한 지휘자 아이히만이 '자기가 나쁜 짓을 하고 있음을 깨닫거나 느끼는 게 불가능한 어떤 환경 아래에서' 그 끔찍한 범죄를 자행했다고 썼다. 잘못된 행동에 대한 책임이 사람이 아니라 제도에 있다는 말이었다. 대중의 의식 속에 잠재된 이런 발상은, 수없이 많은 다른 상황들 아래에 있던 부하들이 상관의 지시에 따라 기계적으로 저지른 잔악한 행위들을 설명할 때 가장 편리한 도구로 '악의 평범성'이라는 관념을 들이댄다.

현대사를 조금이라도 안다면 물론 상황적인 여러 요인들이 중요함을 부정하지는 못한다. 뒤에서 살펴보겠지만, 그런 요인들의 미묘한 변화가 거부자들이 펼치는 이야기에서 중요한 역할을 할 때도 있다. 그러나 우리는 그동안 그저 상부의 지시에 복종만 해온 책상물림 관료에만 초점을 맞춤으로써, 무엇을 믿을 것이며 또 어떻게 행동할 것인지 결정하는 것 역시 강력하고 중요한 고려사항이라는 사실을 잊어버렸다. 집단 폭력은 실행되기 전에 많은 생각과 계획을 필요로 하는 만큼, 일상적으로 발생되는 일은 아니다. 따라서, 순종적인 아랫사람들에게는 '나는 그저 상부의 명령을 따랐을 뿐이다'라는 상투적인 말이 아마 최상의 답변이자 유일한 답변이었으리라.

노골적으로 비윤리적인 정책에 대한 가장 큰 책임이 부하가 아닌 최고 지휘자 혹은 관리자에게 있다는 점에는 법률적으로나 도덕적으로 우리 모두 동의한다. 도덕적인 책임을 다하는 일은 위험을 감수해야 하기에, 많은 사람들이 그렇게 하기를 바라는 건 당연히 순진한 기대이다. 그러나 어떤 상황에서 수동적으로 명령을 따른 사람들과 적극적으로 동조한 사람들이 존재한다면, 그들에게는 책임의 경중을 어떻게 물어야 할까? 만일 101예비경찰대대 대원들이 여러 해 뒤에 자기들은 그저 엄격한 명령대로 움직이고 행동했을 뿐이라고 주장한다면, 우리는 어떻게 그들을 반박할 수 있을까? 한 가지 방법은 그 주장이 사실이 아니었음을 명확하게 밝히는 것이다. 크리스토퍼 R. 브라우닝의 말처럼, 유제푸프나 다른 유대인 마을에서 학살을 집행한 사람들은 '같은 상황에 처한 사람이라면 누구나 자기들과 똑같이 행동했을 것'이라는 이유로 용서를 받을 수는 없다. 왜냐하면, 101예비경찰대대 소속 대원들 가운데는 학살 명령을 거부한 사람들이 분명히 있었고 또 도중에 학살 행위를 중단한 사람들이 있었기 때문이다.'[6]

집단의 지시 혹은 상부의 지시를 거부하기란 쉽지 않다. 특히 극단적인 상황에서는 더욱 그렇다. 그러나 불가능하지는 않다. 그러므로 우리는, 평범하기 짝이 없는 사람들이 어렵긴 하지만 불가능하지는 않은 일을 때로는 기꺼이 하는 이유와 과정을 이해하기 위해 노력할 필요가 있다.

차례

이 책에 쏟아진 찬사 • 4
추천의 글 우리가 놓치고 있던 것들 • 6
프롤로그 '아니오'라고 말한 보통 사람들 • 9

chapter one 법에 따르지 않기 • 25

공정하지 않은 관행
거부의 메커니즘
선택과 믿음
바로잡은 정의

우리가 속한 집단에 대한 저항 • 95 *chapter two*

공동체 의식이라는 동기
도덕적 감정
홀로서기
결속의 힘

선택적 명령 거부자 • 167   *chapter three*

선한 시민과 선한 사람
아름다운 영혼들
검은색 깃발
집단에서 축출되기
의무의 불안함

chapter four   저항의 가치 • 255

내부자의 용기
의심의 시작
미국적 가치
용기의 대가
침묵 속의 외침

337 • **에필로그** 양심에 따라 행동하며 스스로를 구원한 사람들
353 • **감사의 글**
356 • **옮긴이의 글** 아름다운 영혼들의 목소리
361 • **참고문헌**

우리의 도덕적인 삶과 도덕적인 상상력의 한가운데에
위대한 저항의 본보기들이 자리한다.
그것은 바로 '아니오'라고 말했던 사람들의
위대한 이야기이다.

― 수전 손택

chapter one
법에 따르지 않기

공정하지 않은 관행

1938년 11월 어느 날 밤, 에리히 빌리그라는 14세 소년이 몰래 오스트리아에서 국경을 넘어 스위스로 들어갔다. 소년은 열흘 전인 11월 9일 밤에 이 월경越境을 급하게 계획했고, 오늘 실행에 옮겼다. 이것이 여행의 마지막 단계이길 소년은 간절히 빌었다. 11월 9일 밤, 빌리그뿐만 아니라 빈 전역의 유대인들은 아파트에 몸을 숨기거나 다른 적절한 은신처를 찾아 도망쳐야 했다. 나치 경찰들이 온 거리를 휘젓고 다니면서 피의 사냥을 했기 때문이다. '크리스탈나흐트('수정의 밤'이라는 뜻. 다음 날 아침 깨진 유리의 무수한 파편들이 아침 햇살에 수정처럼 빛을 발한 것에서 유래했다. 어둠 속에서 저질러진 만행을 역설적으로 일깨운다—옮긴이)'라는 이름으로 나중에 알려지는 이 조직적인 만행으로, 오스트리아의 수도는 테러와 폭력이 난무하는 아수라장이 되었다. 수십 곳의 유대교 교회가 불에 탔고 사상자도 수없이 발생했다. 부서진 가게와 불타는 교회는 3월 빈에 있는 '헬덴플라츠 광장'에서 아돌프 히틀러가 열광적인 지지자들에게 발표했던 독일과 오스트리아의 통합이 유대인에게 어떤 의미인지 분명하게 보여주었다. 에리히 빌리그는 어렸지만 알 건 다 알았다. 몇 달 전 아버지는 뮌헨 근처의 다하우 강제수용소에 끌려갔다. 형 헤르베르트는 게슈타포의 체포 명단에 이름이 오른 뒤 오스트리아를 탈출해 지금은 취리히에 있었다. 크리스탈나흐트가 있고 나서 어머니 힐데는 막내아들 에리히 빌리그를 국경 근처에 있는 도시인 알타흐로 가는 기차에 태웠다. 빌리그는 알타흐의 버려진 헛간에 몸을 숨긴 채 어떻게 하면 취리히로 무사히 도망칠 수 있을지 궁리했다.[1]

그런데 문제가 하나 있었다. 전 세계의 수많은 나라들과 마찬가지로 스위스도 유대인 난민이 대량으로 유입되는 걸 원치 않았다. 그해 7월에 제네바 호수 옆 로얄 호텔에서 에비앙 회담이 열렸다. 이 회담에서 세계 32개국의 참가국 대표들은 나치의 박해를 피해 탈출하는 유대인 문제에 대해 논의했다.[2] 이 자리에서 유대인을 동정하는 말들은 수도 없이 나왔지만 난민들을 기꺼이 받아들이겠다는 말은 그 누구도 하지 않았다. 미국을 비롯한 몇몇 나라들과는 달리 스위스는 출신 국가별 이민자의 비율에 제한을 두지 않고 있었다. 오스트리아 난민이 스위스에 입국하려면 사전에 입국 비자만 받으면 되었다. 그러나 유대인에게는 이 장치 자체가 문제였다. 빈에 있던 스위스 영사관은 오로지 '아리안인' 조상을 가진 신청자들에게만 비자를 내주라는 지시를 본국으로부터 받고 있었기 때문이다.[3]

아리아인 조상이 없었던 빌리그는 남의 눈에 띄지 않고 보다 안전하게 스위스로 들어갈 수 있는 길을 찾아야 했다. 그는 어느 날 밤, 알타흐에서 만난 두 명의 유대인과 함께 자기 운명을 어떤 오스트리아 경찰관에게 맡겼다. 이 경찰관이 그런 길을 알고 있다고 했기 때문이다. 경찰관은 빌리그 일행으로부터 돈을 받은 뒤에 이들을 국경으로 안내했다. 숲을 지나자 개활지가 나타났다. 그 끝에는 얕은 샛강이 흘렀다. 강 건너편에 사는 스위스 사람들이 '오래된 라인 강'이라고 부르는 샛강이었다. 알프스에서 시작해 오스트리아와 스위스 사이의 국경선을 구불구불하게 흘러 보덴 호수로 흘러들어가는 라인 강은 이 짧은 구간에서 폭이 좁아졌고, 따라서 누구든 쉽게 건널 수 있었다. 거기까지 안내한 경찰관은 도망자 세 사람에게 강을 가리키며 턱짓을 했다.

"저게 국경이야. 그냥 건너가면 돼."

세 명의 도망자는 강으로 들어갔다. 수심은 무릎 정도밖에 되지 않았다. 강 건너에는 길이 있었고, 이 길은 넓은 들로 이어졌다. 세 사람은 말없이 길을 따라 걸었다. 도망자들은 그 길을 가로막는 건 아무것도 없으리라고 생각했다. 하지만 얼마 가지 않아 개 짖는 소리가 들렸다. 한 마리가 아니라 여러 마리였다. 개들은 미친 듯이 짖어대며 밤의 정적을 갈라놓았다. 이 소리에 국경을 지키던 초병들이 달려왔다.

그리고 몇 시간 뒤…… 아침 해가 오리나무 가지들 사이로 비치고 마을의 언덕과 초지에 따스한 햇살을 뿌릴 때, 스위스 경찰 당국은 빌리그에게 입국 비자가 없다는 사실을 확인했고, 곧바로 오스트리아로 돌려보냈다.

실패로 끝나고 만 에리히 빌리그의 탈출이 있기 석 달 전, 스위스 주州 경찰서장들은 수도 베른에서 열린 이민 관련 총회에 참석했다. 1938년 8월 17일이었다. 구름 한 점 없이 맑은 날이 이어지고 있었다. 자갈이 깔린 베른의 도로들과 중세풍의 건물들이 펼쳐져 있는 반도를 돌아서 아래 강이 넘실거렸다. 방죽길을 따라 느긋하게 산책하기 좋은 날씨였다.

경찰서장들은 총회에 참석하기 위해 베른의 구시가지 외곽에 위치한 웅장한 돔 양식의 건축물인 연방의회 의사당으로 모였다. 스위스 연방경찰청의 외국인 전담 부서 책임자 하인리히 로트문드가 장황한 말을 늘어놓았다. 큰 키에 턱수염을 말끔하게 밀고 콧수염을 깔끔하게 다듬은 로트문드는, 오래전부터 이방인들에게 환대를 베푸는 전통을 자랑스럽게 여기는 나라 스위스의 난민 정책 책임자였다. 스위스의 우호적인 난민 정책은 16세기에 시작된 종교개혁까지 거슬러 올라간다. 당시 프랑스의 위그노(프랑스의 프로테스탄트인 칼뱅파 신도―옮긴이)들은 종교적인 박해를 피해 제네바에 정착했다. 그리고 최근에는 인근 여러 나라들에서 빚어진 갈등의 희생자들에게 피난처를 마련해줌으로써 스위스는 중립국의 명성을 한껏 드높였다. 이런 자랑스러운 유산을 모를 리 없었기에 연설의 한 대목에서 로트문드는 이렇게 말했다.

"난민에게 피난처를 제공하는 우리나라의 전통은 워낙 굳건하게 자리를 잡고 있어서, 스위스 일반 시민뿐만 아니라 개별적인 난민 사건을 처리해야 하는 관리들까지도 도움을 청하는 난민을 어떤 예외도 없이 모두 수용하는 경향이 있습니다."[4]

하지만 이런 관용 정책은 몇 가지 걱정거리들로 포위되어 있었다. 그 가운데 하나가 '외국인 과잉'이라는 문제였다. 외국인 과잉이라는 이 표현은, 미국에서 시작된 대공황의 여파로 외국인들이 자기 일자리를 빼앗지는 않을까 하는 걱정이 스위스 시민들 사이에 확산되면서 어느 날 갑자기 나타났다. 그리고 또 한 가지 걱정거리는 이른바 '유대인화'였다. 특히 로트문드는 유대인화를 바이러스에 비유하며 결코 방치해서는 안 되는 일이라고 했다. 그는 이 문제를 방치하면 달갑지 않은 부작용들이 초래될 것이라고 하며 다음과 같이 경고했다.

"만일 우리가 반(反)유대교적인 어떤 운동, 즉 우리나라와는 어울리지 않는 어떤 운동이 이 땅에 합법적으로 뿌리를 내리는 걸 원하지 않는다면, 외국의 유대인들이 우리나라에 발을 들여놓는 것을 이제부터라도 온 힘을 다해 막을 필요가 있습니다. 우리는 지금까지 외국인의 유입, 특히 스위스의 유대인화에 반대할 목적으로 외국인 등록소를 운영한 적이 한 번도 없었습니다. 하지만 그 바람에 지금 우리나라는 이민자들로 홍수를 이루고 있습니다."[5]

로트문드의 연설이 암시하듯이, 1930년대 유럽의 정치적인 하늘에 먹구름이 일기 시작하면서 외국인을 환대하던 스위스의 정책은 다른 우선순위들에 밀려났다. 특히 1938년 3월 독일이 오스트리아를 합병한 뒤, 오스트리아-스위스의 국경을 넘는 유대인의 수가 유례가 없을 정도로 많아지는 상황에서는 더욱 더 그랬다. 1938년 3월 이후 몇 달 동안은 이미 오스트리아에서 근로허가증을 취득한 유대인 난민들조차 적발해 오스트리아로 돌려보낼 정도였다.[6] 갈수록 점점 더 많은 유대인들이 국경으로 몰려왔다. 오스트리아의 상황이 절망적이었기 때문이다. 그러나 베른의 담당 관리들은 동정심을 보이기는커녕 거의 눈도 깜짝하지 않았다.

"우리가 국경선을 이보다 더 잘 봉쇄할 수는 없을걸요?"[7]

그 총회 기간 중 취리히에서 온 경찰서장이 한 말이다. 그들은 손톱만큼의 동정도 베풀지 않았다. 스위스 당국은 '비非아리안' 난민을 보다 쉽게 가려내려고 유대인의 여러 증명서류에 특별한 표시를 해줄 것을 독일에 촉구하기까지 했다. 그래서 나치는 유대인의 여권에 붉은색으로 'J'라는 커다란 글자를 스탬프로 찍었다. 한편 하인리히 로트문드가 조직한 그 총회에서 만장일치로 채택된 새로운 정책 때문에 1938년 8월 19일 이후로는 적절한 서류를 갖추지 않은 채 스위스 국경을 넘는 사람은 누구든 '예외 없이'[8] 입국을 거절당하게 되었다.

예외를 인정하지 않기로 한 그 정책 때문에 에리히 빌리그는 라인 강을 건너 스위스 땅을 밟았지만 스위스 당국으로부터 환영받지 못했다. 하지만 빌리그는 추방된 날 밤에 다시 국경을 넘었다. 이번에는 두 명의 스위스인 안내자가 국경을 지키던 경비병의 관심을 다른 데로 돌린 틈을 타서 무사히 강을 건너 스위스에 잠입했고, 한갓진 곳의 한 방갈로에서 음식을 먹고 잠을 자고 또 신발과 옷을 벗어 난로 위에 널어놓고 말렸다. 다음 날 아침 빌리그는 그 안내자들 소유의 트럭 짐칸에 타고서 30킬로미터쯤 떨어진 장크트갈렌으로 들어갔다. 트럭은 어느 건물 정문 앞에 멈췄다. 건물 옆에 있는 교회가 유대인 구조 단체의 본부였다. 빌리그는 트럭에서 내려 유대인 구조 단체의 책임자를 만났다. 몸집이 작고 안경을 낀 그 사람의 이름은 시드니 드레퓌스였다. 얼마 뒤 빳빳한 경찰 제복을 말쑥하게 차려입은 남자가 나타났다. 테가 없는 코안경을 걸치고 있었다. 안경에 연결된 얇은 금속제 사슬은 남자가 하고 있는 귓집으로 연결되어 있었다. 귓집은 빌리그가 난생처음 보는 물건이었다. 그리고 빌리그가 오랫동안 잊지 못할 물건이기도 했다. 그 요상한 물건을 귀에 걸친 남자가 잠시 동안 이런저런 질문을 한 뒤, 빌리그가 스위스에 머물 수 있을 것이라고 말해주었기 때문이다.

파울 그뤼닝거는 장크트갈렌 경찰서의 서장이었다. 장크트갈렌은 보덴 호수와 알프스 산맥의 북단에 해당되는 아펜첼 산맥의 눈 덮인 여러 봉우리 사이 고원에 위치한다. 스위스 전체 국토로 보자면 북서쪽이다. 유대인 구조 단체에서 처음 에리히 빌리그를 만났을 때 그는 47세였고, 회색이 도는 초록색 눈동자에 창백한 얼굴, 심술궂게 꽉 다문 입술을 갖고 있었다. 그러니까 다시 말해, 남에게 그다지 호감을 주는 인상은 아니었다. 인상만 놓고 본다면, 베른에서 열린 경찰서장 총회에서 채택된 이민자 정책을 정면으로 위반하는 위험을 무릅쓰면서까지 자기 직위를 위태롭게 만든 이유를 짐작할 수 없을 정도였다.

그뤼닝거는 1891년에 태어났다. 가정은 중산층에 속했으며 아버지는 장크트갈렌에서 작은 담배 가게를 운영했다. 그는 평범한 학창 시절을 보냈지만 어릴 때부터 체육에는 능했다. 그가 학창 시절의 자랑거리로 내세울 만한 건 교실이 아니라 축구경기장에서 한 활동이었다. (그가 속한 축구팀은 스위스 전국 대회에서 우승도 했다.)[9] 제1차 세계대전 때는 스위스 육군에서 복무했다. 그리고 1919년에 그의 아버지의 담배 가게에 들른 그 지역의 유력 인사 하나가 장크트갈렌 경찰서에 공석이 한 자리 생겨 곧 적임자를 채용할 텐데, 아무래도 군 복무 경력이 있는 사람이면 좋겠다는 말을 했다. 그 무렵 교사 자격증을 딴 그뤼닝거는 인근 도시 오Au의 초등학교 교사로 이미 발령이 나 있었고, 동료 교사이자 장차 아내가 될 앨리스 페더러를 사귀고 있었다. 앨리스는 장크트갈렌에서 살기를 원하지 않았지만, 어머니의 강권을 이기지 못한 그뤼닝거는 장크트갈렌 경찰서 채용 시험에 응시해 70명의 경쟁자를 물리치고 합격했다.

장크트갈렌에 정착한 직후 부부의 첫째 딸 루스가 태어났다. 그리고 다시 몇 해가 흘러 1925년에 그뤼닝거는 서장이 되었고, 그의 지위와 책임감은 한층 높고 무거워졌다. 장크트갈렌을 방문하는 외국인 명사들의 신변 안전을 책임지는 일도 그의 몫이었다. 장크트갈렌을 방문한 외국인 명사들 가운데는 일왕 히로히토도 있었다. 그때 장크트마르그레텐에서 찍은 사진 가운데 한 장을 보면, 찌푸린 하늘을 눈구름이 잔뜩 덮은 어느 겨울, 그뤼닝거는 경찰모를 쓰고 테 없는 안경을 걸친 모습으로 히로히토의 오른쪽에 서 있다. 그는 어깨를 편 채 고개를 빳빳하게 들고 있으며 얼굴에는 웃음기가 하나도 없다. 그가 입은 제복 깃의 단추는 맨 위까지 채워져 있다. 꼼꼼한 성격의 감사국 직원으로 오인을 받아도 전혀 이상할 게 없는 간부급 공무원의 철두철미한 인상이 그대로 드러난다. 도덕성과 관련된 그 어떤 질문도 용납하지 않을 것 같은, 자기 직무에 충실하기 그지없을 것 같은 인상이다. 하지만 머지않아 도덕성과 관련된 질문들이 유럽의 공기를 소용돌이치게 만들고, 사람들 특히 공무원들은 자기 직무와 도덕성 사이에서 번뇌의 고통을 당할 터였다. 자수 산업의 융성으로 19세기에 유럽에 알려진 장크트갈렌 주州는 오스트리아와 국경을 맞댄 곳이다. 1936년에 시작된 스페인 내전에 공화파를 지원하려고 자발적으로 목숨을 걸고 뛰어든 사람들이 국경을 넘은 곳도 바로 장크트갈렌이었다. 무정부주의자들, 공산주의자들 그리고 조지 오웰이나 앙드레 말로와 같은 작가들이, 프란시스코 프랑코 장군과 싸우는 공화주의자들의 투쟁에 동참했다. 당연히 이 자원자들이 스위스-오스트리아 국경선을 넘도록 돕는 조직도 있었으며, 그 활동은 불법이었다. 그뤼닝거는 이들의 활동을 저지하기 위해 게슈타포 요원이던 요제프 슈라이더와 이따금 만나 상의하곤 했다.

1939년 4월 3일, 무솔리니와 히틀러로부터 군수품을 지원받던 프랑코가 스페인 내전의 승리를 선언한 지 이틀 뒤이자 히틀러가 오스트리아 합병을 선언한 지 1년이 되던 날, 이날도 그뤼닝거는 평소와 다름없이 장크트갈렌 수도회 마당으로 들어서서 건물의 현관을 향해 뚜벅뚜벅 걸어갔다. 그런데 그때, 이 건물 2층에 있는 그의 사무실에서는 안톤 슈나이더라는 신참 경찰관이 그를 기다리고 있었다.

"서장님, 이제 서장님은 이 건물에 들어올 수 없습니다."[10]

"그게 무슨 소리야?"

그뤼닝거는 알지 못했지만, 그즈음 스위스 경찰관들 사이에는 그에 관한 보고서 하나가 나돌고 있었다. 보고서를 쓴 사람은 검은색 뿔테 안경을 쓴 백발의 관료 구스타프 슈투더였다. 유대인 난민이 여전히 장크트갈렌을 통해 들어온다는 소식을 접한 하인리히 로트문드가 스위스에 들어온 유대인들 중 많은 사람들의 신분증명서가 새로운 이민 정책이 효력을 발생하기 시작한 1938년 8월 19일 직전에 만들어진 것을 눈치챘고, 슈투더에게 그 까닭이 무엇인지 알아보라고 지시한 것이었다. 그런데 조사 과정에서, 에리히 빌리그에게 도움을 주었던 유대인 구조 단체의 책임자 시드니 드레퓌스가 진실을 말해버렸고, 문제의 그날 이후 스위스 국경을 넘은 유대인들의 입국 날짜를 그 이전으로 위조하는 일이 있었으며 그 일을 지휘한 사람이 파울 그뤼닝거라는 사실이 밝혀지고 말았다. 슈투더의 보고서는 이 과정에서 수백 명의 유대인 도망자들에게 스위스 입국을 허용한다는 '특별승인'[11]이 내려졌다는 내용을 담고 있었다.

슈투더의 보고서로 그뤼닝거는 한 달 뒤 파면되었고, 아울러 범죄 행위 여부에 대한 조사가 진행되고 있음을 통고받았다. 1940년 가을, 그는 법정에 섰고, 판사들은 그가 공무원의 서약을 어겼으며 스위스에 불법으로 입국한 난민 21명의 서류를 위조하고 118개의 질문을 변조한 혐의에 대해 유죄 선고를 내렸다.

"이런 음험한 행위들은 당국의 존엄성을 해치며 나아가 당국에 대한 시민의 신뢰를 위협한다."[12]

법정은 그뤼닝거에게 300 스위스 프랑의 벌금을 부과하고 또 관련 수사에 들어간 비용 1,013 스위스 프랑을 청구했다. 그뤼닝거는 항소하지 않았다. 자신이 저지른 불법 행위에 비추었을 때 선고 내용이 결코 과하지 않다고 여겼으리라.

여러 해 뒤, 스위스-오스트리아 국경에서 근무했던 한 경찰관은 그뤼닝거에 대해 대부분의 경찰관들이 가지고 있던 생각을 다음과 같이 표현했다.

"내가 보기에도 서장님은 법을 어겼습니다. 공무원 신분이니만큼 개인적인 생각이나 판단에 따라 행동해서는 안 됩니다. 바젤에서 마르틴스부르그에 이르는 구역에 전부 그뤼닝거 서장님 같은 사람들만 있다면, 스위스 국민들이 뭐라고 하겠습니까?"[13]

이 말에서는 그뤼닝거에 대한 일말의 동정심도 찾아볼 수 없다. 사실, 이 국경 경비 경찰관이 스위스 국민들이 뭐라고 말할지 염려하는 것도 당연했다. 어떤 법이 초래하는 결과와 상관없이 그 법은 제정되었고, 또 규율을 지킬 줄 아는 스위스의 선량한 시민은 그 법에 복종했다. 사실을 있는 그대로 말하자면, 나치의 공포를 피해 오스트리아를 탈출하려는 유대인을 처리할 때, 법이 정한 대로 따르는 스위스인은 결코 외로운 존재가 아니었다. 이와 관련해 외교관 리처드 홀브룩은 이렇게 썼다.

"당신은 영사관 직원이다. 언젠가는 대사가 되겠다는 포부를 가슴에 품은 신참 외교관이다. 그런데 당신의 책상에 두 개의 고무 스탬프가 있다. 당신 앞에 초조한 얼굴로 비자 신청 결과를 기다리는 사람에게 '승인'이라는 스탬프를 사용하면 그 사람은 당신의 나라에서 자유롭게 여행할 수 있다. 그러나 '기각'이라는 스탬프를 사용하면 당신 앞에 서 있는 그 사람은 유대인이라는 단 하나의 이유만으로 죽거나 감옥에 갇히고 만다."14

1935년 유태인 박해를 합법화하기 위해 나치가 제정한 뉘른베르크법 때문에 1945년 제2차 세계대전 종전까지 영사관이나 국경 초소 혹은 검문소를 지키던 수많은 사람들이 방금 말한 상황과 동일한 딜레마에 빠졌다. 그들이 해야 하는 선택은 결코 쉽거나 간단하지 않았다. 홀브룩은 '공무원의 원칙은 자신이 받은 지시를 충실하게 이행하는 것이다. 그렇지 않으면 무정부상태가 되기 때문이다'라고 말했다. 이런 선택에 맞닥뜨린 외교관 중 많은 사람들은 중하위직 직원들이었고, 이들은 스위스나 미국처럼 민주주의 국가들에서 자유선거를 통해 구성된 정부가 제정한, 합법적이라고 추정되는 그 법률을 집행해야 했다. 그러나 그들은 난민의 유입을 저지하는 그 법률의 집행 거부 행위가 난민들의 목숨을 구할 수도 있으므로 문제의 그 법령이나 정책이 과연 정당한지 다시 한 번 생각해보라고 자신의 상관을 설득할 수도 있었다. 하지만 실제로 그런 경우는 드물었다. 이와 관련해서 홀브룩은 다음과 같이 썼다.

"우리는 제2차 세계대전이 끝난 뒤 수많은 독일인들이 했던 변명, 즉 자신들은 그저 위에서 내려온 명령을 따랐다는 말을 듣고 비웃었다. 그런데 유럽에 있던 비독일인 외교관들 대다수도 이것과 똑같은 변명을 했다."

그렇다면 대다수의 경찰관들이 몸을 사리며 피했던 위험을 파울 그뤼닝거는 왜 기꺼이 무릎썼을까? 어느 날 아침 나는 취리히에서 헤어브룩으로 가는 기차를 탔다. 누군가를 만나기 위해서였다. 헤어브룩은 오스트리아의 국경에 있는 조용한 도시다. 역에 도착하자마자 나이 지긋한 여자 한 명이 플랫폼의 반대편 끝에 나타났다. 여자는 웰시테리어와 함께 조심스러운 걸음으로 나에게 다가왔다. 그녀의 이름은 루트 루도너였다. 키가 작고 허리가 구부정했으며 입술 주변으로는 쪼글쪼글하게 주름이 잡혀 있었고 가지런하게 자른 회색빛 머리카락이 눈 위로 늘어져 있었다. 눈동자 색은 회녹색이었다, 그녀의 아버지처럼.

그녀는 파울 그뤼닝거의 딸이었다. 여든일곱 살이었고 역에서 몇 블록 떨어진 아파트에 살았다. 우리는 목줄을 묶은 개를 앞세워 아파트까지 천천히 걸었다. 방 안 가구는 소박했고 약간은 곰팡내가 나는 것 같기도 했다. 단풍나무 색깔의 커다란 상자가 있었고, 긴 회색 소파가 하나 있었으며, 흰색으로 칠한 벽에는 보기만 해도 마음이 편안해지는 풍경화가 몇 점 걸려 있었다. 커피를 내온 그녀는 잔을 탁자에 내려놓은 뒤 이야기를 시작했다. 그녀의 아버지는 존경받던 권위자에서 어느 날 갑자기 공문서를 위조한 비열한 인간으로 추락했다. 그녀가 열일곱 살 때였다. 나는 헤어브룩으로 그녀를 만나러 가면서 그뤼닝거가 그렇게 변한 원인이 무엇인지, 그가 다른 동료들과 다르게 행동하도록 했던 것이 과연 무엇인지 짐작할 수 있는 단서를 찾을지도 모른다는 기대를 품었었다. 하지만 그런 건 없었다. 그런 건 없다고 딸은 커피를 홀짝거리며 고개를 저었다. 아버지는 '평범한' 사람이었다. 주말이면 딸과 함께 하이킹을 가고 일요일에는 친구들과 축구를 하던, 특별할 게 없는 사람이었다. 그는 또한 교회 성가대에서 노래를 했고 피아노 치기를 좋아했으며 최대한 공정한 판단을 내리려고 노력하던 사람이었다. 체제 전복을 꿈꾸는 위험한 파괴분자로 비칠 만한 사람은 결코 아니었다. 그는 또 장크트갈렌 출신의 열렬한 노동조합 활동가이자 보수적인 주州에서 부주지사로 일했던 사회주의자 발렌틴 킬과도 친하게 지내는 사이였다. 딸은 아버지가 무척 신중한 사람이었다는 말을 덧붙였다. 중도우익 성향인 스위스근본당의 당원이었던 그는 격렬하게 대립되는 사안에는 쓸데없이 관여하지 않았으며, 정치적인 의견을 남에게 주장하기보다는 혼자 마음속에 담아두는 편이었다고 했다.

"아버지는 시사 문제에 관심이 많았지만, 그냥 그게 다였지요."

어쩌면 그가 정치적인 소신이 아니라 종교적인 양심이 이끄는 대로 행동했을지도 모른다고 나는 생각했다. 나는 자기 고집대로 행동했던 또 한 사람의 공무원을 머릿속에 떠올렸다. 아리스티데스 드 소사 멘데스라는 이름의 포르투갈인이었다.[15] 그는 나치 군대가 질풍처럼 내달리며 벨기에와 네덜란드 그리고 프랑스를 짓밟던 1940년에 총영사 자격으로 보르도에 가 있었다. 포르투갈의 지배자 안토니우 드 올리베이라 살라자르가 유대인 난민을 받아들이지 말라는 지시를 했음에도 불구하고 그는 나치의 공포를 피해 도망쳐온 유대인들에게 비자를 발급해주었다. 결국 그는 소환되었고, '공무원은 상부의 지시에 의문을 품어서는 안 되며 무조건 그 지시를 이행해야 한다'는 기본적인 의무를 다하지 못했다는 이유로 파면되었다. 하지만 독실한 가톨릭 신자였던 멘데스는 자기가 한 행동을 후회하지 않았다.

"만일 내가 명령을 거역해야 하는 어떤 상황에 처한다면, 신을 거역하면서 인간과 함께 있기보다는 인간을 거역하면서 신과 함께 있겠다."

그뤼닝거가 교회에서 성가대원으로 활동했고 또 장크트갈렌이 유럽에게 가장 오래된 수도원 가운데 하나로 꼽히는 수도원이 자리를 잡은 지역임을 고려한다면(장크트갈렌이라는 지명은 17세기에 세상을 편력하던 갈렌이라는 수도사가 정착해 수도원을 지은 것에서 유래되었다), 그뤼닝거 역시 독실한 신앙을 가지고 있었을지 몰랐다. 나의 궁금증은 금방 풀렸다.

"예, 우리는 프로테스탄트였어요."

그러나 자기 가족은 교회에는 이따금씩 갔을 뿐이었고, 가족들 사이에서 종교적인 경건함을 표현하는 일은 극히 드물었다는 게 그뤼닝거의 여든일곱 살 딸이 한 증언이었다.

"다시 한 번 말하지만, 우리는 지극히 평범했어요."

유대인 대학살을 다룬 문학작품에서 수동적인 방관자가 되기를 거부하는 인물들은 대개 두 부류로 나뉜다. 인간에 대한 기본적인 애정인 휴머니즘 때문에 유대인을 돕는 부류와 정치적인 이념에 따라서 나치에 항거하는 부류이다. 전자는 사람의 목숨을 구하기 위해 행동에 나선 이타주의자들이고, 후자는 반反파시즘 투쟁에 나선 정치 활동가들이다. 그러나 파울 그뤼닝거가 이런 이상주의적인 정치 투쟁을 했던 것 같지는 않았다. 그렇다면 그의 마음을 움직인 것은 유달리 큰 동정심, 즉 다른 동료 경찰관들에게는 충분히 많지 않았던, 고통에 대한 민감한 반응이었을까? 그의 딸인 루트 루도너의 부드러운 목소리와 우아한 행동거지를 바라보면서 나는 그런 생각이 들었다. 딸은 아버지에게 일어난 일과 관련해서 회한의 감정은 전혀 드러내지 않았다. 딸은 아버지를 그저 공정하고 따뜻한 마음씨를 가졌던 사람이라고 설명했다. 그뤼닝거와 관련된 자료(정확하게 말하면 전체 자료의 일부)를 놓고 보더라도 확실히 그랬다. 헤어브룩으로 루트를 만나러 가기 며칠 전, 나는 스위스의 저널리스트이자 역사가인 스테판 켈러를 만났었다. 켈러는 제2차 세계대전 전에 장크트갈렌 인근의 한 마을에서 일어났던 마녀 사냥을 소재로 책을 썼다. 마녀 사냥의 표적은 오스트리아인 하녀와 방랑자 기질이 있는 지방 명문가 출신 스위스인이었다. 두 사람은 사랑에 빠졌고, 이 일이 지역 사회에 적지 않은 물의를 일으켰다. 두 사람은 심문을 받은 뒤 정신병원에 감금되었다. 하녀는 나중에 전두엽 절제술을 받았으며, 그 뒤로는 어떻게 되었는지 아무도 몰랐다. 수수께끼처럼 사라져버렸기 때문이다. 하지만 그녀의 비참한 처지를 불쌍하게 여긴 사람은 아무도 없었다. 파울 그뤼닝거에 대해서도 마찬가지였다. 켈러는 나에게 말했다.

"아주 편협한 정신세계였지요. 그뤼닝거는 그런 일까지 겪지는 않았지만, 어쨌든 아무도 '부당하다'는 말을 하지 않았습니다. 경찰은 상부에서 지시한 내용을 그저 실행했을 뿐입니다."

켈러는 그뤼닝거에 대해 조사하며 찜찜함을 느꼈고, 결국 스위스의 기록물보관소 전체를 뒤지기 시작했다. 떠도는 소문이 말하듯이 파울 그뤼닝거가 1938년에 유대인을 스위스로 입국시킨 것은 고결한 어떤 도덕적 가치를 실현하기 위해서가 아니라 세속적인 목적을 이루기 위해서, 특히 금전적이거나 성性적인 어떤 편익을 취하기 위해서였음을 확인하고 싶었기 때문이다. 켈러는 이런 추악한 혐의의 가능성을 추적했다. 유대인이 스위스 국경을 넘도록 도와준 밀수꾼들은 대가를 요구했고, 그 요구는 그들이 감수해야 했던 위험에 비추어보면 결코 큰 것이 아니었다. 그것은 이미 널리 알려진 사실이었기에, 그뤼닝거가 어떤 추악한 대가를 바라고 그런 행위를 했을지도 모른다는 건 설득력 있는 추정이었다, 적어도 켈러에게는.

하지만 스위스의 기록물보관소를 뒤진 켈러의 노력은 물거품으로 끝났다. 많은 기록물들이 사라지고 없었기 때문이었다. 그때 켈러의 머리에 멋진 방안이 하나 떠올랐다. 그뤼닝거의 도움을 받았던 사람들 가운데 몇 명은 아직 살아 있을지도 모른다는 생각이었다. 켈러는 그 사람들을 추적했고, 다행히 그들 중 한 명이 브뤼셀에 살고 있었다. 클라라 호크버그라는 여성이었고, 성적인 어떤 부당한 행위를 강요받았을지도 모른다는 모호한 암시가 그녀와 관련된 기록에 담겨 있었다. 그녀가 그뤼닝거의 뺨에 키스를 했고, 또 그뤼닝거가 나중에 그녀가 어떻게 지내는지 물었다는 내용이었다. 켈러가 그녀를 찾아가 그뤼닝거로부터 성적인 어떤 접촉을 강요받은 적이 있었는지 묻자, 그녀의 얼굴은 당혹과 수치로 일그러졌다.

"나는 평생 한 남자와만 잠을 잤습니다. 지금 내 남편이 그 남자고요."

켈러는 나에게, 그 여자가 자기에게 얼마나 분개했었는지 모른다고 말했다.

"그녀의 말이 사실이라면 엄청나게 수치스러운 질문이었겠죠."

켈러는 클라라 호크버그 외에도 그뤼닝거를 만났던 유대인 난민 수십 명을 만났는데, 그들은 언제나 똑같은 대답을 했다. 장크트갈렌 경찰서의 서장은 자기들에게 대가로 아무것도 요구하지 않았다고.

켈러는 자기가 발견한 사실들을 책으로 묶어서 펴냈다. 《인간이 저지른 범죄: 그뤼닝거 사건 Délit d'humanité: l'affaire Grüninger》이었다. 이 책은 많은 스위스 국민들이 수치스러운 마음으로 회고하는 이민 정책을 거부함으로써 일자리에서 쫓겨났지만 공식적인 사과라고는 받아보지 못한 파울 그뤼닝거라는 사람에 대한 기록이었다. 경찰서장이라는 높은 지위에 있던 그뤼닝거의 추락은 순식간에 그리고 극적으로 이루어졌다. 외국의 명사와 어울리던 사람이 거의 하룻밤 사이에 모든 것을 빼앗기고 손가락질에 시달리는 신세가 되고 만 것이다. 1939년 8월, 직무정지 및 제복을 반납하라는 지시를 받고, 정신병을 감정받기 위해 심리 검사를 받은 지 몇 달 뒤(정신과 의사는 그가 정신적으로 아무 문제가 없다고 진단했다), 그뤼닝거는 전당포 영업 허가 신청을 냈다. 하지만 이 신청은 기각되었다. 퇴직과 함께 주어지는 몇몇 편익도 그에게는 돌아가지 않았다. 그는 자존심이 세서 남에게 손을 벌리지도 못했다. 부패의 낙인이 찍힌 전직 경찰서장에게 돌아갈 취업 기회는 거의 없었다. 그래서 그는 온갖 직업을 전전했다. 비옷 행상을 했고, 크리스마스 카드를 팔았고, 심지어 동물 사료를 파는 일까지 했다. 비록 스위스에 있던 몇몇 유대인이 남몰래 그에게 돈을 빌려주긴 했지만, 대부분은 그를 멀리했다. 그를 가까이 했다가는 법을 준수하는 시민이라는 자기들의 이미지에 혹시라도 흠이 날까 두려웠기 때문이다. (그뤼닝거가 파면되기 전,

실제로 스위스의 몇몇 유대인들은 장크트갈렌의 국경선이 '바람직하지 않은 요소들에 너무 활짝 열려 있다'[16]고 불평했다. 또 어떤 유대인들은 스위스에 유대인 난민이 지나치게 많이 유입되면 스위스에 반유대인 정서가 확산될지도 모른다고 걱정했다.)

일정한 수입이 없었던 까닭에 그뤼닝거는 오랫동안 살았던 황록색 덧문이 달린 우아한 하얀 집을 떠나야만 했다. 그는 장크트갈렌을 떠나 가족을 데리고 오(Au)에 있는 처가로 들어갔다. 집세 지출을 줄이기 위한 어쩔 수 없는 선택이었다. 그리고 다시 또 여러 해가 지난 뒤, 그뤼닝거는 이따금 지인이 운영하는 음식점에 들러 가장 싼 메뉴를 골라 시키고, 사과술을 홀짝이며 땅콩을 씹곤 했다.

파울 그뤼닝거는 1972년에 사망했다. 무려 30년 동안이나 안정된 일자리를 찾으려고 했지만 모두 헛수고로 끝나버린 뒤였다. 그에게 따라붙던 소문의 거미줄에서 벗어나려고 애를 썼지만 그것도 헛수고였다. 유대인 난민뿐만 아니라 유대인들을 고문한 사람과도 적절하지 못한 관계를 맺었다는 아름답지 못한 소문은 그가 죽은 뒤에도 오랫동안 그의 이름을 따라다녔다. 이런 근거 없는 소문들을 퍼트린 건 장크트갈렌 경찰서였다. 이 경찰서는 그뤼닝거가 유죄 판결을 받은 뒤 그의 집 전화를 도청하고 그를 미행했다. 어떤 보고서는 그의 '수상한 재정 상황'에 대해 의문을 제기했고, 또 어떤 보고서는 그가 '외국 명사들과 접촉한 일, 심지어 게슈타포들과 접촉한 사실을 자랑스럽게 떠드는' 버릇이 있다고 주장했다.[17] 그러나 스테판 켈러의 책이 이런 주장들을 잠재웠다. '유대인 난민들이 스위스로 돈을 송금하는 걸 도운 자들'이라는 독일 게슈타포의 블랙리스트에 그뤼닝거의 이름이 올라 있었음을 밝힌 것이다. 그뤼닝거는 또, 이미 스위스 국경을 넘은 유대인의 친척들이 나치의 다하우 강제수용소에 수감되어 있는 경우에는 편지를 보내 입국 허가를 내주어 여러 명의 목숨을 살리기도 했다. 켈러는 자기 책에서, 보수적이고 겉으로 보기에는 겁이 많기까지 한 이 경찰서장이 왜 그런 위험하기 짝이 없는 행동을 했었는지 더는 파고들지 않았다. 대신 하나의 이론이 될 만한 어떤 말을 했다. 반골 성향이 그뤼닝거를 특별한 사람으로 만든 건 분명히 아니라고 켈러는 나에게 말했다. 그뤼닝거를 특별한 사람으로 만든 건 다른 것이라고 했다.

"잘 아시겠지만, 스위스 정부 관점에서 보면 그뤼닝거는 아주 커다란 실수를 했습니다. 그에게는 아무런 장벽도 없었습니다. 난민들이 그에게 왔습니다. 사무실 문 앞까지 말입니다. 어떤 사람들은 무릎을 꿇었겠지요. 그리고 빌었습니다, 도와달라고. 다시 말해, 유대인 난민들과 자신을 갈라놓을 만한 게 그에게는 없었다는 말입니다. 물론 다른 경찰서장들은 그뤼닝거처럼 행동하지 않았습니다. 그들은 책임을 다른 사람들에게 떠넘겼습니다. 어떤 선택을 한 다음 선택에 대한 책임을 다른 사람들에게 넘긴 겁니다."

거부의 메커니즘

1989년에 폴란드의 사회학자 지그문트 바우만이 《현대성과 대학살 Modernity and the Holocaust》이라는 제목의 책을 출간했다. 바르샤바 게토에서 살아남은 아내 자니나에게 헌정한 이 책은, 문명국가에서 법을 준수하며 자기 가족을 사랑하고, 이웃 사람들의 아픔을 함께 나눌 줄 아는 '제복 입은 사람들'[18]이 대량 학살을 아무렇지도 않게 자행하는 이유가 무엇인지 추적했다. 바우만 이전 세대의 사회과학자들은 게르만 민족의 독특한 특성에서 해답을 찾으려고 했다. 인습주의, 복종심, 인종중심주의 그리고 파시스트적인 특징이 바로 그것이었다. 이런 특성들은 프랑크푸르트 학파 철학자 테오도르 아도르노가 여러 학자들과 공동으로 저술해 1950년에 발표한 《권위주의적 성격 The Authoritarian Personality》에 잘 정리되어 있다. 바우만은 이런 특징들에만 초점을 맞출 경우, 나치 독일뿐만 아니라 현대의 모든 국가에 사는 시민들이 자기가 하는 행동에 대해 아무런 책임감도 느끼지 않은 채 일반 도덕의 경계선을 넘어 놀라울 정도로 쉽게 규율을 어기도록 만드는(즉 개인적인 차원의 영역에서는 감히 꿈도 꾸지 못할 온갖 범죄 행위를 저지르도록 만드는) 사회적·제도적인 여러 장치들이 분명하게 드러나지 않을 수도 있다고 주장했다. 그는 초점을 잘 맞추어야 한다고 했다. 일반 도덕의 경계선을 쉽게 무너뜨리는 것은 현대에 가장 추앙받는 업적 중 하나인 관료 조직의 등장, 즉 개인 각각의 도덕적 관심사는 젖혀놓은 채 '수행하도록 정해져 있는 일'에만 신경쓰도록 개인을 훈련시켜 특화된 공무원으로 전환시키는, 이른바 '도구적 합리성instrumental rationality'이라고 그는 말했다. 바우만은 다음과 같이 주장했다.

"잔인함은 각 개인의 개성보다 사회적인 상호작용의 특정한 유형들과 훨씬 더 높은 상관성을 가진다."[19]

한나 아렌트는 아돌프 아이히만을 평범한 관료로 묘사했고, 바우만 역시 복종을 분석한 자기 글에서 나치주의 신봉자를 '당신이나 나와 같은 평범한 사람'이라고 묘사했다. 바우만은 한나 아렌트의 영향을 받았으며, 그 주제에 관한 또 한 명의 면학가인 사회심리학자 스탠리 밀그램의 연구 성과에도 분명히 의지했다. 1961년 밀그램은 어떤 실험 하나를 했다. 이 실험에서 회색 실험실 가운을 입은 감독관은, 피실험자가 단어 쌍을 맞히는 문제에서 오답을 말할 때마다 버튼을 눌러 전기 충격을 가하라고 또 다른 피실험자에게 지시했다. 감독관은 전기 충격을 가할 피실험자에게 이 실험의 목적은 처벌이 학습 효과를 높이는지 알아보기 위한 것이라고 설명했다. 하지만 실제로 문제를 푸는 역할을 하는 사람은 배우였다. 배우는 전기 충격이 가해지지 않았음에도 실험 진행자로부터 사전에 지시를 받은 대로 피실험자가 버튼을 누를 때마다 전기 충격을 받는 것처럼 비명을 질렀다. 사실 실험의 진짜 목적은 전기 충격 버튼을 누르는 피실험자가 감독관의 말에 얼마나 복종하는지 알아보는 것이었다. 실험을 진행하기 전에 밀그램은 전기 충격을 받고 고통스러워하는 사람이 실험을 중지하고 풀어달라고 애원하면 피실험자가 자발적으로 실험을 중단할 것이라고 예상했다. 수많은 심리치료사들에게서 수집한 의견들도 마찬가지였다. 하지만 예상은 빗나갔다. 실험이 진행되는 예일대학교 심리실험실에 날카로운 비명이 계속해서 울려 퍼졌지만, 피실험자의 65퍼센트는 최고 수준의 전기 충격이 가해져 배우가 의식을 잃은 것처럼 연기할 때까지 감독관이 지시하는 대로 충실히 전기 충격 버튼을 눌렀다.[20]

이 실험은 아무리 평범한 사람이라 할지라도 권위자가 지시를 내리기만 하면 별 저항 없이 금세 짐승과 같은 사디스트가 될 수 있음을 보여주었다. 이런 일이 나치 독일의 군인들뿐만 아니라 미국에서 무작위로 선정한 회계사, 공장 노동자, 서기 그리고 광고업계의 고위직 간부한테서도 얼마든지 일어날 수 있음을 보여주는 경악할 만한 결과였다. 그러나 나중에 밀그램도 말했듯이, 놀랍도록 높은 복종을 보이는 직접적인 원인이 인간에게 내재된 야수성이라고 보기는 어렵다. 실험이 진행되는 동안 피실험자들은 대부분 감독관에게 항의하고 저항했다. 적지 않은 사람들이 실험을 중단하자고 애원했다. 프레트 폰지라는 한 피실험자는 이렇게 외쳤다.

"저 사람이 그만하겠다잖아요! 난 못해요. 저 사람 죽이는 일은 못하겠다구요!"[21]

피실험자들이 이런 말을 할 시점에 감독관은, 혹시라도 일이 잘못될 경우 모든 책임은 자기가 지겠다고 말했다.

"당신이 모든 책임을 진다구요?"

폰지가 물었다. 감독관은 폰지를 안심시키며 대답했다.

"이 실험은 매우 중요한 실험입니다. 사람은 이 정도 전기 충격에 죽지 않습니다. 만일 잘못된다 하더라도 책임은 내가 다 집니다. 그러니 계속하십시오."

이렇게 안심을 시키자 폰지는 실험을 계속 진행했다. 바로 이 순간 피실험자는 밀그램이 '대리자적 상태 agentic state'[22] 라고 이름 붙인 상태, 즉 지시를 받는 개인이 '자기 자신을 다른 사람이 바라는 것을 수행하는 대리인으로 바라보는' 상태로 들어갔다. 이에 대해 밀그램은 다음과 같이 적었다.

"전기 충격기 버튼을 누르는 주체와 그 행위의 결과 사이에 놓여 있는 어떤 힘 혹은 사건은, 행위를 하는 사람이 받는 긴장을 줄여주며, 감독관에 대한 저항 의지를 줄여준다. 현대 사회에서도 우리와 우리가 기여할 수도 있는 최종적인 파괴적 행동 사이에 종종 어떤 다른 것들이 끼어든다."

바로 여기에 현대 관료제도의 본질이 놓여 있다고 바우만은 경고

했다. 고위 관료는 범죄적인 정책을 만든 다음 이것에 대한 집행 책임을 하위 관료에게 넘겼고, 따라서 이 정책의 결과를 보지 않아도 되었다. 한편 하위 관료는 자기는 그저 상관이 결정한 사항을 집행하는 것일 뿐이라고 되뇌며 자기에게 주어진 특화된 임무에 초점을 맞추었다. 이렇게 되면 책임의 소재는 불분명해진다.[23] 결국 아무리 따뜻한 마음을 가진 사람들이라 하더라도 양심에 걸리는 불미스러운 일을 아무런 거리낌 없이 자행하고는 일말의 가책도 느끼지 않은 채 두 다리를 뻗고 잠을 잔다.

이건 무척이나 불편한 이론이었다. 그러나 이 이론은 어떤 전제를 기초로 한다. 개인이 부당한 지시를 따르거나 공정하지 못한 법률을 지키는 주된 이유는, 바우만의 표현을 빌자면, 자신들이 한 '행위의 결과를 눈으로 바라보는 고통이 적은'[24] 상황에 놓이기 때문이다. 다시 말해, 잔학성이 반드시 의도적인 공격성이나 증오의 산물만은 아니라는 말이다. 거부 혹은 거리두기의 산물인 경우가 훨씬 더 많았다. 이와 관련해서 바우만은 이렇게 썼다.

"밀그램이 발견한 사실들 가운데 가장 충격적인 것은 '언제라도 잔인한 행동을 할 수 있는 상태와 희생자에 대한 친밀성은 반비례한다'는 사실이 아닐까 싶다."

밀그램이 진행했던 최초의 복종 실험에서 문제를 푸는 학습자와 전기 충격을 가하는 피실험자는 유리 칸막이를 사이에 두고 각자 다른 방에 있었다. 이 실험에 참가했던 한 피실험자는 나중에 밀그램에게 말했다.

"목소리가 생생하게 들림에도 불구하고 거기에 사람이 앉아 있다는 사실을 깡그리 잊어버리기 시작했습니다. 정말 흥미롭더군요. 아주 오랜 시간 동안 나는 그저 문제를 내는 일과 전기 충격기의 버튼을 누르는 일에만 집중했으니까요."

이런 말을 들은 밀그램은 환경을 조금 바꾸어서 전기 충격을 받는 사람이 피실험자와 보다 가까이 밀착해 있을 경우에는 어떤 결과가 나올지 실험해보기로 했다. 그래서 다음에는 두 사람이 한 방에 있도록 설정하고 실험을 진행했다. 그러자 피실험자의 저항 비율은 대략 33퍼센트에서 60퍼센트로 두 배 가까이 늘어났다. 이것을 놓고 밀그램은 다음과 같이 적었다.

"거부의 메커니즘이 더는 작동할 수 없게 된다."

또 다른 변용 실험에서는 피실험자의 손이 충격판에 있을 때만 배우가 전기 충격을 받도록 했다. 그런데 150볼트에서 피실험자가 충격판에서 손을 떼려 했다. 이때 감독자가 피실험자에게 배우의 손을 억지로 충격판 위에 올려놓도록 지시했다. 이때 피실험자 집단의 70퍼센트가 이 지시를 거부했다. 이런 양상을 보고 밀그램은 불복종, 즉 거부의 능력은 한 개인이 폭력이나 피해에 얼마나 가까이 놓여 있느냐 하는 조건, 그리고 또 그 폭력이나 피해에 그 사람

이 얼마나 직접적인 책임이 있느냐 하는 조건과 매우 밀접하게 연결되어 있다고 결론을 내렸다.[25]

나는 예일대학교 도서관에서 스탠리 밀그램의 논문들을 읽은 뒤 얼마 지나지 않아 우연히 밀그램의 제자인 에바 포겔먼이 쓴 책《양심과 용기 Conscience and Courage》를 만났다. 제2차 세계대전 때 파울 그뤼닝거가 그랬던 것처럼 유대인을 구하기 위해서 권위에 저항하고 때로는 법률까지 기꺼이 어겼던 평범한 사람들을 연구한 책이었다. 저자는 서문에 다음과 같이 썼다.

"밀그램의 실험은 선량하고 관대한 사람이 어째서 그리고 또 어떻게 끔찍한 행위를 자행하게 되는지를 심리학적으로 최초로 설명해준 실험이었다. 하지만 나의 관심을 사로잡은 것은 권위에 복종한 사람들이 아니라 그 권위를 부정하고 명령을 거부한 사람들이었다."[26]

이 책에서 그녀는 조르조 펄라스카라는 이탈리아인을 다루었다. 그는 어느 날 부다페스트의 거리를 걷다가 발을 멈추었다.[27] 한 무리의 나치주의자들이 어린 소년을 쫓아가 붙잡아서는 마구잡이로 구타하고 있었다. 백주대낮이었음에도 그런 일이 버젓이 벌어졌다.

펄라스카가 지켜보는 가운데 독일인 한 명이 권총으로 소년의 머리를 후려갈겼다. 펄라스카는 곁에 있던 사람에게 그 소년이 무슨 잘못을 저질렀느냐고 물었다. 돌아온 대답은 간단했다. 유대인이기 때문이라고 했다. 펄라스카는 경악했다. 이 사건을 지켜본 뒤 그는 자기 삶을 유대인을 구하는 일에 바치기로 결심하고 그 결심을 실천했다. 하지만 그가 살아온 배경으로 보자면 이런 결심은 왠지 유별난 것이었다. 이탈리아 해군에 육류를 납품하던 회사의 부다페스트 지구 책임자였던 그는 스페인 내전 때 프랑코 장군의 편에 서서 이탈리아 군대와 싸웠기 때문이다.

펄라스카의 사례가 암시하듯이 훌륭한 정치와 흠결 하나 없는 도덕성은 포겔만이 책에 인용했던 사람들, 즉 과거에 프랑코에 동조했던 사람뿐만 아니라 '사기꾼, 절도범, 밀수꾼, 노상강도, 공갈범 그리고 살인자'를 모두 포괄하고 하나로 통합하는 특성이 아니었다. 그들이 공통적으로 가진 특성은, 그들이 희생자의 얼굴을 마음에서 지워버리기 힘들게 만든 어떤 인식이었다. 이 인식이 추상적인 원칙이나 두드러진 개인적 특성에 의해서가 아니라 사람을 흥분하게 만드는 어떤 경험에 의해서 자극받고 촉발되는 경우가 많다는 사실을 포겔만은 발견했다. 심리학자들은 펄라스카가 경험했던 것과 같은 상황을 '전환적 만남 transforming encounter'[28]이라고 부른다. 그렇지 않은 경우들에서는 '영향들과 사건들'이 점진적으로 축적된

다음에 궁극적으로 어떤 각성을 촉발한다.

스테판 켈러가 나에게 말했던 것처럼, 스위스의 경찰서장들은 대부분 유대인 입국을 저지하는 것과 관련된 업무를 부하들에게 떠넘김으로써 유대인 난민들과 직접적으로 얼굴을 맞대는 상황을 최소한으로 줄여서 전환적 만남을 회피하려고 노력했다. 하지만 파울 그뤼닝거는 그렇게 하지 않았다. 날마다 유대인 난민들이 그의 사무실에 나타나서 제발 스위스에서 살 수 있게 해달라고 애원했다. 그는 새롭게 제정된 업무 지침을 엄격하게 집행하는 일이 무엇을 의미하는지 분명하게 알 수 있는 장면들을 늘 목격하며 살았다. 한 번은 그뤼닝거가 직접 국경 초소로 나간 적이 있었다. 유대인 노인이 자기를 입국시켜주지 않으면 라인 강에 몸을 던져 자살하겠다고 위협하자 경비대원이 어떻게 대처해야 할지 몰라서 급하게 그를 부른 것이었다. 또 유대인 어린아이 세 명이 자기들을 추방하려거든 차라리 총으로 쏘아달라며 애원한 일도 있었다. 비록 나치가 수용소에서 조직적으로 유대인을 학살하기 몇 해 전에 일어난 일이긴 했지만, 1938년 봄 무렵 신문을 조금이라도 유심히 읽은 스위스의 경찰이나 관료였다면 누구나 그런 학살이 조만간에 진행될 것임을 알 수 있었다. 히틀러가 '유대인 청소'를 막 시작한 시기였기 때문이다. 예를 들어 파리 주재 스위스 외교관은 독일 내무부장관 에른스트 폰 바이츠제커를 만나 대화를 나눈 뒤 다음과 같이 말했다.

"현재 독일에 남아 있는 유대인은 대략 50만 명인데, 독일은 이들을 어떤 식으로든 추방할 작정이다. 지금까지 상황이 그렇듯이 앞으로도 이들을 받아들이겠다는 나라가 나서지 않는다면, 이들은 단기간에 혹은 장기간에 걸쳐서 몰살당할 것이다."[29]

그러나 그뤼닝거의 딸 루트 루도너가 나에게 일러주었듯, 나치의 계획을 듣는 것과 그런 상황을 가까이서 목격하는 것은 전혀 달랐다. 베른에서 유대인 난민 정책을 세웠던 관리들은 유대인들을 직접 보지 않았기 때문에 그런 정책을 어렵지 않게 세웠으리라고 그뤼닝거의 딸은 말했다. 그러나 그녀의 아버지는 그 관리들이 가지고 있었던 '거부의 메커니즘'이 부족했고, 그랬기에 법을 준수하면서 정책을 집행할 수 없었다.

"우리 아버지는 그 사람들이 아버지를 찾아왔을 때 그들이 어떤 처지에 놓여 있는지 두 눈으로 직접 보셨습니다. 그들을 돌려보내면 무슨 일을 당할지 너무도 잘 아셨지요. 아버지는 늘 말씀하셨습니다. '나로서는 달리 어떻게 할 도리가 없었단다'라고요."

선택과 믿음

1939년 4월 5일, 그뤼닝거는 스위스 정부를 수신자로 해서 자기가 했던 행위를 변호하는 내용을 담은 편지를 썼다. 이 편지에서 그는 자기를 희생자라고 묘사했다. 자기가 처한 환경 때문에 어쩔 수 없이 희생되었다는 것이었다.

"저처럼 그 사람들의 가슴 아픈 상황을 반복해서 목격한 사람이라면, 어머니와 자식들이 비명을 지르고 울부짖는 광경, 차라리 죽여달라고 매달리고 또 차라리 자살을 하고 말겠다고 울부짖는 광경을 반복해서 목격하는 사람이라면, 누구라도 결국에는 더는 참지 못하고 저처럼 행동했을 겁니다."[30]

그로부터 몇 년 뒤인 1942년에 그뤼닝거의 예전 동료 몇 명이 프랑스와 국경이 맞닿은 지역을 시찰하다가 그뤼닝거가 처했던 것과 똑같은 상황에 맞닥뜨렸다. 이 시찰을 조직한 사람은 하인리히 로트문드였다. 그뤼닝거의 파면을 지휘했던 장본인인 로트문드는 물샐 틈 없이 견고하던 국경이 허술해졌다는 보고를 받고 걱정이 되었다. 당연한 일이었다. 시찰 관료들이 그랑드퐁타뉴 인근의 국경 경비 초소에 도착하자마자 유대인 난민 다섯 명이 그곳에 나타났다는 보고가 들어왔다. 그리고 봉쿠르 인근에는 최소 열다섯 명의 난민이 나타났다고 했다. 경비대원들과 간부들이 무단 입국자들을 처리하려고 달려갔다. 가서 보니 벨기에에 살던 유대인들과 네덜란드에 살던 유대인들, 이미 스위스에 입국한 남편을 만나겠다고 어린 아이를 데리고 밀입국을 시도한 여성 그리고 소년 한 명이었다. 하지만 그들은 이 유대인 난민들을 추방하지 않았다. 이와 관련해서 로트문드는 나중에 동료에게 다음과 같이 말했다.

"처음에 나는 경비대원들에게 어떤 일이 있어도 난민들을 추방하라고 당부하려 했다. 그러나 성급한 결정을 내리고 싶지는 않았다. 솔직히 말하면, 차마 그들을 추방할 수 없었다. 어린아이 둘이 너무도 귀엽고 예뻤기 때문이다. 만일 내가 그들을 추방하면 그들의 목숨이 위험해질 것은 분명한 사실이었다."[31]

이 일화는 누구든 자기가 처했던 상황에 처하면 똑같은 행동을 할 것이라고 했던 그뤼닝거의 주장을 정확하게 입증한다. 심지어 유대인 난민을 받아들이지 말라는 정책을 세운 사람조차 그 생생한 사례의 주인공이 되었다. 게다가 적지 않은 심리학자나 철학자가 확신했던 것처럼, 도덕적인 행동을 궁극적으로 결정하는 것은 성격적 특성이나 개인적인 신념 혹은 정치적인 태도가 아니라 상황적 요인이라는 사실을 분명하게 알려주었다. 철학자 길버트 하만은 이렇게 주장한 바 있다.

"제각기 다른 성격적 특성을 가진 사람들이 각자 자기의 성격에 따라서 행동을 다르게 하는지 확인하려고 실험을 해보았지만, 특정한 성격과 특정한 행동 선택의 상관성을 확인하지 못했다. 심지어 성격적 특성이라는 것이 과연 존재하기나 할까 하는 의심까지 들었다."[32]

이런 견해를 지지하는 연구 가운데 심리학자 존 달리와 빕 라타네가 설계한 실험이 있다. 낯선 사람이 위급한 상황에 처했을 때 곁에 있던 사람들이 이 사람을 도우려고 나서도록 결정하는 요인이 무엇인지 알아보고자 한 실험이었다. 설정은 이랬다. 피실험자 다섯 명이 서로 얼굴을 볼 수 없는 다섯 개의 밀실에서 인터폰만을 통해서 대화할 수 있도록 했다. 그리고 이들에게 인터폰으로 간질 환자가 발작을 일으키며 도와달라고 외치는 소리를 들려주었다. 결과적으로, 이 실험에서 침착성이나 자상함 따위의 성격적인 특성은 피실험자의 행동에 거의 영향을 미치지 않았다. 가장 핵심적인 요인은 피실험자가 그 소리를 자기 혼자만 들었는가 혹은 다른 사람들도 그 소리를 들었는가 하는 것이었다. 이런 상황 설정에 따라서 피실험자의 개입 빈도는 다르게 나타났다. 달리와 라타네는 이런 현상에 '책임감의 분산'[33]이라는 이름을 붙였다.

하인리히 로트문드는 봉쿠르에 잠시 머무르는 동안 여러 유대인 가족의 생명에 대한 책임을 느꼈고, 그래서 심경에 변화가 일어났다. 하지만 그 변화의 시간은 아주 짧았다. 도저히 유대인 난민들을 추방할 수 없었다고 동료에게 편지를 썼던 바로 그날, 로트문드는 그 난민들의 불행한 처지와 관련된 이미지들을 말끔하게 머릿속에서 걷어내고 국경 경비를 한층 철저히 하라고 지시했다. 그리고 그는 그 뒤로 다시는 국경 초소를 직접 방문하지 않으려 노력했다. 제2차 세계대전 기간 동안 스위스 난민 정책에 대한 공식적인 보고서를 작성한 스위스 독립 전문가 위원회는 다음과 같이 썼다.

"로트문드가 베른의 자기 사무실 의자에 다시 앉자마자, '과도한 개방에 대한 공포' 그리고 스위스에서 '유대인이 끼칠 과도한 영향력'에 대한 공포로 창백하게 변한 사람들의 얼굴이 떠올랐다."[34]

로트문드의 행위가 보여주듯 관료제도에는 여러 층들이 존재하고, 또 어떤 행동을 선택해야 하는 개인과 희생자 사이에는 물리적인 거리감이 존재한다. 때문에 어떤 개인이 자기 행동이 빚을 결과에 대해서 생각하지 않는 이유 하나만으로 다른 사람에게 위해를 가하지는 않는다. 사람들은 보통 스탠리 밀그램이 인위적으로 설정했던 실험에는 빠져 있는 어떤 요인, 즉 이념적인 신념과 종교적인 믿음 때문에 따라서도 그런 행위를 한다. 달리 말하면, 자기들이 집행하는 가혹한 정책을 신봉하고 또 나아가 심지어 그것이 도덕적이라고 믿기 때문에 그런 행위를 한다. 그 사례를 아돌프 아이히만이 보여주었다. 한나 아렌트는 아이히만이 기계적으로 업무를 수행하던 관료가 전혀 아니라고 했으며, 처참한 장면을 충분히 많이 목격했음에도 불구하고 될 수 있으면 많은 유대인을 강제수용소로 보내려고 온갖 노력을 다했던 사람으로 그를 묘사했다. 한번은 아이히만이 독일군 병사들이 유대인들을 벌거벗긴 채 구덩이 앞에 세워두고 집단으로 총살하는 장면을 목격했다. 그는 나중에 다음과 같이 이 상황을 회상했다.

"구덩이 속에는 아이들이 있었다. 나는 한 여자가 한두 살쯤 되어 보이는 아기를 안고 애원하는 모습을 보았다. 그 순간 '사격 중지! 아기를 이리 데려와!'라고 말하고 싶었다."[35]

이 진술이 암시하듯 아이히만이 아무 죄도 없는 사람을 죽이는 일이 잘못된 행위라는 것을 알거나 느끼는 능력이 없지는 않았다. 그러나 그는 자기가 느끼는 불안함을 빠르게 극복했다. 이렇게 할 수 있었던 것은 그에게 희생자들이 추상적인 존재라서가 아니었다. 그는 충성스런 나치당원으로서 또 반유대주의의 열렬한 신봉자로서, 자기 조국과 당에 충성을 다하는 것이 더 중요하다고 판단했기 때문이었다.

크리스토퍼 R. 브라우닝은 유제푸프에서 대학살을 자행했을 뿐 아니라 제2차 세계대전 기간 동안 수없이 많은 악행을 저지른 101 예비경찰대대를 연구하면서, 어째서 몇몇 대원들이 특정한 어떤 작전에 참가하지 않겠다고 했는지 그 이유를 설명할 때 복종에 대한 스탠리 밀그램의 실험을 직접적으로 활용했다. 병사들이 희생자들의 얼굴을 직접 대면하고 또 직접 죽여야 했던 학살 및 '유대인 사냥'[36]에서, 몇몇 대원들은 발포 명령을 거부했다. 그러나 이들도 익

명의 유대인들을 학살 장소로 향하는 기차에 태울 때는 아무런 저항 없이 명령을 이행했다. 이와 관련해서 브라우닝은 다음과 같이 썼다.

"사람을 직접 죽여야 한다는 공포에 근접할수록 명령에 따르지 않는 사람의 수는 늘어난다."

그럼에도 불구하고, 희생자의 얼굴과 비명을 너무도 똑똑하게 보고 또 들을 수 있는 상황의 유제푸프 살육 현장 같은 곳에서 101예비경찰대대 대원 대부분은 명령대로 학살에 동참했다. 여러 가지 이유가 있겠지만 그중 확실한 하나는 밀그램이 했던 실험의 피실험자들과 달리 대원들은 자기들이 살해하는 사람들을 심리실험실에서 피실험자들이 전기 충격을 받는 사람을 동료라고 여긴 것과 다르게, 자기 동료로 여기지 않았다는 점이다. 그들은 학살 대상인 유대인들을 자기 조국의 이익을 위해 마땅히 말살해야 할 인간 이하의 집단으로만 보았다. 대니얼 골드하겐은, 독일인들은 특이할 정도로 적의로 가득하고 전염성이 강한 '유대인 말살'이라는 병균에 감염되어 있었으며, 이 병균은 히틀러가 나타나서 권력을 잡고 광란의 기쁨으로 유태인을 학살하기 전에 이미 존재했었다는 이론을 제시한 바 있다. 그러나 이 이론은 너무 단순하고 조잡하다는 비판을 받아왔고, 또 그 비판은 틀리지 않았다. 그러나 독일에 만연했던 반유대인 정서가 독일군의 야수성을 강화하고 수많은 독일군이 살육 집행에 기꺼이 나서는 데 강력한 역할을 했다는 점을 부인할 학자는 많지 않을 것이다. 이와 관련해 브라우닝도 다음과 같이 말했다.

"101예비경찰대대 대원들은 독일 사회의 다른 독일인들과 마찬가지로 인종주의적인 반유대인 선동에 푹 빠져 있었다."

대부분의 사람들이 나치당원이 아니었음에도 불구하고, 많은 사람들이 유대인을 '더럽다', '난잡하다' 혹은 '덜 깨끗하다'고 보았다. 심지어 어떤 사람들은 유대인을 고문하는 행위를 노골적으로 즐겼다. 예를 들어 하인리히 베케마이어 하사는 유대인 노인이 살려달라고 애원하자 총구를 노인의 입안에 쑤셔 넣고 방아쇠를 당긴 사디스트였다.

친근함은 세뇌로 쉽게 없애버릴 수 있다. 그런데 이 사실을 나치만 알았던 것은 아니다. 제2차 세계대전 기간 동안 미국의 한 연구팀은 전선에 나가 있는 미국의 보병 가운데 기껏 15에서 20퍼센트만 실제로 적의 목숨을 노리고 총을 쏘았다는 사실을 발견했다. 연구팀을 이끌었던 S. L. A. 마샬 준장은 이런 결론을 내렸다.

"전투 현장의 긴장을 견딜 수 있는 평균적이며 평범한 정신과 육체를 가진 건강한 개인일지라도 자기 의사와 상관없이 적을 죽여야 하는 의무에 대해서는 내면적인 저항감을 가진다. 그리고 결정적인 순간에 그는 양심적인 거부자가 된다."[37]

그로부터 수십 년이 지나는 동안 미 육군은 병사들의 이런 태도를 바꾸어놓으려고 노력했다. 불쑥 튀어나오는 표적에 반사적으로 총을 쏘도록 훈련을 시키고, 또 적들은 사람이 아니라(웨스트포인트에서 심리학 교수로 일한 적이 있는 데이브 그로스먼의 표현을 빌자면) 그저 '열등한 생물의 한 종류'일 뿐이라는 생각을 주입시켰다. 이런 '문화적'이고 '도덕적'인 거리두기는 베트남전쟁 때 베트남 남부의 작은 마을이던 미라이(1968년에 미군이 이곳 주민을 대량 학살했다—옮긴이)에서 절정을 이루었는데, 이때 미군 병사들이 '노랑이', '빨갱이', '들쥐' 그리고 '멍청이' 등을 겨냥하며 기록했던 발사율은 90퍼센트를 넘어섰다.[38]

제2차 세계대전 때 스위스의 관료들은 나치 독일의 사회 분위기를 형성했던 무자비한 인종주의에 휘둘리지 않았다. 많은 사람들은 자기 나라의 관용주의에 자부심을 가졌다. 그러나 '외국인 과잉'과 이와 관련된 '유대인화'의 위협에 대한 공포가 스위스에 음험하게 자리 잡고 있었다. 국경 지역에 주둔한다고 해서 외국인, 특히 유대인에 대한 태도가 누그러지는 건 아니었다. 때로는 오히려 더 강화되었다. 이와 관련해 스위스 독립 전문가 위원회는 다음과 같이 썼다.

"국경 경비대 대원들은 거의 모든 곳에서 불법 난민들을 인정사정 보지 않고 쫓아냈다. 심지어 그들을 독일 경찰에 직접 넘기면 어떻게 될지 아주 잘 알면서도 자주 그렇게 했다. 동시에, 경비대 대원들 사이에 일종의 야수화 과정도 나타났다. 그들은 소총 개머리판으로 난민들을 구타하면서 국경을 넘지 못하게 했다."39

"나로서는 달리 어떻게 할 도리가 없었단다."

루트 루도너가 회상한 그녀 아버지 그뤼닝거의 이 말은 그런 사실들과 일치하지 않는다. 이 말은 완고한 어떤 권위적인 존재에 무릎을 꿇은 사람의 말처럼 기묘하게 들린다. 그리고 어떤 면에서 그뤼닝거는 실제로 그렇게 무릎을 꿇었다. 마음이 흔들린 그는 난민들이 스위스로 들어올 수 있도록 해주는 일이 자기가 할 수 있는 유일한 선택이라고 느꼈다. 그러나 사실 다른 선택들이 있었다, 그것도 많이. 그뤼닝거는 자기 행위를 변호하는 편지에서 자기가 한 행동을 합리화했다. 어쩌면 그는 법을 어기는 행위가 가져다줄 위험에 대해 곰곰이 생각했었을지도 모른다. 그는 다시는 국경 근처에 얼씬도 하지 않기로 마음먹을 수도 있었다. 어쩌면 난민 정책 집행의 책임을 명령 체계의 윗부분인 하인리히 로트문드에게 떠넘기면서 '대리자적 상태'에 빠져들 수도 있었다. 그는 보다 냉정하게 난민을 대할 수도 있었다. 혹은 이 모든 것을 합해 간단히 말한다면, 국경을 철저하게 막는 것이 유대인 난민들에게 조금 잔인한 일인지는 몰라도 '유대인의 지나친 영향력'이 스위스를 물들이는 현상을 막으려면 어쩔 수 없다는 생각으로 위안을 삼을 수도 있었다.

그런데 그뤼닝거는 왜 그렇게 하지 않았을까? 여기에 대한 대답은 유대인의 영향력이 스위스를 물들이는 것을 막는 일이 그에게 가장 중요한 사실이 아니었다는 것이다. 이런 그의 특성은 당시 상황에서는 평범하지 않다. 스위스의 어떤 지역에서는 거의 모든 사람이 가톨릭 신자 아니면 프로테스탄트였기 때문에 유대인이라는 존재는 극심한 편견의 대상이었다. 그래서 1920년대에는 가톨릭을 지키려는 사람들이 장크트갈렌 시의회에서 유대인을 몰아내려는 운동을 벌이기도 했다. 하지만 이런 분위기 속에서도 그뤼닝거는 유대인에 반대하는 아주 작은 의견도 내비치지 않았다. 이 점을 스테판 켈러는 무척이나 놀라워했다. 켈러는 나에게 이런 말을 했다.

"그뤼닝거는 유대인에 반대한다는 내용의 글을 단 한 번도 쓰지 않았어요. 심지어 유대인을 도운 사람들 중에서도 반유대인의 정서가 조금씩 나타났는데 말입니다. 정말이지 저도 깜짝 놀랐습니다."

보수적인 정치 성향을 가지고 있었던 파울 그뤼닝거는 관습적인 분위기와는 달리 유대인에게 관대했다. 이런 점이 유대인 난민과의 접촉에서 그가 무엇을 우선적으로 볼지를 결정했다. 즉, '유대인'이나 '외국인'이 아니라(자기 행위를 변호했던 편지에서 동원했던 표현을 빌자면) '참혹하리만치 부당한 대우를 받아온 사람들'을 그는 보았으며, 또 이렇게 본 것을 토대로 자신의 행동을 결정했다. 이와 관련해서 켈러는 다음과 같이 말했다.

"어쩌면 그뤼닝거는 스위스 국민이라면 당연히 유대인에 반대해야 한다는 점을 잊어버렸을지도 모릅니다. 하지만 그가 그 정도까지 생각했다고는 보지 않습니다. 그는 그저 자기 앞에 일어나는 일들을 보았으며, 자기가 본 것을 토대로 '이런 상황에서는 사람들을 돌려보낼 수 없다'라고 생각한 겁니다."

'이런 상황에서는 사람들을 돌려보낼 수 없다'라고 그뤼닝거가 생각한 이유는 그가 열렬하게 고집하던 또 다른 믿음 때문이었다. 그의 주장 속에는 한결같은 원칙이 있었다. 스위스는 계몽된 국가이며 스위스 국민이라면 박해받고 버림받은 사람들에게 따뜻한 손길을 내밀어야 한다는 것, 또한 스위스는 그런 사람들이 안전하게 피신할 수 있는 땅이 되어야 한다는 굳은 신념이다. 어떤 사람들이 코웃음을 치며 현실은 이상과 다르게 복잡하다는 말을 그에게 했을지도 모른다. 즉 제2차 세계대전 기간 동안 중립 정책을 고수하다가는 히틀러의 희생자들을 잔인하게 노출시키면서 나치의 황금을 스위스 은행에 예치하는 행위들이 수도 없이 용인될 것이라고 말했을지도 모른다. 하지만 그뤼닝거는 그런 냉소적인 태도를 단호하게 거부했으리라. 1938년, 구체적으로 말하면 베른에서 이민 정책을 주제로 한 총회가 열리기 전에, 그는 자동차를 몰고 오스트리아 국경과 가까운 장크트갈렌 주의 디폴드사우라는 작은 마을로 자주 향했다. 마을에는 자수 공장 건물을 개조한 임시 난민수용소가 있었고, 수용소 내부에는 좁은 간이침대들이 줄지어 놓여 있었다. 스위스에 새로 발을 들여놓은 수백 명의 유대인들이 그곳에서 잠을 잤다. 수용소 입구 바깥에는 검은색으로 테두리를 칠한 흰색 안내판이 있었는데, 여기에 '스위스 국민 여러분 고맙습니다'라는 검은색 글자가 적혀 있었다. 그뤼닝거는 이 문구에 감동을 받았다. 난민들의 눈에서 감사의 마음을 읽을 수 있었을 뿐만 아니라 본인의 눈에도 스위스의 자랑스러운 전통이 담겨 있음을 깨달았기 때문이다.

나중에 그뤼닝거는 자기가 한 행동을 설명하는 편지에, 1880년대의 스위스 외무부장관이 외국인을 반갑게 맞이하는 것이 스위스라는 국가의 정체성을 구성하는 특성이며 이는 미래에도 계속 유지되어야 한다고 했던 연설을 인용하는 내용을 담았다. 그뤼닝거는 이상과도 같은 이런 견해를 단 한 번도 굽히지 않았다. 그는 가족과 함께 국경에 도착해서 울던 유대인 소녀에게 이렇게 말했다.

"힘내렴. 넌 지금 자유로운 스위스 땅에 있단다."[40]

그의 이 말은 스테판 켈러가 보기에는 감동적일 만큼 순진한 것이었다. 켈러는 이렇게 말했다.

"모든 사람들이 안전할 수 있다는 스위스에 대한 이미지는 그뤼닝거 본인이 만들어낸 신화였을 뿐입니다. 그건 실제 현실과는 터무니없이 달랐습니다. 하지만 그뤼닝거는 그 이미지, 그 신화를 진심으로 믿었습니다."

　상부의 명령에 복종하지 않는 사람이 반골의 성향을 가지고 있다는 건 일반적인 상식이다. 그러나 때로 정반대의 진술이 맞는 경우도 있다. 반골 성향이 전혀 없는 완벽한 내부자, 즉 스위스가 박해받는 사람들의 피난처라는 전통을 진심으로 믿고 또 스위스 법의 공정함을 진심으로 믿는 사람이 상부의 명령을 거부하는 행동을 할 수도 있다는 말이다. 그뤼닝거가 바로 그런 사람이었다. 그는 반역자가 아니라 진정한 신봉자였다. 그는 나중에 자신이 추락함으로써 허구였음이 밝혀지는 그 신화를 진심으로 믿고 따랐던 보수적인 애국자였다. 그뤼닝거는 자기 행위가 '스위스의 다수 국민, 언론 그리고 정당들이 공통적으로 가지고 있던 의견에 따른 것'이라고 주장했다.

　하지만 시민들과 동료들은 그가 이민 정책을 위반했다는 이유로 그의 명성이 먹칠을 당할 때, 그가 보인 신념에 침묵이라는 차가운 보상만을 주었다.

바로잡은 정의

"우리는 최근에 일어난 여러 건의 불법적인 스위스 입국 시도에 장크트갈렌의 어떤 관리가 관련되어 있음을 확인했습니다."[41]

파울 그뤼닝거에 대한 조사가 시작되기 몇 달 전인 1938년 12월에 국경 감시 사령부에 올려진 보고서의 일부이다. 이 보고서는 오스트리아 브레겐츠의 한 음식점 앞에서 게슈타포가 한 무리의 밀수꾼을 체포한 직후 초안이 완성되었고, 회람되었다. 그 음식점 주인은 스페인에서 반反파시즘 투쟁을 벌이던 유격대원들을 지원하던 택시 운전사였다. 그리고 음식점 앞을 서성거리던 사람들은 오스트리아인 동지들이 나치의 마수에서 무사히 탈출하도록 돕던 스위스 사회주의자 조직의 구성원들이었다. 이들은 게슈타포의 심문을 받은 뒤 스위스로 추방되었고, 스위스에서 조사를 받을 때 장크트갈렌의 어떤 경찰 관리가 자기들이 하는 일을 묵인했다는 사실을 당국에 털어놓았다.

문제의 그 관리는 파울 그뤼닝거가 아니었다. 발렌틴 킬이라는 사람으로 전직 노동조합 활동가였다. 내가 루트 루도너를 만났을 때 언급했던 바로 그 사람이었다. 킬은 정치권에 들어가 부주지사가 되기 전에, 툭하면 당국을 비판하고 나서던 좌파 신문의 편집자로 일한 적이 있었다. 보수적인 분위기가 팽배한 지역이었던 터라,

그는 선동가이자 노골적인 반파시스트라는 명성을 가지고 있었다. 한번은 히틀러를 지지하겠다고 맹세한 스위스 극우 관료들 전체의 명단을 요구한 적도 있었다. 스위스 밀입국 사건에 관한 보고서가 회람된 뒤인 1939년 1월에 킬은 베른으로 소환되어 하인리히 로트문드 앞에 섰다. 그리고 한 주 뒤에 그는 파울 그뤼닝거에게 편지를 보내서, 연방 당국이 장크트갈렌에 들어오는 유대인 난민들의 비중이 '놀라울 정도로 높다'[42]는 사실에 우려를 표하고 있음을 알렸다.

그뤼닝거의 불법적인 행위에 대해 당국이야 깜짝 놀랐지만 킬은 전혀 놀라지 않았다. 그의 사무실이 그뤼닝거의 사무실이 있던 장크트갈렌 수도회 건물의 반대편 건물에 있었기 때문이다. 그는 유대인 난민들이 그뤼닝거의 사무실을 찾아가는 모습을 날마다 보았다. 게다가 두 사람은 같은 구역에 살았으며 서로 친했다. 킬이 손녀를 데리고 그뤼닝거의 집으로 놀러가는 일도 종종 있었다. 그리고 킬 역시 그뤼닝거와 마찬가지로 베른에서 열린 이민자 관련 정책을 다룬 총회에 참석했었다. 사정이 이랬으므로 그뤼닝거가 무슨 일을 하는지 킬이 모를 리 없었다. 더구나 그의 직무 가운데는 경찰서를 감독하는 일도 포함되어 있었다.

그뤼닝거는 킬이 모든 것을 알고 있었다고 주장했다. 만일 그렇다면 그뤼닝거가 한 행동을 조금은 더 쉽게 이해할 수 있다. 상식적으로도 그렇고 경험적으로도 알 수 있듯이 혼자서 권위에 복종하지 않기란 다른 사람들로부터 지지를 받고 있다고 느낄 때와는 비교를 할 수 없을 정도로 어려운 일이다. 스탠리 밀그램은 전기 충격 실험을 조금 변용해서 이런 사실을 입증했다. 전기 충격 버튼을 누르는 피실험자 옆에 똑같은 피실험자 두 사람을 함께 있도록 해서 특정한 시점에 전기 충격의 강도를 더 높이라고 지시하는 감독자에게 저항을 하도록 했다. 물론 이 두 사람은 실험 진행자와 사전에 짜고 연기하는 배우들이었다. 이런 설정 아래에서 피실험자 집단의 90퍼센트가 감독관의 지시를 거부했다. 이 실험 결과를 놓고 밀그램은 이렇게 결론을 내렸다.

"같은 처지에 있는 사람들끼리 의지하는 것은 지나친 권위에 저항할 때 우리가 기댈 수 있는 가장 강력한 버팀목이다."[43]

그뤼닝거는 '만일 내가 무릎을 꿇고 추락한다면 킬도 함께 추락할 것이다'라고 생각해서 비밀을 굳게 지키려고 했다. 그러나 킬은 하인리히 로트문드에게 압박을 받자 구스타프 슈투더에게 그뤼닝거가 했던 불법 행위를 조사해보라고 말해버렸다. 1939년 3월 1일, 국무회의에 소환된 킬은 자기가 알고 있는 사실을 설명해야 했다. 그는 동료를 보호할 수도 있었다. 혹은 유대인 난민에 대한 정부의 조치가 지나치다고 주장할 수도 있었다. 하지만 그는, 치열하던 재선 선거운동 과정에서 자기 동지들에게 여권을 제공했다는 극우 진영의 비판에 직면하자, 소수의 사회주의자들이 국경을 넘나들었음을 안다고 인정했고, 자신은 그뤼닝거가 어떤 일을 하는지 몰랐다고 주장했다. 한편 장크트갈렌 유대인 난민 구조 단체에서 일하던 시드니 드레퓌스도 문서를 조작하라는 그뤼닝거의 지시를 따를 수밖에 없었다고 수사관들에게 말했다. 그러면서도 그는 수많은 유대인들이 독일의 생지옥에서 탈출할 수 있도록 도와준 데 대해서는 그뤼닝거에게 마음으로 큰 빚을 졌다는 말을 덧붙였다. 그뤼닝거의 변호를 맡은 국선변호인 윌리 하트만은 재판에서 드레퓌스를 증인으로 소환하지 않았는데, 그다지 놀라운 일도 아니었다. 하트만은 반유대주의를 공개적으로 천명했던 극우 보수 성향의 단체인 '스위스 애국 연맹' 회원이었기 때문이다. 뿐만 아니라 그뤼닝거와 드레퓌스의 도움으로 자유를 찾은 난민들 가운데서도 법정에 증인으로 소환된 사람은 단 한 명도 없었다.

이렇게 그뤼닝거는 누구의 도움도 받지 못한 채 혼자만 낭패를 당했다. 이른바 '은밀한 행위'의 파급 효과는 오로지 그와 그의 가족에게만 한정되었다. 아버지가 파면되었을 당시에 루트 루도너는 로잔에서 대학교를 다니고 있었다. 아버지의 실직과 함께 딸은 자퇴를 하고 집으로 돌아와서 부모를 도왔다. 온전하게 돕지는 못했다 하더라도 적어도 그렇게 하려고 노력은 했다.

"나도 일자리를 구하기가 굉장히 어려웠어요. 아버지 때문이었지요. 히틀러가 스위스를 침공하고 유럽 전체가 독일의 영토가 될 수도 있는데, 만일 유대인을 도운 사람의 딸에게 일자리를 줬다가 나중에 어떤 끔찍한 일을 당할지 모른다는 공포가 사람들 사이에 퍼져 있었거든요. 학교 친구들은 나나 우리 가족에게 무슨 일이 일어났는지 묻지 않았어요. 다들 우리한테서 멀찌감치 떨어져 있었으니까."

그 뒤 수십 년이 지났고, 장크트갈렌은 그뤼닝거 사건을 잊어버렸다. 껄끄러운 사건이었기에 차라리 잊는 게 편한 일이었다. 아니 어쩌면 그 사건을 다시 끄집어내려는 노력을 잽싸게 묻어버리기에 충분할 정도로만 기억한다고 말할 수도 있었다. 나는 헤어브룩으로 가서 루트 루도너를 만나 커피를 마신 다음 날, 스위스 국회의원 한 명을 찾아갔다. 파울 레히슈타이너라는 이름의 숱이 많은 갈색 머리의 말쑥한 이 남자는 열정이 흘러넘칠 정도로 쾌활했다.

"예, 그렇습니다. 난 늘 바쁘죠."

그와 나는 소파에 앉아서 대화를 나누었다. 그의 사무실은 온통 책이었고, 책상과 서류함 그리고 심지어 바닥까지 서류가 산더미처럼 쌓여 있었다. 장크트갈렌에서 부주지사로 복무하던 1980년대 중반, 레히슈타이너는 스위스의 극작가 토마스 휘를리만이 쓴 희곡을 무대에 올리는 걸 반대하는 보수주의자들과 크게 싸운 적이 있었다. 그 희곡은 제2차 세계대전 때 유대인을 대하던 스위스 사람들의 태도에 관해 여러 가지 의문을 제기하는 내용이었다. 언제나 바쁘게 돌아다니던 레히슈타이너는 이 희곡이 사람들에게 감동을 주는 측면이 있음을 깨닫고, 조국의 과거 모습을 찬찬히 돌아봐야겠다고 마음먹어 자료를 찾기 시작했다. 그리고 곧 그뤼닝거 사건에 관심을 갖게 되었다. 그뤼닝거가 불명예를 고스란히 안은 채 세상을 떠난 지 10년도 더 지난 때였다. 그런데 레히슈타이너가 그뤼닝거의 명예를 회복시켜주려고 나서자 거대한 저항이 그의 앞을 막아섰다.

"정부 기관 사람들과 우익 진영에 속하던 정당들이 반대하고 나섰습니다. 정부와 국가의 태도가 사람들의 목숨을 좌우하던 스위스 역사의 어떤 한 시기와 죄책감에 관련된 움직임이었죠."

심지어 그뤼닝거의 딸인 루트 루도너조차 레히슈타이너의 시도에 심드렁한 반응을 보였다. 그녀의 반응은 이유가 있었기에 충분히 이해할 수 있다. 1968년 소련이 '프라하의 봄'을 짓밟는 사건이 일어나고 동유럽 주민 수백 명이 스위스로 탈출했을 때, 윌리 로너라는 정치인이 '30년 뒤'라는 제목의 글을 써서 발표했다. 30년 전에 독일의 압제를 피해 도망쳐온 사람들을 도왔다는 이유로 처벌받았던 사람의 사건을 다시 살펴봐야 할 때가 되었다는 내용이었다. 이 글에서 로너는 다음과 같이 썼다.

"유럽이 야만주의 늪 속으로 가라앉을 때 비인도적인 지시를 거부했던 한 남자가 있었다. 그에게 행해진 잘못된 조치를 바로잡는 것은 장크트갈렌 주(州)를 위해서나 스위스라는 국가 전체를 위해서나 명예로운 일이 될 것이다."[44]

하지만 국무회의는 그 일은 결코 명예로운 일이 되지 않을 것이라고 반박했다. 그 일이 있은 지 1년 뒤에 루트 루도너는 국무회의에 자기 아버지 사건에 대한 입장을 말해달라고 요구했다. 하지만 국무위원 한 사람이 과거의 서류를 검토해본 결과, 그뤼닝거가 파면되기 전에 갑자기 부유해졌더라는 말을 했을 뿐, 청원은 기각되었다.

하지만 과거를 망각 속에 묻어버리려는 시도는 성공하지 못했다. 윌리 로너의 글이 영어로 번역되어 유대인 퇴역군인 단체 등에 알려졌고, 마침내 이스라엘에 있는 야드 바셈 홀로코스트 박물관이 그뤼닝거의 헌신적인 노력을 인정하기에 이르렀다. 1970년에는 그의 '인도적인 행동'[45]을 인정하는 문서가 국무회의 명의로 가족에게 전달되기도 했다. 하지만 이 문서는 그의 사건을 재검토할 여지는 없다고 못을 박았다. 그뤼닝거의 명예를 회복시켜달라는 청원이 다섯 번이나 있었지만 모두 기각되었다. 이런 청원이 있을 때마다 당시의 관련자들이 이미 오래전에 은퇴했거나 세상을 떠났음에도 불구하고 그뤼닝거가 범죄자임을 암시하는 오래된 소문들이 튀어나오곤 했다. 정부 관료들은 자기 선배들이 잘못했다는 사실을 왜 인정하지 못했던 걸까? 손상을 입는 것이 선배 관료들의 명성만은 아니었기 때문이다. 1938년에 베른에서 내려보낸 지시를 거부했던 그뤼닝거의 명예를 회복시켜준다는 것은, 그에게 모욕과 불명예를 안겨주었던 '관용이 넘치는 중립국'에 통렬한 비판을 가한다는 뜻이었다. 이 사실을 잘 알았기에 '파울 그뤼닝거에게 정의를'이라는 단체는 그뤼닝거의 이름에 따라다니는 불미스러운 소문들을 마지막으로 제대로 조사하는 일을 역사가에게 맡기기로 결정했다. 파울 레히슈타이너도 이 단체의 회원이었다. 그런데 이 단체가 처음 접촉한 학자가 손을 저으며 거절했고, 결국 제안은 스테판 켈러에게 돌아갔다. 이때만 해도 단체 사람들은, 켈러가 이 일에 대해 별로 확신을 가지지 않았다는 걸 알지 못했다.

켈러가 발견한 사실들은 처음 스위스의 주간지인 〈디복헨차이퉁〉에 연재되어 스위스 사회에 커다란 반향을 불러일으켰다. 타이밍도 중요하게 작용했다. 노르망디 상륙작전 50주년 기념식이 진행되면서 제2차 세계대전 기간 동안 스위스에서 있었던 여러 사건에 대한 비판적인 재조명이 이루어졌기 때문이다. 그뤼닝거에 관한 기사들이 곧 〈월스트리트저널〉부터 〈르몽드〉에 이르는 전 세계 유력지의 지면을 뒤덮었다. 그리고 켈러의 책은 스위스에서 베스트셀러가 되었다. 리카르드 딘도라는 스위스 영화감독은 이 소재로 다큐멘터리 영화를 만들었다. 영화의 대부분은 그뤼닝거가 유죄 판결을 받았던 바로 그 법정에서 촬영되었다. 이 영화에서는 실제 그뤼닝거 사건 재판에는 증언으로 출두하지 않았던 증인들, 즉 그뤼닝거의 도움을 받아 자유를 찾은 유대인들이 등장한 가운데 당시의 재판이 재현되었다.

어느 날 오후, 장크트갈렌의 카페 창가 자리에서 나는 그 증언자들 중 한 사람을 만났다. 짙은 눈썹과 고불거리는 부스스한 은발 멋진 노인이었다. 그는 오스트리아 빈에 살았는데, 열네 살 때 크리스탈나흐트를 목격하고는 자기 형 헤르베르트가 갔던 길을 따라 오스트리아를 탈출했다. 바로 에리히 빌리그였다. 그가 오스트리아에서 스위스로 탈출한 지도 벌써 70년 가까운 세월이 흘러 있었다. 나는 당시의 일을 얼마나 기억하는지 물었다.

"하나도 빼놓지 않고 다 기억한다오."

그러고는 내 쪽으로 상체를 조금 기울인 채 생각에 잠긴 어조로 이야기를 들려주었다. 그가 말을 도중에 멈춘 것은 웃을 때와 적절한 영어 단어를 찾으려고 할 때뿐이었다. 그의 영어는 무척 유창했다. 언젠가 미국에서 일을 한 덕분이라고 했다. 파울 그뤼닝거를 처음 만났던 대목에서 그는 특히 그뤼닝거의 외모와 관련된 한 가지를 회상했다.

"그때까지 단 한 번도 보지 못했던 어떤 걸 가지고 있었지. 안경

끝에 두 개의 사슬이 달려 있었는데, 그 사슬이 귀 뒤로 넘어가 있었어요."

그렇게 말을 하는 그의 얼굴에 깊은 미소가 번졌다.

10분쯤 대화를 나눈 뒤 빌리그는 그뤼닝거가 자기를 처음 디폴드사우에 있는 난민수용소로 보냈다가 자기처럼 어린 나이의 소년이 있기에는 적절치 않다고 판단해 어떤 스위스인 가정에 맡겼고, 그 가정이 전쟁 동안 자기를 보호해주었다고 했다. 빌리그는 그 집 가족들과 잘 지냈다. 특히 딸들 가운데 한 명과 가까이 지냈는데, 이 딸이 나중에 그의 아내가 되었다. 부부는 자식을 셋 낳아 길렀다. 제2차 세계대전 기간 동안 약 25,000명의 유대인이 스위스 당국으로부터 입국을 거부당했고, 이보다 훨씬 더 많은 사람들은 아예 입국 시도조차 하지 않았다. 나는 빌리그에게, 전쟁이 끝난 뒤 그뤼닝거를 만나 고맙다는 인사를 하거나 아이들을 데리고 가서 덕분에 이렇게 잘 산다고 보여준 적이 있는지 물었다. 그는 고개를 저었다.

"가끔씩은 그런 생각을 했어요. 당연히 찾아가서 '정말 고맙습니다, 덕분에 이렇게 가정을 이루고 잘 살고 있습니다'라고 인사를 하는 게 도리가 아닐까 하고. 하지만…… 망설였지요. 나는 이렇게 행복하게 잘 살고 있는데 그분은 고초를 겪고 있으니 양심의 가책이 느껴져서 말이에요. 그분이 고초를 겪는다는 건 나도 알고 있었소. 신문에 났으니까. 나도 읽었지요."

그는 시선을 아래로 떨구었다.

"찾아뵙고 싶었지만 그럴 용기가 없었지요."

자리에서 일어나기 전에 빌리그는 자기 가족들과 관련된 자료들을 모은 게 있다며 보내주겠다고 약속했다. 그리고 얼마 뒤 나는 노란색 우편봉투를 받았다. 2008년 11월 9~10일자의 소인이 찍혀 있었다. 빌리그는 이 우편물을 일부러 크리스탈나흐트 70주년이 되는 날에 보낸 게 분명했다. 첫 번째 서류는 어떤 여권 Nr. 5396/39을 복사한 것이었는데, 이 여권은 1938년에 독일 영사가 에리히 이스마엘 빌리그에게 발행한 것이었다. 나치 독일의 표지가 찍혀 있었고, 그 옆에는 겁을 먹은 듯한 검은머리 소년의 흑백사진과 함께 유대인임을 표시하는 'J'라는 붉은색 글자가 찍혀 있었다. 봉투 안에는 이것 말고도 지도가 여러 장 있었다. 스위스-오스트리아 국경선 조감도, 빌리그의 친척들이 거쳐 갔거나 목숨을 잃은 지점, 예컨대 나치의 강제수용소가 있었던 다하우, 부헨발트, 테레지엔슈타트 등을 표시한 유럽 지도였다. 그리고 가족의 기념품도 있었다. 1942년 8월 31일자 편지였다. 빌리그의 어머니가 프랑스 칸에서 장크트갈렌으로 보낸 편지였다. 어머니는 두 아들을 스위스로 보낸 뒤에 빈에 그대로 머물렀다. 다하우 수용소에 있는 남편을 두고 도저히 그냥 떠나버릴 수 없었기 때문이다. 나중에 그녀는 오스트리아를 떠나 프랑스에 입국했고, 1942년 8월에는 알 수 없는 곳으로 호송되었다. '내

사랑하는 아들 에리히에게!'로 시작하는 편지의 글자는 컸지만 필체는 어지럽게 흔들려 있었다.

> 이곳을 떠나기 전에 마음 깊은 곳에서 우러나오는 진심 어린 키스를 너에게 수도 없이 보낸다. 언제나 무사히 건강하며 신께서 언제나 너를 보호해주시길 빈다. 엄마가 보내는 따뜻한 키스를 받아라. 엄마는 언제나 네 생각을 하며 또 마음으로 너를 꼭 안고 있다.…… 저들이 우리를 리브잘트 수용소에 임시로 데려다놓았다. 여기에서 또 어디로 보내질지는 나도 아직은 모른단다.

그의 어머니가 어디로 보내졌는지는 봉투 안에 있던 또 다른 서류로 알 수 있었다. 그녀가 아우슈비츠 수용소로 보내진 유대인들 가운데 한 명임을 알려주는 서류였다. 그러니까 그 흔들리던 필체의 편지가 아들이 받은 어머니의 마지막 소식이었던 셈이다.

   스테판 켈러의 책이 나온 뒤에, 그뤼닝거에게 개인적으로 단 한 번도 고마움을 표시하지 않았던 유대인 난민들 중 몇 명이 뒤늦게 감사 인사를 할 수 있는 기회를 얻었다. 그들은 장크트갈렌으로 가서 과거 그뤼닝거의 복직에 반대했던 정치인들과 만났다. 이들의 등장은 확실히 강력한 충격이었다. 이 만남을 주선했던 켈러는 당시의 분위기를 다음과 같이 전했다.

"정말이지 인상적이었습니다. 그 정치인들이 그런 자리에 나온다는 건 참으로 어려운 일이었음에도 불구하고, 그들이 그렇게 했으니까요. 사실 그 만남은 그뤼닝거 사건과 비슷한 점이 있었습니다. 추상적인 개념이 아니라, 부정하려 해도 부정할 수 없는 존재인 실제 피해자와 탁자를 가운데 놓고 마주보고 앉아야 했으니까요."

정말이지 어렵고 힘든 일이었다. 그랬기에 그뤼닝거가 파면된 지 43년이 지난 1993년에야 비로소, 한때 하인리히 로트문드가 수장으로 있었던 스위스의 법무경찰부는 파울 그뤼닝거에게 '감사와 존경'을 표시하고 오랜 세월 동안 간청해왔던 '정치적 복권'을 승인하는 성명서를 발표했다. 그리고 1995년에는 장크트갈렌 지방법원이 '사람들의 목숨을 구할 목적으로 공문서를 조작한 것에 대한 범죄 혐의'에 이유가 없다면서 그의 무죄를 판결했다.[46]

그리고 다시 13년 뒤, 보슬비가 촉촉하게 내리던 어느 가을날 아침, 무겁게 내려앉은 비안개를 머리에 인 산들이 둘러싼 작은 분지 도시 오Au의 공동묘지에서 기념식이 열렸다. 담쟁이덩굴이 덮인 벽

근처 묘비 옆에 사과나무 한 그루가 비를 맞으며 서 있었고, 그 나무 아래 열 명 남짓한 사람들이 파울 그뤼닝거와 그의 아내 앨리스가 함께 묻힌 무덤을 바라보고 있었다. 무덤 앞에 놓인 명판에는 이렇게 새겨져 있었다. 과거에는 어땠을지 모르지만 지금은 그 누구도 토를 달 수 없는 내용이었다.

'파울 그뤼닝거는
1938년과 1939년에
수백 명의 난민을 구했다'

빗속에 서 있는 사람들 가운데는 파울 레히슈타이너도 있었다. 그는 기념식 광경을 부지런히 사진기에 담았다. 그뤼닝거의 딸인 루트 루도너도 물론 자리에 함께했다. 붉은색 블라우스에 흰색과 검은색으로 된 모직 스웨터를 입은 그녀 곁에는 에리히 빌리그가 서 있었다. 회색 자켓에 줄무늬 넥타이를 맨 중년의 오Au 시장도 참석했다.

파울 그뤼닝거의 선택은 60년이 지나서야 비로소 정치적으로 옳았다고 인정받았다. 그를 기념하는 식수植樹를 이스라엘에 있는 야드 바솀 홀로코스트 박물관에 심었고, 장크트갈렌의 법정 한 곳과 축구 경기장 한 곳이 그의 이름을 따서 새로 명명되었다. 이스라엘에 있는 한 광장에도 그의 이름이 붙었다. 그의 행위에 찬사가 쏟아졌다. 그러나 그것들은 하나의 마음 편한 잘못된 해석을 또 다른 잘못된 해석으로 대체한 것일 뿐이었다. 과거에 비리 경찰관으로 낙인 찍혀 명예에 먹칠을 당한 경찰서장이 지금은 지극히 예외적인 덕성을 가진 사람만이 할 수 있는 어떤 일을 용감하게 해낸 영웅으로 바뀐 것이다.

왜 법을 어겼느냐는 질문을 받았을 때 그뤼닝거는 '인간으로서의 의무'를 다했을 뿐이라고 말했다. 그의 표현은 제2차 세계대전 기간 동안 나치에 저항했던 사람들에 대한 인식에 비하면 겸손하게 느껴질 수도 있다. 그 사람들에 대한 일반적인 이미지는 당시 저항 활동을 다룬 영화들 때문에 형성되었는데, 예를 들면 장 피에르 멜빌의 〈그림자 군단 Army of Shadows〉을 들 수 있다. 프랑스 레지스탕스의 활동을 다룬 매혹적인 이 영화는, 소규모 저항 조직의 영웅적인 조직원들이 게슈타포와 전투를 벌이면서 자기들의 머리에 겨누어진 총구를 회피하려고 몸부림을 치는 모습을 묘사한다. 멜빌의 영화는 우리가 받아들이기에 익숙한 방식으로 나치에 대한 당시의 저항을 묘사한다. 즉 고귀한 대의를 위해서 초인적인 용기를 발휘하는 영웅적 인물들의 영웅적인 투쟁 말이다. 그러나 제2차 세계대전 기간 중 물론 이런 저항자들도 있었지만 그뤼닝거처럼 전혀 예외적이지 않은 평범한 사람들, 즉 고귀한 대의에 이끌려 위험을 무릅쓴 게 아니라 단지 누군가를 도울 수 있는 지위나 환경에 있었기 때문에 그런 행동을 한 사람들도 있었다. 그들은 그런 행위를 하고, 또 하고, 또 했다. 그리고 마침내 예전에는 도저히 상상할 수 없었던 일이 그들에게는 일상이 되어버렸다. 동료들이 법을 집행하는 것 못지않게 그들에게는 법을 어기는 행위가 일상적인 일이 되어버렸다. 한나 아렌트와 스탠리 밀그램도 깨달았듯이, 평범한 사람이 자기에게 주어진 부당한 명령을 이행할 수 있는 원인 중 하나는 '습관화'였다. 전기 충격기의 버튼을 눌러 어떤 사람에게 고통을 주는 일에 처음에는 거부감을 느끼지만, 이 행위를 계속 반복하다 보면 나중에는 아무렇지도 않게 된다. 이미 자기 손은 더러워지고 말았다는 심리가 작동하기 때문이다.

쉽게 납득되지 않을 수도 있겠지만, 이와 비슷한 과정이 나치에 저항하던 사람들 사이에서도 진행되지 않았을까 하는 질문을 던져본다. 이 질문에 심리학자들인 앙드레 모딜리아니와 프랑수와 로샤는 그렇다고 대답한다. 권위에 저항하는 행위는 추상적인 대의명분을 따지는 장엄한 행동으로 시작되는 게 아니라 당사자들에게는 전혀 특별할 것도 없는 어떤 '작고 소박한 행동들'[47]로 흔히 시작한다고 두 사람은 주장한다. 이런 상황은 어떤 타협점이 형성되기 전에 저항이 시작된 경우 특히 더 그렇다. 그뤼닝거의 경우가 그랬다. 그가 보인 저항의 첫 번째 행동은 1938년 베른에서 있었던 난민 정책 관련 총회에서 드러났다. 이 자리에서 그뤼닝거는 평소에 가지고 있던 자기의 특성과 전혀 다르게, 총회의 전체적인 분위기와 반대되는 의견을 표시했다. 국경선에서 난민들을 돌려보내기란 너무도 '가슴이 아픈 일'이기에 그렇게 하기란 '불가능하다'는 발언을 했던 것이다.

만약 사악함이 일상적이고 평범한 것이라면 선함은 분명 예외적인 것이라고 할 수 있다. 하지만 모딜리아니와 로샤는 그렇지 않다고 주장한다. 자기 목숨을 걸면서까지 유대인들을 도와준 사람들 중 압도적인 다수에게서 다른 사람들과 차별되는 특별한 덕성을 찾아내기는 어려웠다. 또한 그들은 '평범한' 어떤 행동을 하려면 자기들이 믿던 모든 것을 깨트려야만 하는 엉망인 세상을 비판했을 뿐, 자기들의 행동이 영웅적이라고 생각하지는 않았다. 포르투갈 외교관인 아리스티데스 드 소사 멘데스도 유대인을 구하기 위해 자기가 했던 행동을 두고 다음과 같이 말했다.

"내가 한 행동이 낯설게 보이는 건 분명하다. 그러나 당시에는 모든 게 다 낯설었다는 사실을 분명히 알아야 한다. 사실 내가 한 행동은 모든 것이 비정상적이고 도무지 어떻게 할 수 없는 환경에 대한 결과였다."[48]

우리는 멘데스와 같은 사람들을 존경하며 또 그들이 감당해야 했던 부당한 평가에서 그들을 구해낸다. 그러나 이 과정에서 그들이 보여준 사례가 발휘할 수 있는 힘을 축소하는 오류를 저지를 위험이 있다. 로샤는 이렇게 주장한다.

"자기 목숨을 걸고 다른 사람의 목숨을 구한 이들은 극히 드문 소수였다. …… 그래서 사람들은 그들이 보통 사람들에 비해 훨씬 뛰어난 사람, 성인聖人과 같은 사람 혹은 영웅, 다시 말하면 …… 보통 사람인 우리와는 질적으로 다른 어떤 사람이라고 생각하고 싶은 유혹에 빠진다. …… 이렇게 해서 우리는 그 사람들을 우리로부터 멀리 떼어낸다. 그 사람들은 우리와는 다르게 위대한 인물이며 특별나게 선한 사람이라고 생각하는 것이다."

파울 그뤼닝거가 한 행위가 특별한 게 아니라 평범한 것이었다고 주장한다면 터무니없는 말로 들릴 것이다. 그러나 그뤼닝거에게서 평범함을 찾아내기란 어렵지 않다. 한때 교사 생활을 했던 어떤 사람이 유대인 난민들을 만났고, 그들의 이야기를 들었으며, 그들의 눈에서 공포와 절망을 보았다. 그래서 그는 그 사람들이 스위스에 정착해서 살 방도를 마련했다. 그가 한 일은 그 사람들을 위해로부터 보호하는 것이었고, 그가 그렇게 하도록 이끈 것은 난민들을 자신과 똑같은 사람으로 바라볼 줄 아는 능력 그리고 자기 조국 스위스의 건국 철학이 난민들을 인간적으로 대하는 것이라는 믿음이었다. 그는 이 능력과 믿음에 따라서 행동했다. 그는 영웅적인 행위를 하도록 예정된 위대한 인물은 아니었다. 하지만 그렇다고 해서 그가 한 행위, 그가 이룬 업적의 가치가 손상되지는 않는다. 오히려 그 가치는 더욱 돋보인다. 그가 살았던 시대에 대한 어떤 평가처럼, 그의 행위는 어쩔 수 없는 것이었다.

파울 그뤼닝거는 자신이 영웅 대접을 받아야 한다는 말을 단 한 번도 하지 않았다. 그러나 마침내 그는 자신을 변호할 기회를 얻었다. 1971년 스위스 국영 텔레비전 방송국이 한 시간짜리 프로그램으로 파울 그뤼닝거 사건을 다룬 것이다. 이 프로그램이 방송되기 전 장크트갈렌 주는 만일 그 프로그램이 사건을 공정하지 않게 다룰 경우 소송을 불사하겠다고 위협했지만 방송국은 방영을 강행했다. 이 프로그램의 한 장면에서 그뤼닝거는 스위스-오스트리아 국경의 작은 다리 난간에 서 있다. 검은색 모자를 쓰고, 흰색 셔츠에 넥타이를 매고 짙은색 코트를 입은 그뤼닝거는 난간 너머 '오래된 라인 강'의 둑을 따라 늘어선, 나뭇잎이 모두 떨어진 나무들을 바라본다. 강둑은 진주 같은 하얀 눈을 두꺼운 담요처럼 덮고 있다. 겨울 햇살은 창백하게 밝다. 그뤼닝거는 고요히 반짝거리는 그 풍경을 지그시 바라보면서 눈이 시린지 계속 눈을 깜박인다. 그는 웃지 않는다. 말도 하지 않는다. 그의 표정은 어둡지만 평온하다. 잠시 뒤, 그는 천천히 걷는다. 장갑을 낀 오른손으로 나무지팡이를 짚고 몸의 균형을 유지하면서 다리를 건너간다. 발을 끌다시피 하며 천천히 걷는 동안 그의 고개는 아주 조금 앞으로 기울어져 있다. 입이 아래로 처진 그의 표정은 확실히 찡그려져 있다. 루트 루도너는, 자기 아버지는 파면을 당하고서도 결코 분노하거나 원한을 품지 않았으며 그런 일이 있고 나서도 칠십대가 되도록 교회 성가대에서 노래를 했고 불평은 단 한 마디도 입밖으로 내뱉지 않았다고 했다. 예전부터 그뤼닝거를 알고 있었거나 혹은 나중에 그뤼닝거를 알게 된 사람들은 그 일이 있은 뒤 그를 전보다는 가까이하기가 조금 어려워졌다고 말했다. 베른하르트 멜이라는 한 지인은 '그의 얼굴에 담긴 슬픈 표정'이 오래 잊히지 않아 괴로웠다고 했다. 프로그램 속에서, 바로 그 표정으로 그뤼닝거는 다리를 건넌다. 온갖 기억과 추억들, 그리고 어쩌면 슬픔들과 반성들도 함께 품고서…… 한때 연민을 불러일으켰던 그 장소를 다시 찾아가는 바람에 가라앉아 있던 분노가 다시 소란스럽게 와글거린 걸까? 어쩌면 후회라는 불편한 감정이 그를 낚아챘을지도 모른다.

또 다른 장면에서 그뤼닝거는 차분하게 자리에 앉아 인터뷰어가 던지는 질문에 대답을 한다. 모자와 자켓은 벗었다. 창문을 통해 들어오는 햇살이 그의 뺨과 눈썹에 떨어진다. 경찰서장 시절 그의 얼굴에는 어딘지 모르게 소년처럼 앳된 구석이 있었다. 하지만 목에 늘어진 살이 그가 얼마나 늙어버렸는지 알려준다. 눈꺼풀은 무겁게 처져서 눈을 가리고, 그가 썼던 테 없는 안경은 어디 갔는지 없고 그 자리에는 두꺼운 테 안경이 있다.

"스위스 정부의 엄격한 명령을 어겼다는 사실을 본인은 알고 있었습니까?"

이 질문에 그뤼닝거가 대답한다.

"네, 똑똑히 알고 있었지요. 그러나 내 양심은 내가 그 사람들을 돌려보낼 수 없다고, 아마도 그런 일은 일어나지 않을 거라고 말했어요. 그리고 인간적인 의무감도 그 사람들을 여기에 머무르게 해야 한다고 나에게 요구하더군요."

다시 질문이 이어졌다. 이번에는 그를 둘러싸고 떠돌던 소문에 관한 질문이었다. 이 질문에 그는 긴장한 표정을 지었다.

"나는 단 한 푼도 돈을 받지 않았어요."

대답할 때 그의 오른쪽 눈썹이 가늘게 떨렸다. 이어지는 그의 말이 점점 빨라졌다.

"게다가 그 사람들에게는 돈도 없었지요. 제일 가난한 사람들이었거든요. 사람들이 어떻게 생각하든지 간에 나는 하나도 말을 바꿀 게 없어요. 많은 말들이 돌아다니고 있지요. 많은 거짓말들도 돌아다니고요."

그리고 침묵이 이어진다. 카메라는 계속 돌아간다. 한참 만에 다시 질문이 시작되었다.

"만일 또 그런 상황에 놓인다면 어떻게 하시겠습니까? 그때와 똑같이 행동하시겠습니까?"

그뤼닝거는 망설이지 않고 대답했다.

"물론이지요. 그때 했던 것과 똑같이 할 겁니다."

파울 그뤼닝거는 이 인터뷰를 한 지 1년 뒤 세상을 떠났다. 장례식에서는 〈내 주를 가까이 하게 함은〉이 울려 퍼졌고 스위스 국기가 내걸렸다. 장례식이 진행되는 동안 랍비 로타 로스차일드는 탈무드의 유명한 한 구절을 암송했다.

"한 사람의 목숨을 구하는 사람이 온 세상을 구하나니……."

chapter two

우리가 속한 집단에 대한 저항

공동체 의식이라는 동기

1991년 11월, 버스 호송대가 수백 명의 전쟁 포로들을 싣고 시베리아 북부 작은 도시를 향해서 구불구불한 길을 따라 전진했다. 크로아티아 동부의 다뉴브 강 연안 도시 부코바르에서 출발한 버스들이었다. 부코바르에서는 여러 달 동안 크로아티아인과 세르비안인이 격렬한 전투를 벌였다. 서로 다른 민족 간에 벌어진 이 피비린내 나는 전투에서, 보다 강력한 동기를 가진 쪽은 크로아티아인이었다. 이미 지난 5월에 투표를 통해 유고슬라비아로부터 탈퇴하기로 결정한 크로아티아인들은 독립을 위해 싸웠다. 하지만 세르비아인의 무장력이 좀 더 우월했다. 세르비아는 그들의 지도자 슬로보단 밀로셰비치의 아래에 있던 유고슬라비아 국민군으로부터 군수품을 보급받아 부코바르를 둘러싼 여러 언덕 위에서 포위 공격을 가했다. 세르비아인은 교회 건물, 급수탱크, 공장, 사원 그리고 아름다운 고성古城을 파괴했고, 결국 부코바르를 장악했다. 도시에 남은 것이라고는 거의 없었지만, 어쨌든 이제 부코바르는 세르비아인의 도시가 되었다. 거의 석 달 가까이 이어진 무차별 폭격으로, 아름다운 연안 도시는 달 표면처럼 황폐한 곳으로 바뀌었다. 건물들은 가루가 되어 잔해만 남았고 포탄 껍데기가 사방에 널려 있었다. 거리마다 건물 파편들이 몇 겹으로 쌓여 있었다. 총알로 벌집이 된 시신들은 비닐만 덮인 채 방치되었다.[1]

부코바르가 세르비아인의 손에 들어가고 얼마 후 그곳에 남아 있던 크로아티아 남자들은 체포되어 버스에 실렸고, 국경을 넘어 세르비아에 급조된 여러 수용소로 보내졌다. 수용소 가운데 가장 큰 것은 버려진 우사牛舍를 개조한 것이었다. 포로들은 수용소에 들어가기 전 세르비아 병사들 사이를 지나면서 곤봉이나 몽둥이로 매타작을 당해야 했다. 조란 산구트라는 크로아티아인은 친구 한 명이 눈앞에서 맞아 죽는 것을 보았다. 자비는 찾아볼 수 없었다. 한편 세르비아인들에게는 꼭 해결해야 할 문제가 하나 있었는데, 바로 포로들 중에 포함된 세르비아인을 가려내는 일이었다. 함락되기 전 부코바르는 수만 명의 세르비아인을 포함해 여러 민족이 한데 뒤엉켜서 살던 곳이었다. 그중 많은 사람들이 그해 봄에 도시를 탈출했지만, 모든 시민이 빠져나가기 전에 내전이 시작되었고, 전쟁이 시작되자 도시를 빠져나가는 일은 너무 위험해졌다. 다시 말해 우사에 수용된 사람들 가운데는 병사들이 가능한 한 좋은 대우를 해주고 싶은, 동료 세르비아인들도 섞여 있었다. 크로아티아인과 세르비아인은 사실상 동일한 언어를 사용했고, 생김새도 비슷했다. 이런 이유로 세르비아인을 정확하게 구별해서 걸러내는 데는 상당한 지식이 필요했고, 이런 지식은 부코바르 출신이 아니고서는 가질 수 없는 것이었다.

그런데 이 문제를 해결할 길이 있었다. 적어도 그렇게 보였다. 세르비아인 간부 중 한 사람이 수용자들 사이에서 낯익은 얼굴을 하나 발견한 것이다. 둥그런 머리를 가진, 곰처럼 생긴 거대한 남자였다. 그는 세르비아인으로, 이름은 알렉산데르 제브티치였다. 세르비아인 간부는 몇 해 전 제브티치와 유고슬라비아 국민군에서 함께 복무한 적이 있었다. 두 사람은 따뜻한 인사를 나누었다. 그리고 간부는 미묘하고도 긴박한 그 과제, 즉 수용소에 수감된 사람들 중에서 세르비아인을 찾아내는 일을 제브티치에게 맡겼다. 세르비아인들을 크로아티아인들과 분리된 공간에 수용하기 위해서였다.

"신중하게 해주게."

간부의 말에 제브티치는 고개를 끄덕였다. 제브티치는 방목 상태의 가축처럼 시멘트 바닥에 널브러진 수용자 무리 안으로 들어가서 사람들을 살피기 시작했다. 어떤 사람들은 고꾸라져서 추위에 떨고 있었고, 또 어떤 사람들은 세르비아 병사의 눈에 띄지 않으려고 애쓰며 조용히 상처를 치료하고 있었다. 까딱하다가 재수 없게 세르비아 병사의 눈에 띄기라도 하면 불려가서 조사를 받고 구타를 당해야 했기 때문이다. 국제적십자사 대표단이 몇 주 뒤 이 수용소에 도착해 수용자들의 이름을 적고 수용소의 전반적인 상황을 파악하게 되는데, 그전까지 수용소의 공포 분위기는 조금도 누그러지지 않았다. 많은 사람들이 고문을 당했고, 또 많은 사람들이 죽임을 당했다. 누가 그리고 몇 명이나 죽었는지는 전혀 알려진 바가 없다. 한편 수용자들 사이에서 지옥과 천국을 갈라놓는 일을 맡은 제브티치는 자기가 아는 세르비아인들을 하나씩 지목해나가기 시작했다. 그는 늘어져 있는 사람들의 발을 툭툭 차며 이름을 부르고 일어나라는 손짓을 했다.

"코바체비치, 따라와."

제브티치가 한 사람의 발을 차면서 말했다. 수염이 잘 정돈된 억센 몸집의 남자였다. 남자가 숙이고 있던 고개를 들었다. 눈동자는 창백한 파란색이었고, 손에는 수갑을 차고 있었다. 남자는 제브티치를 멀뚱하게 쳐다보기만 할 뿐 움직일 생각을 하지 않았다. 그의 이름은 코바체비치가 아니고 스탄코였기 때문이다. 게다가 그는 세르비아인이 아니라 크로아티아인이었다.

"따라오라니까!"

제브티치가 재촉했다. 당황한 남자는 머뭇거리며 일어났고, 주변에 있던 크로아티아 사람들은 이상하다는 눈빛을 주고받았다. 도대체 왜 저러지, 하는 표정들이었다. 제브티치는 또 다른 크로아티아인 한 사람을 불렀다. 그리고 또 한 사람, 또 한 사람…… 그가 부른 이름은 모두 세르비아식 이름이었다. 그제야 무슨 일이 벌어지고 있는지 감을 잡은 사람들이 자기도 불러달라고 속삭이며 애원했다.

"제발, 제발 나도 좀 데려가줘요."

제브티치는 경비병이 감시하고 있지 않다는 걸 확인했다. 그리고 빠르게 속삭였다.

"자, 빨리 서둘러요."

세르비아인 수용소로 만든 공간이 꽉 찰 때까지 제브티치는 이런 식으로 크로아티아인들을 빼돌렸다.

인종 청소, 대규모 폭력, 살인, 약탈, 강탈, 강간이 1990년대 초 발칸반도를 휩쓸었다. 이웃의 집을 약탈하는 일이 벌어졌고, 한때 친구로 지내던 사람들이 서로를 죽였다. 세르비아인은 1991년에 평탄하고 비옥한 도시 부코바르를 장악하고 동슬로바니아 바깥으로 크로아티아인 수만 명을 내보냈다. 크로아티아인은 나중에 자기들이 수복한 영토에서 세르비아인 수만 명을 추방함으로써 앙갚음을 했다. 또한 이들은 보스니아-헤르체코비나에 있는 무슬림들을 무자비하게 폭행했다. 발칸전쟁이 터지자 최악의 잔학 행위들이 일어났다. 세르비아 군인이 성인 남자와 소년 약 8,000명을 학살한 일도 있었는데, 이것은 나중에 국제 사법재판소에 의해 학살 행위로 규정되었다. 제2차 세계대전 때 스위스 같은 국가에 주재한 외교관이나 국경 경비대원의 경우와 다르게, 이들이 잔학한 행위를 한 주요 동기는 법에 대한 충성이 아니었다. 그것은 적법성과는 거리가 멀었다. 발칸 반도에서 일어난 폭력 행위의 다수는 무법지대에서 일어났다. 이들의 동기는 바로 공동체 의식이었다. 공동체 의식은 공통된 역사와 혈통을 가진 사람들을 하나로 묶어서, 한때는 동료였고 친구였던 사람 그리고 알고 지내던 사람을 단순히 다른 민족과 집단에 속한다는 이유로 살해하게 만들었다. 이런 행동들이 계속 이어지는 데 복종심이 일정한 역할을 했다. 하지만 무엇보다 중요한 요소는 획일성의 효과 혹은 동료들에게서 받는 압박감이었다. 사람들이 동일한 생각과 동일한 전제 그리고 동일한 공포로 묶여 있을 때 이들을 살인의 행렬로 나서게 만드는 데는 명료한 명령이나 권위자의 존재 같은 것은 굳이 필요하지 않았다.

브뤼셀이나 브룩클린의 안락한 카페 의자에 앉아 유고슬라비아에서 자행된 끔찍한 파괴 행위 보도 기사를 읽는 사람들은 혐오감은 물론 당혹스러움을 느낀다. 어쩌면 도덕적인 우월감을 느낄 수도 있다. 도대체 사람이 어떻게 그런 끔찍한 짓을 저지를 수 있을까? 어떻게 그렇게 쉽게 집단의 압력에 굴복할 수 있을까? 부당한 명령을 거부하는 사람의 수가 어떻게 그렇게 적을 수 있을까? 파울 그뤼닝거는 제2차 세계대전 때 유대인 난민들을 스위스로 입국시키기 위해, 법으로 세운 명백한 정책을 어겨야만 했다. 즉 상관을 배신하고 의무를 방기하고 자신을 위험하게 만드는 일을 해야 했다. 세르비아인 역시, 자신과는 다른 조건에 놓여 있다고 해서 무차별적으로 사람을 죽이는 행위는 잘못된 것이라고 판단하기만 하면 된다. 이게 그렇게도 어렵단 말인가?

그렇다, 무척 어렵다. 공공의 적이라는 불안과 공포 앞에서 공동체의 생각에 어긋나는 언행을 하는 것이 얼마나 어려운 일인지 짐작하려면(특히 독자가 미국인이라면), 2001년 9월 11일에 벌어진 사건 이후 미국의 분위기를 떠올리기만 하면 된다. 당시 유고슬라비아에서는 이 공포가 훨씬 더 크고 본능적이었다. 민주주의 전통이 전무한 이 나라에서는 어떤 공동체에 소속되어 있는가 하는 정체성이 갑자기 유일한 기준, 모든 것을 가르는 기준이 되었다. 일자리보다 훨씬 더 중요한 것을 대가로 하는 민족 분리의 살벌한 싸움이 벌어지는 현장이 된 것이다.

"당신이 그곳에 있었다고 생각해보시죠."

부코바르 출신의 크로아티아인 프레드라그 마티치가 언젠가 나와 커피를 마시면서 한 말이다. 프레드라는 미국식 이름으로 불리던 성실하고 유순한 이 남자는 자기가 살던 도시를 둘로 갈라놓았던 그 전쟁에서 크로아티아 편에 서서 싸웠고, 스타지체보 수용소에 수용되었으며, 다행히 알렉산데르 제브티치가 세르비아인이라고 지목한 덕분에 죽음의 문턱에서 살아남았다. 제브티치와 마티치는 서로 아는 사이였다. 깊이 아는 건 아니었고 그저 이름만 아는 사이였다. 아무리 그렇다 해도 제브티치의 행동은 놀라운 일이었다. 제브티치가 책략을 쓰긴 했지만 그것은 언제라도 금방 들통이 날 수 있었으며, 만일 실제로 들통이 났다면 세르비아 병사들은 제브티치를 가만두지 않았을 것이었다.

"안테, 우레 혹은 스티페라는 이름을 가진 세르비아인은 없습니다. 세르비아 병사가 '이름이 뭐야?'라고 물었는데 '안테 자그로입니다'라고 무의식중에 대답할 수도 있지요. 그러면 모든 게 들통이 나버리잖아요. 그러면 알렉산데르 제브티치는 어떻게 되었겠어요?"

프레드는 스타지체보 수용소에 있을 때 세르비아 병사들로부터 세르비아 어린이를 몇 명이나 죽였느냐 혹은 세르비아인의 눈에서 눈알을 몇 개나 파냈느냐는 질문을 받았고, 그런 적이 없다고 대답을 하면 무자비하게 구타당했다. 경비병들은 그를 크로아티아인이라고 부르지 않았다. 그들은 그를 '우스타샤'라고 불렀다. 제2차 세계대전 때 세르비아인 수십만 명을 살해했던 크로아티아 파시스트를 일컫는 말이다. 프레드는 심문을 받으러 질질 끌려 나갔다가 다시는 돌아오지 않았던 수용자들을 기억했다. 오래전부터 친하게 지낸 세르비안인 친구가, 수용소에서 그를 알아보자 곁에 쭈그리고 앉더니 장갑을 벗고는 얼굴을 때리더라고 했다. 마치 그때의 모욕감을 다시 한 번 경험하는 것처럼 이야기를 하는 프레드의 뺨이 벌겋게 달아올랐다. 하지만 대체로 그는 평온하게 말을 이어갔다. 그의 어조에서 운명론적인 느낌이 묻어났다. 어차피 전쟁이니까 어쩔 수 없지 않느냐는 체념이었다. 그러다가 화제가 알렉산데르 제브티치로 넘어가자 그의 목소리에 다시 생기가 돌았다. 그는 자기가 두 눈으로 본 것들이 실제로 이 세상에서 일어난 것인지 아직도 믿을 수 없다는 듯 말했다.

"물론 세르비아인이 크로아티아인을 도울 수도 있겠죠. 그런데 과연 끔찍한 수용소에 갇혀진 상황에서 그런 일이 일어날 수 있을까요?"

프레드는 도저히 믿을 수 없다는 듯 머리를 흔들었다.

프레드가 진술한 내용에서도 분명하게 드러나듯 스타지체보의 몇몇 세르비아인들은 수용자들을 구타하고 또 예전부터 알던 크로아티아인에게 모욕을 주면서 즐거워했다. 이런 사람들 편에서 그들과 동일한 감정을 느끼기 위해서는 굳이 그런 폭력을 즐기지 않아도 된다. 그저 조금만 더 약해지거나 혹은 조금만 더 수동적으로 굴면 된다. 이것이 진실이다. 크로아티아 작가 슬라벤카 드라쿨리치가 1992년 1월에 발표한 《국가주의에 얽매여서 Overcome by Nationhood》라는 책에서처럼, 종족적 증오가 넘쳐나는 지역에서는 종족적 민족주의를 받아들이는 것말고 달리 선택할 수 있는 대안이 없다. 그렇지 않으면 소속된 공동체 하나 없이 홀로 서 있어야 하기 때문이다. 드라쿨리치는 달리 입을 옷이 없는 텅 빈 옷장을 바라보며 몸에 맞지 않는 옷을 입는 입을 때를 예로 들었다.

"그 옷의 소매가 너무 짧다고 느낄 수 있다. 목이 너무 꽉 낀다고 느낄 수 있다. 색상이 마음에 들지 않을 수도 있다. 옷의 촉감이 꺼끌꺼끌하고 가려울 수도 있다. 하지만 달리 선택의 여지가 없다. 입을 옷은 그것밖에 없기 때문이다. 누구든 국가의 이념 앞에 굳이 자발적으로 무릎을 꿇을 필요는 없다. 어차피 그 안으로 저절로 빨려 들어가기 때문이다."[2]

상상 속의 공포

그 시기에 '공동체 안으로 빨려 들기'를 거부한 사람들은 엄청난 용기를 발휘해야 했다는 것, 그리고 그런 사람들의 마음은 독립심을 활활 불태워야 했다는 것은 상식으로 통했다. 1990년대 초 발칸 반도를 휩쓸었던 증오에 저항하려면 공동체 안에서는 존재할 수 없는 저항 즉, 상상 속의 저항이라는 위험하고도 보편적이지 않은 실천을 해야 했기 때문이다. 기자인 미샤 클레니는 전쟁 직전에 세르비아와 크로아티아를 여행하면서, 사람들의 생각에 깊이 뿌리 박힌 '의식의 균질화'에 무척 놀랐다고 했다. 클레니는 이렇게 썼다.

"크로아티아인과 세르비아인은 나를 볼 때마다 각기 왜 상대방이 선천적으로 괴물일 수밖에 없는지 끊임없이 주장했다. 그러면서 역사, 종교, 교육, 그리고 생물학을 근거로 인용했다."[3]

모든 사람들은 상대방도 그렇게 생각하리라 확신했다. 그렇기에 그들은 각자 자기들이 상대방에 대해 가지고 있는 불신과 적대감이 논리적으로 정당하다고 느꼈다. 클레니는 다음과 같이 결론을 내렸다.

"국가주의는 복잡한 방정식들을 헤아릴 수 있는 마음의 한 부분을 무력하게 만드는 것 같다. 그래서 '우리 편이 아닌 사람은 우리의 적이다'라는 단 하나의 레닌주의 원칙만이 행동을 촉발한다."

알렉산데르 제브티치는 '우리 대 그들'이라는 사고방식을 내면화하는 걸 거부했다. 나는 그가 이렇게 할 수 있었던 원인이 그가 받은 교육과 그가 가진 지성에 있지 않을까 생각했다. 즉 그에게는 증오의 논리를 추동하는 맹목적인 열정과 강력한 단순함을 꿰뚫어보는 눈이 있는 게 아닐까 하고 생각했다.

부코바르 인근 기차역에서 제브티치를 만나기로 약속하고 그가 오기를 기다리면서 나는 그런 상상을 했다. 내가 탄 기차는 정시에 목적지에 도착했다. 하지만 마중 나오기로 한 제브티치는 보이지 않았다. 나로서는 무작정 기다릴 수밖에 없었다. 30분쯤 지났을 때 검은색 BMW X5 한 대가 역 앞으로 쏜살같이 달려오더니 급하게 멈춰 서서 '빵빵' 하고 경적을 울려댔다. 이어서 운전석의 창문이 스르르 내려갔다.

"미안해요!"

운전석에 앉은 거대한 덩치의 남자가 이를 환하게 드러내며 미소를 지었다.

"오는 길에 경찰이 귀찮게 하는 바람에……"

내가 상상했던 수수한 지식인이 아니었다. 제브티치는 흰색 리복 티셔츠에 정강이 아래까지만 내려오는 바지를 입고 선글라스를 끼고 있었다. 목과 턱에는 수염이 덥수룩하게 나 있었고 머리는 면도를 한 빡빡머리였다. 넓은 얼굴은 점투성이였다. 허리가 아주 두꺼웠고 몸무게도 엄청나게 나갈 것 같았다. 맵시 있는 새 자동차를 타고 나타난 그의 모습은 고급 술집의 경비원이라고 하면 딱 알맞을 인상과 외모였다. 내가 타자 그는 나를 마중하러 오던 길에 과속으로 경찰관에게 걸리는 바람에 실랑이를 벌이느라 늦었다고 했다.

자동차는 부코바르를 향해 달렸다. 이번에는 경찰관이 나타나서 차를 세울 만큼 빨리 달리지는 않았다. 얼마 뒤에 안 사실이지만 알렉산데르 제브티치는 속도광이었다. 또한 그는 늦잠을 즐겼고 친구들과 몰려다니는 것을 좋아했으며 스포츠 경기를 관람하는 것도 좋아했다. 나는 그의 거실 벽이 책으로 가득 채워져 있으리라고 상상했지만 나중에 아파트를 찾아가 보니 책은 어디에도 없었고, 그는 거실에서 거대한 평면텔레비전만 보았다. '알렉산데르'라는 이름을 줄여 '아초'라는 별명으로 통하는 그는 끈기가 없어서 책을 읽지 않는다고 했다. 그는 대학 문턱에도 가본 적이 없을뿐더러 심지어 고등학교도 제대로 졸업하지 않았다. 그의 부모는 신발 공장에서 일했다. 처음 부코바르로 향하던 차에서 우리는 테니스를 화제로 잡담을 나누었다. 열일곱 살인 그의 아들 오그녠은 테니스 선수였는데, 또래 선수들 가운데서는 단연 1, 2등을 다툰다고 했다.

"녀석이 제일 좋아하는 선수가 나달입니다."

라파엘 나달은 최근 프랑스 오픈 테니스 대회 남자 단식에서 우승을 했고 로저 페더러와 세계 랭킹 1위 자리를 놓고 다투는 스페인의 슈퍼스타였다. 나는 본인도 예전에 테니스 선수로 이름을 날렸는지 물었다.

"내가요? 아뇨, 아닙니다!"

아초는 그렇게 말하면서 큰 소리로 웃었다. 자기가 어떻게 테니스 선수가 될 수 있었겠느냐는 뜻이었다. 뜨거운 열기로 후끈거리는 경기장에서 공을 쫓아 이리저리 뛰어다니는 건 자기 취향이 아니라고 했다. 에어컨을 시원하게 틀어놓은 거실에서 아들이 하는 경기나 나달이 페더러를 상대로 벌이는 경기를 편안히 보는 것이 자기 취향이라고 했다. 아초는 느긋하고 여유가 있었다. 다시 말해 게을렀다. 적어도 겉으로 보기에는 그랬다.

"나는 게으른 사람입니다."

부코바르에 도착해서 내가 묵을 호텔의 1층 방으로 걸어가면서 아초가 말했다. 이 고백은, 무엇으로 먹고사는지 물었을 때 나온 대답이었다. 그의 직업은 주택 임대업자인 셈이었다. 세르비아의 노비사드라는 곳에 건물을 하나 산 다음 여러 개의 방으로 개조해서 세를 놓고, 거기에서 나오는 집세를 받아서 생활한다고 했다.

"나는 하는 일이 없습니다. 월초에 집세를 걷는 게 내가 하는 일의 전부지요."

아초는 자기가 따른 콜라 잔에 얼음을 넣고 잔을 빙빙 돌리면서 말했다. 그러고는 느긋한 미소를 지으며 단숨에 잔을 비웠다.

스타지체보 수용소에서 프레드 마티치와 같은 사람들을 깜짝 놀라게 했던 강단 넘치던 이 남자는 시골 마을에서 행복한 어린 시절을 보내며 성장했다. 집단의 행동을 따르지 않는 사람에게 관용을 베푸는 것으로 특별히 이름 난 그런 곳은 아니었다. 1966년에 태어난 아초는 요시프 티토가 다스리던 유고슬라비아에서 자랐다. 티토는 상대적으로 개방적인 공산주의를 지향했다. 하지만 그렇다고 해도 권력은 소수에게 독점되어 있었고, 이 독점 권력은 반대자들을 감옥에 가두는 일에 조금도 망설임이 없었다.

"어머니와 아버지 두 분 다 공산당원이셨습니다. 공산주의 체제에서 우리는 괜찮게 살았습니다. 물론 내가 알지 못했던 문제들은 있었겠지요. 그때 나는 아직 어렸으니까요."

아초는 자기가 성장하던 시절 부코바르의 삶이 목가적이었다고 표현했다. 배경이 다른 사람들 사이의 관계를 놓고 말한다면 특히 더 그랬다고 했다. 티토 치하 유고슬라비아의 공식적인 구호는 '형제애와 단결 Brotherhood and Unity'이었다. 이것은 나중에 인종 간의 살육이 일어날 때는 수면 아래에서 부글부글 끓는 민족 갈등을 덮고 억누를 목적으로 정권이 지속적으로 국민들에게 강요한 무시무시한 구호처럼 비치게 되지만 당시 아초에게 그 구호는 진실을 충실하게 반영한 것이었다. 당시에는 그 누구도 어떤 사람이 어떤 민족에 속하는지 묻지 않았다. 그의 부모가 일하던 신발 공장은 부코바르에서 가장 큰 회사로, 2만 명의 직원을 거느리고 있었다. 부코바르에는 헝가리인, 마케도니아인, 크로아티아인, 세르비아인 등 다양한 민족이 살았는데, 이런 다양성은 신발 공장 직원들의 민족 분포에도 그대로 반영되어 있었다. 사람들은 아무런 문제도 느끼지 않고 조화롭게 어울렸으며, 서로 쉽게 섞였다고 아초는 주장했다.

하지만 그런 조화는 1991년 봄에 종지부를 찍었다. 이해 크로아티아에 프라뇨 투지만이 이끄는 민족주의 정부가 들어섰다. 크로아티아인 이웃들이 흰색과 붉은색의 체크무늬가 들어간 방패 모양의 문장(이른바 '샤호브니카')이 그려진 깃발을 발코니에 내걸기 시작했다. 당시 전체 인구의 12퍼센트를 차지하던 세르비아인으로서는 무척 실망스러운 상황이었다. 그 깃발은 제2차 세계대전 때 '우스타샤'가 사용했던 깃발이었기 때문이다. 나치 독일과 공공연하게 손을 잡았던 크로아티아 독립국 치하에서 크로아티아인은 세르비아인을 대량 학살했었다. 물론 세르비아인들 중 그 깃발을 내거는 사람은 없었으며, 그들은 대신 무장을 하기 시작했다. 과거 공산당 정보기관에 몸담았던 슬로보단 밀로셰비치가 세르비아의 권력을 잡으면서 이런 경향은 더욱 강화되었다. 밀로셰비치는 크로아티아에서 세르비아인이 많이 사는 지역에 대해 다른 계획을 가지고 있었다. '보다 큰 세르비아'로 합병해서 자기 통제하에 두겠다는 계획이었다. 그는 유고슬라비아의 다른 두 공화국인 코소보와 몬테네그로의 자율권을 박탈한 뒤, 크로아티아 땅에 세르비아 민족주의자들이 별도의 국가를 형성한 크라이나, 그리고 긴장이 고조되어 마침내 터져 나온 동슬라보니아 같은 지역의 세르비아인에게 제공할 무기를 착실하게 준비했다. 한편 노동절인 5월 1일에 크로아티아 경찰관들이 세르비아인이 사는 보로보 셀로라는 마을에 들어갔다. 샤호브니카 깃발을 걸기 위해서였다. 이 과정에서 총이 발포되고 크로아티아인 두 명이 인질로 잡혔다. 다음 날 크로아티아 경찰관들이 인질을 구하러 출동했고, 충돌이 일어났다. 이 충돌 속에서 결국 크로아티인 열두 명과 세르비아인 다섯 명이 사망했다.

보로보 셀로는 부코바르 바로 북쪽에 있다. 아초는 이 사건을 잘 기억하고 있었다.

"전쟁은 보로보 셀로에서 시작되었습니다."

그때 아초는 상황이 악화될 것이 분명하다고 생각했다. 하지만 어느 정도까지 나빠질지는 아직 분명하지 않았다.

"나는 상황이 나빠지긴 하겠지만 곧 잠잠해질 거라고 생각했죠. 진짜 전쟁이 일어날 거라고 생각했다면 부코바르를 떠났을 겁니다. 그렇게까지 일이 확대되리라고는 생각하지 않았고, 그래서 부코바르에 계속 남아 있었던 겁니다."

세르비아에 살고 있던 아초의 친척들은 아초에게 하루라도 빨리 크로아티아에서 나오라고 성화였고, 결국 아초도 그래야겠다고 마음을 먹었지만 너무 늦고 말았다. 부코바르 봉쇄 작전이 이미 시작되어 바깥으로 나가는 모든 길이 막혀버린 것이다. 안전하게 빠져나갈 수 없게 되자 어쩔 수 없이 차선으로 보이는 선택을 해야 했다. 폭력 사태가 진정될 때까지 여자친구 웬디와 함께 아파트에 틀어박히는 것이었다. 1991년 7월이었다. 그리고 그때부터 11월까지 다섯 달 동안 아초는 오로지 살아남겠다는 단 하나의 목표에만 집중했다.

"부코바르에서는 날마다 수류탄이 3,000발씩 터졌습니다. 모두가 숨어 있었지요."

아초와 웬디는 아파트 밖으로는 절대 나가지 않았다. 두 사람은 잘 때도 혹시 있을지 모를 저격수의 총격을 피하려고 침대가 아니라 아파트 바닥에 납작하게 붙어서 잤다. 보병의 발소리는 끊이지 않았고 박격포탄 터지는 소리에 벽은 늘 흔들렸다. 부코바르에서는 그 누구도 안전하지 않았지만, 세르비아인들은 특히 더 위험했다. 부코바르 어디에나 크로아티아인들이 보였고 이들은 목숨을 걸고 밀로셰비치의 군대, 즉 세르비아인과 싸웠기 때문이다. 만약 전투 가능한 연령대의 멀쩡한 세르비아인 남성이 아파트에 숨어 지낸다는 말이 밖으로 새어나가면 어떻게 되었을까?

"이론상으로 나는 아무 잘못도 없으니, 내가 두려워해야 할 건 아무것도 없었죠. 그러나 만일 어떤 사람의 절친한 친구가 세르비아인이 던진 수류탄에 사망했는데, 그가 나중에 세르비아인을 보게 된다면 어떻게 하겠습니까?"

그는 오른손 집게손가락을 관자놀이에 대고 방아쇠를 당기는 시늉을 했다.

"나는 상당히 곤란한 처지에 놓이겠지요."

그때 아초는, 1991년 시점으로 이미 '형제애와 단결'의 정신은 사라졌으며, 어느 민족에 속하느냐에 따라 목숨을 잃을 수도 있고 반대로 목숨을 건질 수도 있는 기막힌 현실이 새롭게 그 자리에 들어섰다는 사실을 완벽하게 깨달았다. 하지만 역사적인 전례를 들추기 좋아하는 사람들이 지적하듯이, 사실 이 새로운 현실은 발칸 반도에 살던 많은 사람들에게는 새로운 게 아니었다. 아주 오래전, 어린 시절을 보내며 아초도 이미 그 사실을 학습했었다.

"야세노바츠가 뭔지 압니까?"

호텔에서 이야기를 나눌 때 아초가 나에게 던진 질문이었다.

"모르겠는데요. 뭡니까?"

"제2차 세계대전 때의 수용소 이름입니다. 우리 어머니가 어렸을 때 수용되어 있던 곳이죠. 어머니는 거기에서 살아남았습니다."

하지만 어머니에게 가장 중요한 두 사람, 즉 아초의 외할머니와 외할아버지는 살아남지 못했다.

"두 분은 그 수용소에서 돌아가셨고, 어머니는 이모할머니 손에서 컸습니다. 제2차 세계대전이 끝난 지 2년 뒤인 1947년에 어머니는 보로보로 돌아오셨습니다. 전쟁고아가 되어서 말입니다. 그리고 학교에 다니셨고, 아버지를 만나 결혼하셨죠."

아초가 하는 말을 듣다 보니 야세노바츠 수용소가 떠올랐다. 어쩌면 마이클 이그나티에프의 민족주의 연구서 《피와 소속 Blood and Belonging》이라는 책에서 읽은 내용이 떠오른 건지도 몰랐다. 사바 강 인근에 있던 야세노바츠 수용소는 제2차 세계대전 때, 1941년부터 1945년까지 짧은 기간 존재했던 크로아티아 독립국 치하에서 크로아티아 파시스트들이 세운 악명 높은 수용소였다. 아초에게 그 이야기를 들은 후 나는 다시 《피와 소속》을 꺼내들고 읽었는데, 이 책의 한 장면에서 이그나티에프는 수용소가 있던 곳을 찾아가 박물관과 유적지에 남아 있는 건물 파편과 유리 조각을 살펴본다. 크로아티아의 성직자들이 나치 친위대 장교들과 악수를 나누는 사진 조각, 갈기갈기 찢긴 수용자 파일도 있다. 이것이 바로 1992년의 야세노바츠 수용소의 모습이라고 이그나티에프는 생각한다. 민족의 역사에서 마땅치 않은 부분을 말끔히 지워버리길 바라는 크로아티아 의용군이 파괴한 흔적인 것이다.[4] 세르비아의 주장에 따르면 우스타샤는 제2차 세계대전 때 그 수용소에서 세르비아인 70만 명을 몰살했다. 그리고 시신은 그냥 강물에 내던졌다. 하지만 크로아티아는 이때 죽은 사람이 4만 명이라고 훨씬 낮추어서 추정한다. 그러나 70만이든 4만이든 엄청나게 많은 사람들이 죽어간 건 분명하다. 또 이로 인해 거대하고 무서운 적개심의 씨앗이 뿌려진 것도 분명하다. 그렇기 때문에 야세노바츠와 같은 장소들을 둘러본 사람들이나 학자들은 유고슬라비아가 해체된 원인은 바로 해묵은 민족적 증오라고 입을 모은다. 두 세대마다 한 번씩은 꼭 일어났던 길고 긴 상잔의 역사가 끝내 유고슬라비아를 피의 복수 속에서 갈라서게 만들었다는 것이다.

하지만 이 이론은, 비록 전제적인 전체주의 체제 아래에서긴 하지만 이 지역에서 여러 민족이 50년 동안이나 평화롭게 공존했다는 사실을 무시하는 미성숙하고 결정론적인 이론이다. 그러나 한편, 수많은 미성숙한 이론들이 대개 그렇듯 진실의 핵심인 한 부분을 담고 있다. 과거에 당한 모욕의 기억은 1990년대 초의 혼란기 동안 무지막지하게 힘이 센 이념적 무기로 바뀌었다. 당시에 민족주의자들은 자기 조상들이 과거에 당했던 핍박을 사람들에게 재빠르게 상기시켰다. 민족적인 증오를 조장할 목적이었다. 세르비아 뉴스에 등장한 세르비아 정치인들의 연설에서, 또 전쟁 분위기를 조성하기 위해 쏟아낸 책과 소책자 그리고 온갖 청원에서, 이런 메시지들이 끊이지 않고 들려왔다. 크로아티아 지역에 살고 있는 세르비아인들이 하나로 뭉쳐 크로아티아인과 싸우지 않으면, 조상들이 그랬던 것처럼 크로아티아인들에게 잔인하게 학살될 것이라는 내용이었다. 만일 우스타샤가 다시 한 번 독립 크로아티아 공화국을 세우기라도 하는 날에는 어떤 일이 일어날지 과연 알기나 하는가? 야세노바츠 수용소를 벌써 잊어버렸는가? 제2차 세계대전에서부터, 라자르 왕자가 패배했던 1389년의 저 유명한 코소보전투(1389년 남유고슬라비아의 코소보 고원을 무대로 오스만 투르크 군대와 세르비아, 불가리아, 왈라키아, 알바니아, 보스니아 등의 연합군이 벌인 전투. 오스만 투르크의 승리로 끝나 이때 발칸 반도에 투르크 지배의 기초가 마련되었다—옮긴이)까지 거슬러 올라가는 세르비아인의 고통과 희생을 잊어버렸단 말인가?

"단결만이 세르비아인을 구원한다."

이것은 세르비아 국기에서 십자가를 구성하는 네 개의 키릴 문자 에스s로 상징되는 구호였다. 아울러, 보로보 셀로와 같은 장소에서 벌어진 충돌에 대해 듣는 순간 1941년이나 1389년을 떠올리는 사람들 사이에, 그리고 부모나 조부모로부터 우스타샤 아래에서 살아남는 것이 얼마나 끔찍한 공포였는지 듣고 자란 사람들 사이에 강력한 공명을 일으키는 구호이기도 했다.

아초 역시 이런 구호에 가슴이 뛰었다. 야세노바츠 수용소에서 어머니가 느껴야 했던 고통과 공포를 들어서 알고 있었기에, 동슬로바니아에 있는 크로아티아인에게 큰 저주와 분노를 품었다. 아초는 어린 시절, 어머니가 수용소에서 부모님을 잃었던 이야기를 들려주었을 때 크로아티아인이 세상에서 가장 나쁘다고 생각했다. 하지만 아초의 어머니는 아들에게 대부분의 크로아티아인들은 좋은 사람들이며 그들을 증오해서는 안 된다고 이야기했다. 아초는 처음에 어머니의 말을 곧이곧대로 받아들일 수 없었다.

"나는 어머니에게 물었습니다. '외할아버지와 외할머니가 야세노바츠 수용소에서 살해되셨잖아요. 크로아티아 사람들이 그랬고요. 그런데 크로아티아 사람들이 좋은 사람들이라고요? 그게 말이 돼요?' 그러자 어머니가 그러시더군요. 그런 짓을 저지른 사람들은 크로아티아 사람들이 아니었다고요. 짐승이 한 짓이지 사람이 한 짓이 아니라고요. 오로지 짐승만이 사람을 죽이지, 크로아티아 사람이든 세르비아 사람이든 무슬림이든, 사람은 사람을 죽이지 않는다고요. 오로지 짐승만이 그런 짓을 할 수 있고, 짐승은 민족도 나라도 없고, 짐승은 그냥 짐승이라고 하셨지요."

그때 어머니의 말이 마음속에 깊이 새겨졌다고 아초는 말했다.

본인에게 반골 기질이 있다고 생각하는지 묻자 아초는 이렇게 대답했다.

"나는 반항적이지 않습니다. 내가 하는 행동은 내가 자라면서 배운 방식일 뿐입니다."

아초는 특히 부모님께 많은 가르침을 받고 성장했으며 누구보다도 자기 부모님을 존경한다는 말도 덧붙였다.

"부모님은 사람을 사랑하라고 가르치셨습니다. 다른 사람들과

나 자신을 존중하라고 가르치셨고요. 아버지는 내가 나 자신을 존중하면 다른 사람들도 나를 존중해줄 거라고 날마다 말씀하셨습니다. 그게 아버지의 좌우명이었거든요."

✼✼✼

심리학자 고든 올포트는 고전적인 저서 《편견의 본질The Nature of Prejudice》에서 악의적인 고정관념의 형성을, 사람들이 이성적인 집단과 그렇지 않은 집단 등으로 자신들을 분류하는 습관과 연결시켜 바라보았다. 그리고 '편견은 상상 속에 존재하는 공포의 산물'이며, 일단 이런 공포가 개인의 마음에 한번 자리를 잡고 나면 떼어내기가 무척 어려워진다고 했다.

"편견을 깨는 것보다 원자를 깨는 게 차라리 더 쉽다."[5]

아초는 개인적인 배경 때문에 분명 보통의 세르비아인보다 훨씬 크로아티아인들을 공포스럽게 생각했을 것이다. 적어도 이론상으로는 그렇다. 엉킨 실타래 같던 1990년대 초 유고슬라비아에서는 더욱 더 그랬으리라고 쉽게 상상할 수 있다. 하지만 아초가 크로아티아인이 두려운 존재라고 느끼기 전에 어떤 간섭이 일어났다. 획일성에 대한 거부 전에 다른 거부 행위가 나타났다는 말이다. 그의 어머니는 자기가 겪은 슬픈 이야기로 인해 아들에게 전달될 수 있는 피해의식을 차단하고자 했다. 어머니는 자기 부모를 죽음으로 몰고 갔던 '딱지 붙이기'를 자신은 답습하지 않으려 했고, 이것을 가지고서 다른 사람을 판단하지 않으려고 했다. 또 아들인 아초에게도 그렇게 가르쳤다.

어머니가 이런 가르침을 주었기 때문에 아초는 자기보다 공교육을 훨씬 많이 받은 다른 사람들과 달리, 민족적인 차이만을 이유로 고문과 강간과 살인을 자행하는 전쟁에 조금도 힘을 보태지 않았다. 하지만 그렇다고 해도 그가 보여준 행동은 수수께끼였다. 이상주의자와는 거리가 멀어 보이는 그가 아무리 관용의 윤리를 기반으로 성장했다 해도, 다른 사람들은 모두 당시의 시대적인 분위기를 따라 행동하는데 어떻게 자기 혼자서만 모두를 거스르며 그렇게 대담하게 행동할 수 있었을까?

예전의 유고슬라비아에서는 선의와 관용이 쉽게 찾아볼 수 있는 덕목이었다. 크로아티아인인지 세르비아인인지 혹은 무슬림인지, 아무도 따지거나 추적하지 않던 지역에서 많은 사람들이 성장했다. 그런데 정치적인 분위기가 바뀌자 이들이 가진 생각과 행동은 갑작스럽게 바뀌었다. 그러면서 민족주의도 번성하기 시작했다. 과거에 일어났던 일에 대해 불안해하던 많은 사람들이 그 감정을 자기 안에만 가두고 있기만 했어도(비록 그것이, 멀리서 거대한 소용돌이 같은 그 사건들을 바라보는 사람들에게는 손가락질 받기 쉬운 행동이라 해도),

전쟁은 일어나지 않았을 것이다.

〈워싱턴포스트〉 기자 피터 매스가 보스니아 내전을 취재할 때였다. 그는 말로 표현할 수 없는 잔학한 행위들이 일어남에도 불구하고 많은 세르비아인이 일제히 입을 다물고 침묵하는 모습에 당황했다. 그의 놀라움은 점점 커져만 갔다. 한번은 매스가 카페에서 동료들과 커피를 마실 때였다. 가까운 탁자에서 무슬림 한 명이 평온하게 커피를 마시고 있었다. 그런데 이 무슬림을 본 세르비아인이 대뜸 욕설을 퍼부었다.

"여기에서 꺼져! 더러운 놈아!"[6]

세르비아인은 그렇게 고함을 지르면서 맥주잔으로 무슬림의 어깨를 내리쳤다. 그것도 모자라 나중에는 가지고 있던 소총을 휘두르며 마구 무슬림을 때렸고, 급기야 소총의 안전장치까지 풀었다. 매스와 함께 있던 두 사람은 다음에 무슨 일이 벌어질지 짐작했지만, 이성적으로(정확히 말해 영웅적인 행동은 아니지만) 지각 있는 행동을 했다. 입을 다물고 가만히 있었던 것이다. 다행히 그 급박한 순간에 무슬림 남자의 아내가 달려와서 자기 몸으로 남편을 가렸다. 그러자 세르비아인은 총구를 거두고 돌아섰다. 기적과 같은 일이었다.

나중에 매스는 자기와 동료들은 당연한 행동을 했다고 결론 내렸다. 어쨌거나 그 세르비아인은 무장을 했고 자기들은 무장을 하지 않았으니까. 괜히 끼어들었다가 무슨 일이 생길지 누가 알았겠는가.

"그러나 기분은 찜찜했다. 한 사람이 살해되기 직전이었는데, 우리는 무모한 행동을 하지 않겠다는 생각만으로 잠자코 보고만 있었으니까. 우리가 한 행동은, 보스니아인 이웃이 총살을 당하거나 수용소로 보내질 때 세르비아인이 눈치를 보며 잠자코 있는 것과 무엇이 다를까?"

드라젠 에르데모비치라는 병사도 비슷한 최악의 상황을 경험했다. 그는 원치 않게 범죄자가 되었다. 유엔이 '안전 지역'으로 선포한 피난민 주거지 스레브레니차에 1995년 7월, 세르비아군이 침공해 수많은 민간인 무슬림을 학살하는 사건이 벌어졌다. (이때 학살된 사람이 수만 명에 이른다는 주장이 있지만, 정확한 희생자의 수는 밝혀지지 않았다. 당시 스레브레니차에 살던 무슬림의 수는 4만 명이었고, 2010년 3월까지 DNA 분석으로 신원을 확인한 사망자의 수는 6,400여 명이었다 — 옮긴이) 에르데모비치는 상부로부터 학살에 참가하라는 명령을 받았다. 명령을 어긴 병사는 총살당했다. 그는 죽고 싶지 않았기 때문에, 버스를 타고 농장으로 실려온 수십 명의 무슬림을 열 명씩 줄지어 세워놓고 죽였다. 그는 마지막 희생자가 숨을 거두자 악몽이 끝났다는 생각에 안도의 한숨을 내쉬었다. 하지만 끝이 아니었다. 앞으로도 죽여야 할 무슬림이 계속 이송될 것이라고 했다. 그는 다시 학살자의 대열에 서고 싶지 않았다. 다행히 다음에는 대열에서 빠질 수 있었다. 에르데모비치는 스레브레니차에서 무슬림을 학살하며 즐거움의 휘파람을 불던 살인자들 중 한 명은 아니었다. 그는 전투에 직접 참가하지 않을 생각으로 다민족 부대를 지원했던 크로아티아인이었다. 나중에 이 사건을 다룬 국제형사재판소ICC 법정에서 그는 자발적으로 증언을 했다. 그러나 증언을 했다고 그의 행위가 면책될 수는 없었다. '죽이느냐, 아니면 죽임을 당하느냐.'[7] 그에게 주어진 선택권이 두 가지밖에 없었다고 판단한 법정은 그의 형량을 줄여주었다.

도덕적 감정

거의 모든 사람들은 자기에게 주어진 선택권이 죽이거나 죽임을 당하는 것 둘밖에 없다고 생각했다. 그러나 왜 아초는 그렇게 생각하지 않았을까? 다른 평범한 사람들처럼 공포에 사로잡히지 않았기 때문일까? 아니면, 속도광이 짜릿한 흥분을 즐기는 것처럼 극도의 위험 속에서 파괴적인 쾌감을 느꼈기 때문일까? 그는 1991년에 부코바르를 서둘러 떠나지 않았고, 그 바람에 그의 친척들은 조바심을 냈다. 그의 누이는 제발 하루 빨리 짐을 싸서 부코바르에서 나오라고 애원했다. 그러나 그는 누이의 간절한 충고도 무시했다. 그때를 생각하며 아초는 한숨을 내

쉬었다.

"사실 난 평생 누님 말을 듣지 않았지요. 누님은 늘 말했습니다. '아초야, 내 말 좀 들어, 몸조심해!'라고요. 나보다 두 살밖에 많지 않았는데도 나에게는 어머니처럼 굴었지요."

아초는 비록 그의 누이보다 조심성이 덜하긴 했지만 바보는 아니었다. 전쟁이 피할 수 없는 분명한 현실로 다가오자 그는 누이의 생각이 옳았음을 깨달았다. 그때 그는 부코바르를 떠날 수도 있었고, 세르비아가 충분히 안전하다고 생각했다면 거기로 갈 수도 있었다. 하지만 기질적으로 조심성이 부족한 그는 부코바르에 남기로 했고, 아파트에 꼭꼭 숨었다. 사실 스타지체보 수용소에서도 갑작스런 충동에 사로잡히지만 않았다면 위험하기 짝이 없는 그런 행동을 하지 않았으리라고 그는 말했다.

"그건 본능이었습니다."

아초는 크로아티아인 수용자들에게 세르비아식 이름을 하나씩 붙여주기로 마음먹은 결정이 본능적인 선택이었다고 말했다.

"그 사람들이 간절히 도움을 바라는 것 같았거든요. 그 사람들의 눈빛을 보고 알았습니다."

사람들의 눈빛을 보고 그들을 돕기로 결정했다고?

"예, 그래서 결정했지요. 수용자들 가운데는 부상을 당한 사람도 있었고, 다친 사람도 있었고, 구타를 당한 사람도 있었습니다."

"간부가 당신더러 세르비아인만 가려내라고 한 게 확실한가요?"

"예, 내가 하는 행동을 지켜볼 거라고도 했죠. 하지만 건물은 길쭉한 형태였고 세르비아 병사들도 많지 않았거든요. 어쨌든 나는 서둘러야 했습니다."

아초의 행동은 신속했다. 자기 행동이 빚을 결과는 생각하지 않는 듯 빠르게 행동했다. 사실 어떤 점에서 보면 그러는 게 옳았다. 여러 가지 상황과 조건을 놓고 고민한다면 분명히 잠시 동안은 멍하게 있어야 했을 테고, 그러면 당연히 세르비아 병사들의 눈에 띄고 말 테니까. 그러나 아초가 자기 행동을 반사적인 작용, 충동적인 반응이라고 표현했다는 사실이 나는 놀라울 정도로 낯설었다. 그러니까 그는 그저 본능이 이끄는 대로, 혹은 오로지 직감에만 의지해서 행동했다는 뜻이다. 아무리 생각해도 이상했다. 대학 시절 나는 여러 강좌에서 서양사를 배웠는데, 그때 인간은 감정을 구속함으로써 '만인에 대한 만인의 투쟁'을 벌이는 야수와 같은 행동을 하지 않게 되고, 그 결과 도덕적 행동을 한다는 점에 대체로 철학자들이 동의한다고 들었기 때문이다.

"용기를 가지고 과감하게 이성을 사용해라!"[8]

도덕성은 보편적이고 추상적이며 이성적인 법칙들을 기반으로 해야 한다는 계몽주의적인 가르침을 강조하며 임마누엘 칸트가 했던 말이다. 이성을 중시한 계몽주의자들은 윤리적으로 행동하기 위한 관건은 열정을 차분하게 가라앉히는 것이라고 말했다. 내가 알렉산데르 제브티치(아초)를 만나러 부코바르로 가면서 칸트와 같은 냉정한 이성주의자, 즉 로렌스 콜버그가 창안한 도덕성 발달 단계로 말하자면 높은 단계에 도달한 사람을 만나리라 기대했던 것도 바로 이런 까닭에서였다. 콜버그는 스위스의 심리학자 장 피아제의 저작을 바탕으로, 윤리적인 발달을 높은 단계의 추론 능력과 연결시켰다. '전인습적 수준'의 도덕 단계에 있는 어린이가 어떤 딜레마에 반응할 때는 순전히 이기적으로만 생각한다. 예컨대 '나한테 좋은 게 무엇일까?'가 어린이의 중심적인 관심사이다. 그리고 '인습적 수준'의 도덕 단계에 있는 사람은 사회적인 역할과 인습에 따라 반응한다. 마지막으로 '후인습적 수준'의 도덕 단계에 있는 사람은 보편적인 윤리적 기준을 가지고 행동한다. 이처럼 도덕성 발달 단계에서 한 단계에서 다음 단계로 넘어가도록 해주는 것은(즉, 자아를 초월해 다른 사람들의 권리를 고려하도록 해주는 것은) 감정이 아니라 지성이다. 이런 맥락에서 콜버그는 다음과 같이 주장했다.

"정서적인 힘은 도덕적 판단에 포함된다. 그러나 정서는 도덕도 아니고 비도덕도 아니다. 도덕적 차원의 정보 전달 메커니즘은 지성에서 비롯된다."[9]

그런데 아초가 수용소에서 자기의 행동을 일으키게 한 주체를 설명하는 내용은 콜버그의 개념 틀과 맞지 않았다. 대신, 최근에 칸트의 패러다임에 도전장을 던지며 나타난 견해와 맞아떨어졌다. 기본 감정이야말로 도덕적인 삶에서 결정적인 역할을 수행함을 강조하는 이론이었다. 이 견해를 주장하는 사람 가운데 하나가 신경과학자 안토니오 다마시오이다. 다마시오는 대뇌 피질에 종양이 생겨서 종양 제거 수술을 받은 환자를 관찰했다. 수술은 성공적으로 이루어졌고 환자의 인식 능력은 조금도 손상되지 않았다. 수술을 마친 뒤 환자의 기억력은 또렷했고, IQ 검사에서도 높은 점수를 기록했다. 심지어 윤리적인 딜레마를 어떻게 해결하는지 판단하기 위해 로렌스 콜버그가 고안한 새로운 버전의 도덕성 발달 단계 시험에서도 높은 점수를 받았다. 그런데 이 환자는 기본적인 사항에 관한 의사결정은 잘 내리지 못했다. 엉뚱한 곳에 돈을 투자해서 날려버리고, 친구의 충고를 무시해버리고, 자기에게 맡겨진 업무를 제대로 수행하지 못했다. 이성적이기 그지없는 사람이 이런 식으로 행동하다니 이해할 수 없는 일이었다. 마침내 다마시오는, 문제는 손상된 논리가 아니라 다른 데 있을지도 모른다는 생각을 했다.[10] 그리고 이 환자가 자기 삶을 이야기할 때의 어조가 섬뜩할 정도로 평탄하다는 사실을 깨달았다. 집이 불에 타는 사진이나 사람이 다쳐서 피를 흘리는 사진을 보고서도 환자는 아무런 느낌이 들지 않는다고 했다. 이런 양상은, 뇌의 동일한 부분을 손상당한 다른 환자들에게서도 나타났다. 똑똑하고 이성적인 사람이 이상할 정도로 감정에 초연하고 또 전혀 엉뚱한 곳에다 투자를 한다거나 오랜 친구를 보고도 전혀 반가워하지 않는 등의 판단과 행동을 보인 것이다. 어린 시절에 뇌 손상을 입은 환자들은 특히 더 정도가 심했다. 거짓말과 도둑질을 습관적으로 했으며 죄책감이나 자책감, 연민 등은 두드러지게 부족했다.

이런 행동이 나타나는 것은 이성이 부족해서가 아니라 감정을 느낄 수 없기 때문이다. 지금까지 뇌의 작동 메커니즘을 연구해온 과학자들이 내린 결론이다. 도덕적 판단과 관련된 정보를 제공하는 것도 감정이며, 사람들이 자기 주변 사람에게 혹시 나쁜 일이 생길까 걱정하는 것도 감정을 느끼기 때문이다. 도덕심리학자 조슈아 그린도 같은 주장을 했다. 그린은 다음의 실험을 통해서 감정의 특성을 분명히 증명했다. 그녀는 피실험자들에게 지금 막 다섯 명의 사람을 덮치려고 하는 폭주 광차鑛車의 상황을 제시한 뒤에 여기에 대처하는 두 가지 대안을 제시했다. 먼저, 선로 전환 스위치를 조작해서 광차를 다른 선로로 유도해 사람들을 살리는 대신 다른 어떤 한 사람을 죽여도 될 것인지 물었다. 그러자 거의 모든 피실험자가 '그렇다'고 대답했다. 다음에는 어떤 뚱뚱한 사람 한 명을 광차 앞으로 밀어서 그 사람을 죽게 함으로써 다섯 명을 살려도 될 것인지 물었다. 그런데 이번에는 거의 모든 피실험자가 '아니다'라고 대답했다. 최대 다수의 최대 행복을 목적으로 하는 공리주의적 관점에서 보자면 이 두 가지 대안은 동일한 것이다. 그러나 사람의 마음은 두 가지 대안에 동일하게 반응하지 않는다. 첫 번째 대안을 놓고 생각할 때, 자기공명영상 장치에 연결된 피실험자의 뇌에서는 이성적인 판단과 관련된 부분이 활성화되었다. 그런데 두 번째 대안을 놓고 생각할 때는 감정을 관장하는 부분이 활성화되었다. 두 번째 대안에서 피실험자들이 망설이는 이유는 누군가에게 직접적인 위해를 가하는 것을 본능적으로(어쩌면 진화론적인 차원에서) 회피하는 과정이 작동하기 때문이다. 그린의 해석에 따르면, 첫 번째 대안에서의 딜레마는 '비인격적impersonal'인 데 비해 두 번째 대안에서의 딜레마는 '인격적personal'이며, 후자는 전자보다 훨씬 더 견디기 어렵다. 도덕적인 차원에서 일탈이 일어날 때는 '희생자가 하나의 인격체로 생생하게 제시'되며, 일탈에 따른 위해는 '가해자의 강한 의지에서 비롯'되기 때문이다.[11]

제2차 세계대전 때 하인리히 로트문드는 베른의 자기 사무실에서는 유대인 난민이 스위스로 들어오지 못하도록 하는 정책을 별 저항감 없이 입안했으면서, 프랑스와 국경을 맞댄 봉쿠르에서 난민과 직접 얼굴을 맞댔을 때는 자기가 세웠던 정책에 왜 그렇게 엄청난 저항감을 느꼈을까? 그의 추론 방식이 변화했기 때문이 아니었다. 나중에 본인 스스로 말했듯이 '인정상 차마 그 사람들을 쫓아내지 못했기' 때문이었다. 다시 말하면, 추상적이던 문제가 갑자기 눈앞에서 생생하게 제시되자 논리적인 가설들이 감정 앞에 무릎을 꿇은 것이었다. 누군가에게 감정적으로 동조하는 데는 굳이 정교하고 세련된 지식이나 수준 높은 추론 능력이 필요하지 않다.

영장류 동물학자이자 보노보에 관한 한 세계적인 권위자인 프란스 드 발은, 인간과 가장 가까운 영장류이자 심성이 특히 착한 보노보가 자기 종뿐만 아니라 다른 종의 동물에도 연민의 감정을 느낀다는 사실을 입증했다. 보노보는 상처 입은 새에게도 연민의 감정을 드러냈다. 본능을 길들이는 데 이성이 필요하다는 생각은, 인간을 자연 상태로 그대로 두면 동물처럼 행동할지도 모른다는 발상과 밀접하게 연결되어 있다. 물론 사실일 수도 있다. 그러나 자연스럽게 우리의 행동을 이끄는 본능이 반드시 파괴적이거나 유해하지는 않다. 그런 맥락에서 발은 이렇게 주장한다.

"우리는 온갖 충동들을 가지고 태어난다. 이 충동들이 우리를 다른 사람들에게 이끌고, 또 인생의 많은 시간을 산 뒤에는 다른 사람들을 염려하게 만든다."[12]

이런 관점에서 보면, 아초가 이성적이고 합리적인 어떤 능력보다 본능을 따라서 행동했다는 사실이 전혀 이상하지 않다. 어떤 것이 옳다거나 그르다고 사람들이 판단하는 것은 그런 행위가 실행된 뒤에야 비로소 이루어진다고 몇몇 심리학자들은 주장한다. 도덕성에 관한 이 새로운 '감정주의적' 견해는 하나의 분명한 계보를 가지고 있다. 철학자 데이비드 흄은, 도덕과 관련된 지식은 '일련의 주장이나 추론'이 아니라 '즉각적인 감정과 한층 섬세한 내면 감각'을 통해서 포착된다고 했다.13 귀납적인 추론보다 감정을 강조하는 이런 견해는 영국의 경제학자 애덤 스미스도 가지고 있었다. 그는 오늘날 《국부론 The Wealth of Nations》이라는 책으로 유명하지만 당대에는 《도덕감정론 The Theory of Moral Sentiment》으로 더 유명했는데, 이 책은 인간이 주변 사람들에게 가지는 공감력에 대해 깊이 통찰했다.

"아무리 이기적인 사람이라도 내면에는 다른 사람들이 잘되기를 바라는 마음이 확실히 있다. 설령 다른 사람이 잘되는 것이, 그저 그 모습을 바라보며 즐거워하는 것 말고는 아무 이익을 가져다주지 않는다고 해도 그렇다. 이런 종류의 감정이, 다른 사람들이 당하는 불행을 우리가 두 눈으로 바라보거나 어떤 생생한 방식으로 느낄 수밖에 없을 때 느끼는 동정과 연민이다."14

최근 논문에서 흄이나 스미스의 글을 참조하고 인용하기 시작한 과학자들의 견해가 옳다고 한다면, 아초가 부코바르의 포로수용소에서 문제의 그 행동을 한 것은 그의 선택이라기보다는 조건반사적인 결과가 아닐까? 다시 말하면 연민이라는 감정을 활성화시키는 뇌의 한 부분에서 점화된 신경 세포들에 의해, 자동적으로 촉발된 '즉각적인 감정'의 결과라고 할 수 있지 않을까? 한 걸음 더 나아가면, 그런 활동의 강렬함 정도를 결정하는 것은 개인이 가지고 있는 가치관이나 이념이 아니라 그 사람의 뇌에 이미 마련되어 있는 신경 배선配線이 아닐까? 실제로 2009년 미국 국립과학아카데미 NAS 회지에 발표된 한 논문[15]은 신경전달물질 중 하나인 옥시토신과 감정이입을 연관지어 설명했다. 특정한 유전자적 특성을 가진 피실험자들은 다른 사람들의 감정 상태를 추론하는 능력을 측정하는 공감 테스트에서 지속적으로 높은 점수를 기록했다. 그렇다면, 아초는 그저 '공감을 쉽게 잘 하는' 뇌를 가지고 태어났기 때문에 그처럼 위급한 상황에서도 다른 사람들과 공감을 할 수 있었던 것일까?

이것은 상당히 매혹적인 이론이다. 하지만 미심쩍기도 하다. 많은 연구자들이 인정하듯이, 그리고 스탠리 밀그램의 복종 연구가 보여주듯이 심리실험실에서 진행하는 실험으로는 현실의 사람들이 어떻게 행동할지 예측하는 데 한계가 있기 때문이다. 지혜와 공감의 신경계적 연관성에 대해서 글을 썼던 정신병리학자 딜립 제스티는 이렇게 말했다.

"자기공명영상장치는 어떤 사람이 고통스러워하는 사진을 본 피실험자의 뇌 혈류가 증가하는 현상을 보여줄 수 있다. 그러나 고통을 당하는 사람을 위해 과연 직접 행동을 취할 것인가 하는 건 별개의 문제이다. 우리는 공감의 정도를 측정한다고 하지만 이것은 어디까지나 실험실에서 진행되는 일이다. 현실에서는 어떤 식으로 전개될지 아무도 알지 못한다."

뇌는 비활성 기관이 아니므로 뇌의 특성을 평가하는 것은 어떤 사람의 키나 몸무게를 재는 것과는 전혀 다르다고 제스티는 덧붙인다.

"뇌 연구에서 가장 큰 성과 중 하나로 꼽을 수 있는 것은, 뇌가 기능적으로뿐만 아니라 구조적으로도 변화할 수 있다는 신경가소성neuroplasticity이라는 특성을 밝혀낸 것이다. 누군가가 선천적으로 어떠하다고 말할 때 우리는 흔히 유전자적인 특성에 의존한다. 하지만 유전자는 생각보다 훨씬 더 많이 사람의 의식적인 통제를 받고, 또 실제로 변한다. 뇌는 강철과 같은 게 아니라 오히려 유연한 고무와 같아서 환경에 따라 형태를 바꾼다. 즉, 어떤 사람의 뇌 속에 있는 회색 물질을 보고 '아, 저 사람은 공감 능력을 두 배로 가지고 있구나. 그렇다면 저 사람은 다른 사람들과 다르게 행동하겠군'이라고 말할 수는 없다는 뜻이다. 그런 식으로 말하는 것은 성장 과정에서 받은 교육, 환경, 문화 등에 의한 영향을 무시하는 것이다."

애덤 스미스를 즐겨 인용하는 과학자들은 공감과 같은 감정들이 선천적으로, 즉 유전자적으로 고정되어 있음을 여러 연구 결과들로 입증했지만, 다른 가능성을 배제할 수 없는 이유가 한 가지 있다. 연민이나 공감을 자동적인 반사작용으로 묘사했던 데이비드 흄과는 달리 스미스는 《도덕감정론》에서 연민이나 동정을 느끼는 일에는 의식적인 노력도 포함된다고 주장했다. 인간이라면 '최악의 무법자'조차 고문을 당하는 사람과 처지를 바꾸어놓고 생각할 수 있는 능력, 즉 타인의 고통을 자기의 고통으로 느낄 수 있는 상상력이 있기 때문이다. 그러나 이것 역시도, 도덕적인 분노를 비도덕적인 분노로 재빠르게 바꾸어버릴 수 있는 이념적인 편견이나 공포 혹은 광신적 애국주의 따위로 뒤틀리거나 무력화될 수 있다. 스미스는 고문을 받는 사람에게 공감을 느끼는 관찰자에 대해 다음과 같이 썼다.

"고문을 받는 사람의 감정에 대해 우리가 어떤 생각을 할 수 있는 것은 오로지 상상력 덕분이다."

스미스는 가상의 고문희생자를 '우리의 형제'[16]라고 표현했다. 그러나 만일 우리가 그 사람을 형제라고 상상하지 않으면 어떻게 될까? 그 사람을 적으로 상상한다면, 즉 '우스타샤'나 '무슬림 쓰레기'라고 상상한다면 어떻게 될까?

나는 부코바르를 떠나, 라데 알렉시치라는 세르비아인을 만나러 트레비네로 향했다. 트레비네는 스릅스카공화국의 작은 계곡에 자리 잡은 소도시였고, 아름다운 해안 도시 두브로브니크에서 20분 거리에 위치했다. 우리는 불같이 뜨겁던 7월 중순, 그의 피자 가게가 입주해 있던 건물에서 만났다. 치장벽토를 바른 건물 내부에는 석류나무 장식이 있었다. 알렉시치는 키가 크고 대머리였으며, 엷은

빛의 눈동자에 면도를 깔끔하게 하고 있었다. 그는 오렌지주스를 마시면서 아들 스르단 이야기를 꺼냈다. 스르단은 재능 있는 수영 선수이자 아마추어 배우였다. 1993년 1월 21일, 스르단은 친구 몇 명과 함께 시내 중심가의 한 카페에 앉아 있었다. 특별한 정치적 성향을 가지고 있지는 않았지만, 자기가 사는 도시와 도시에 사는 사람들을 사랑했다. 바로 이런 이유 때문에 그날 그는 친구들에게 아무 설명도 없이 갑자기 자리에서 일어났다. 자기가 아는 어떤 사람을 보았기 때문이다. 알렌 글라보비치라는 무슬림이었다. 세르비아 병사 하나가 알렌에게 시비를 걸고 있었다. 병사는 덩치가 컸고 술에 취해 있었다. 어느새 병사는 알렌을 길바닥에 넘어뜨린 뒤, 칼을 꺼내 알렌의 목에 대고 있었다. 스르단은 망설이지 않고 이 싸움에 끼어들어 무슬림 친구가 도망치도록 도왔다.

그것은 동정심에서 촉발된 충동적인 반응이었다. 그러나 스르단과는 달리 편협한 신앙과 증오 속에서 감정이 달아오른 세르비아인 몇 명이, 친구들이 있는 카페로 스르단이 돌아오기도 전에 그를 막아섰다. 이들은 스르단을 마구 구타했다. 몇 발자국만 가면 경찰서가 있었음에도 불구하고 수많은 사람들이 지켜보는 백주 대낮에 이런 일이 벌어졌다. 아무도 스르단을 도우려고 하지 않았다. 어떤 여자가 급히 라데에게 전화를 했다.

"빨리 와요, 사람들이 당신 아들을 죽이려고 해요! 시장통이에요!"

여자가 전화기에다 대고 고함을 질렀다. 라데가 허둥지둥 현장으로 달려갔을 때 이미 그의 아들은 병원 응급실에 누워 있었다. 피투성이였고 의식은 없었다. 며칠 동안 혼수상태에 빠져 있던 스르단은 결국 사망 선고를 받았다. 그의 나이 스물여섯이었다.

홀로서기

스르단 알렉시치를 죽인 사람들에게는 도덕적 공감력이 부족했을 수도 있다. 그러나 다른 한편으로는, 그 사람들은 보편적이며 태생적인 감정, 즉 소속감을 느끼고 싶은 욕망에 충실한 나머지 폭력을 행사했을 수도 있다. 필립 구레비치는 1994년의 르완다 학살을 묘사한 글에서, 후투족으로 하여금 투치족의 씨를 말리는 운동에 동참하도록 이끈 것은 바로 공동의 적에 함께 맞서는 동료의식이었다고 말했다.

"학살은 공동체를 건설하는 과정이다. 이것은 사람들을 하나로 묶어준다."[17]

어느 후투족 살인자는 투치족 사냥을 '공동의 의무'에 비유했으며 자기는 그 일을 즐겼다고 고백했다.

"학살은 축제와도 같았다. 하루가 끝날 무렵, 혹은 어떤 계기가 있을 때마다 우리는 투치족에게서 암소 한 마리를 빼앗아 도살한 다음 구워서 먹고 맥주를 마셨다. …… 그것은 축제였고, 우리는 축제를 즐겼다."[18]

문명화된 세상에 사는 사람들은 후진국의 미개한 사람들만이 한데 모여 이런 짐승 같은 짓을 저지를 수 있다고 말한다. 그러나 동료애를 추구하는 욕망은 보편적이며, 물질적으로 풍족한 국가에서도 이런 욕구가 살인으로 이어지는 일은 드물지 않다.

"사람은 혼자 있는 것에 공포를 느낀다. 모든 종류의 외로움 가운데서 도덕적인 외로움이 가장 끔찍하다."[19]

오노레 드 발자크의 소설 및 독재주의를 연구한 에리히 프롬의 고전적인 저서 《자유로부터의 도피 Escape from Freedom》에서 인용한 구절이다. 프랑크푸르트 학파 심리학자이던 프롬은 이 책에서, 어째서 보다 많은 독일인들이 히틀러에 반대하지 않았는지 설명하려 했다. 프롬은 이 질문에 대한 해답을 아무 생각 없는 복종심이 아니라 자기가 속한 공동체로부터 고립될 때의 공포 및 그 공동체에 소속되고자 하는 강력한 욕망에서 찾으려 했다.

"다른 정당들이 모두 해산되고 오로지 나치당만이 존재할 때, 나치에 대한 반대는 곧 독일에 대한 반대를 의미했다. 보통의 사람에게 자기가 보다 큰 어떤 집단에 소속되어 있지 않다는 느낌보다 견디기 어려운 것은 없다. 아무리 많은 독일 시민이 나치의 교조에 반대하는 마음을 품었더라도, 혼자라는 느낌과 독일에 소속되어 있다는 느낌 중 하나를 선택해야 했을 때 대부분의 사람들은 후자를 택했을 것이다."

에리히 프롬이 제2차 세계대전 때의 독일인을 관찰하고 내렸던 결론은 반세기가 지난 시점의 유고슬라비아에 살던 세르비아인과 크로아티아인에게도 적용될 수 있었다. 그리고 내전이 끝나고 오랜 시간이 흐른 후 부코바르에 살던 사람들도 예외가 아니었다. 아초가 성장한 도시이자 전화가 휩쓸고 간 황폐한 도시 부코바르는 1998년에는 합의를 통해 이미 크로아티아로 편입이 된 상태였다. 이 합의 과정을 유엔이 감시했고, 유엔은 수만 명의 평화유지군을 파견해서 내전이 재발하지 않도록 예방하겠다는 목표를 가지고 주변 지역들을 무장 해제하는 활동을 벌였다. 사람들은 평화 속에서 화해가 자리 잡기를 희망했다. 분쟁은 사라지고, 추방된 크로아티아 난민들이 다시 부코바르로 돌아오고(아울러, 전쟁이 끝난 뒤 이 도시에 거주하기를 희망하는 세르비아인은 그렇게 해도 되고) 또 부코바르가 예전처럼 다시 매력적인 다인종 도시가 되기를 희망했다.

그러나 폭력이 꼬리를 감추고 사라지는 동안, 화해는 전혀 이루어지지 않았다. 시간이 흐를수록 도시는 점점 더 섬뜩하게 얼어붙었다. 도시를 둘러싼 여러 언덕에서 포탄 세례를 받았던 도로는 아직 군데

군데 구덩이가 패여 있었고, 부코바르의 기반 시설은 여전히 절망적인 상태였다. 내가 묵었던 호텔은 한때 유명한 백화점이었는데, 그 주변에는 군데군데 포탄 자국으로 움푹 패여 폐허가 된 건물들이 먼지 속에 버려져 있었다. 나는 그 폐허를 걷다가 회반죽 더미와 썩어가는 쓰레기 속에서 쥐 한 마리와 새 두 마리의 사체를 보았다. 반대편으로 조금 내려가니 부코바르 박물관이 있었다. 부서진 건물 창문에는 판자를 덧대어 놓았고, 정면은 포탄 파편으로 너덜너덜했다. 박물관 안은 늘어진 거미줄투성이였고, 바닥은 시멘트가 그대로 드러나 있었다. 몇 점의 그림들은 아무렇게나 걸려 있었다.

화재로 시커멓게 그을린 벽, 무너져 내린 지붕, 철골 구조가 앙상하게 드러난 건물들이 그대로 방치되어 있었다. 아직 철거의 손길이 미치지 않은 듯했다. 부코바르 거리를 걷노라면, 한 블록을 다 가지 않아도 전쟁으로 얼마나 끔찍한 피해가 발생했는지 생생하게 느낄 수 있었다. 포탄을 맞고 부서진 급수탑이나 반쯤 무너진 기차역 등 파괴된 채 황폐하게 버려진 건물들을 보면 1991년 그날에 일어났던 일들이 바로 어제 일어난 것만 같았다. 크로아티아인들은 이제 자기 도시를 되찾았지만, 살육에 동참했을 게 분명한(적어도 크로아티아인들은 그렇게 믿는) 수천 명의 세르비아인들과 함께 살아가고 있었다. 한편 세르비아인들은, 만일 크로아티아인들이 유고슬라비아 연합을 깨고 독립국을 만들려고 하지만 않았더라면 절대 일어나지 않았을 끔찍한 전쟁에 자기들만 희생양이 되었다고 느꼈다.

한편, 지역 경제가 형편없이 나빠짐에 따라 일자리가 줄어들고, 줄어든 일자리만큼 경쟁이 치열해지면서 과거의 일에 대한 감정의 앙금이 더욱 커졌다. 한때 지역 경제를 지배했던 신발 공장은 이제 도시 외곽에 있는 다 쓰러져가는 공장으로 대체되었고, 예전에 직원들 사이에 단단하게 자리 잡았던 동료의식은 간 데 없고 가시 돋친 말만 난무했다. 가끔 생기는 좋은 일자리는 예외 없이 크로아티아인에게 돌아간다며 세르비아인은 불평했고, 크로아티아인은 세르비아인이 과거 유고슬라비아 시절에 누리던 특권을 그리워하느라 그따위 소리를 한다며 쏘아붙였다. 어느 날 아침 나는 우연히 헝가리인 한 명과 도심을 걷게 되었다. 그의 말로는 크로아티아인과 세르비아인은 서로 거의 말도 섞지 않는다고 했다.

"저길 보세요."

남자가 손가락으로 카페 하나를 가리켰다. 노란색 차일이 있는 카페였다.

"세르비아 사람들만 있죠?"

과연 그랬다.

"그럼 이제 저기를 보세요."

남자가 다시 다른 카페를 가리켰다. 노란색 차일 카페에서 길 건너편에 위치한 갈색 차일을 드리운 카페였다.

"크로아티아 사람들만 모여 있잖아요."

두 카페에 각각 자리를 잡고 앉은 세르비아인들과 크로아티아들인은 나른하게 담배를 피우며 이따금씩 지나가는 행인을 힐끔거렸다. 그들이 카페에서조차 옷깃을 스치지 않으려고 하는 것처럼 그들의 아이들도 학교에서 2부제 수업을 받으며 서로 어울리지 않는다고 헝가리인은 말했다. 나중에 만난 크로아티아인 하나가 왜 두 집단이 더는 서로 섞이려 하지 않는지 이유를 설명해주었다.

"이 도시 구석구석이 모두 내 친구들이 죽은 장소입니다. 그걸 생생하게 기억하는데 우리가 어떻게 그 사람들과 말을 나누겠습니까? 그 사람들도 우리하곤 말을 안 합니다."

하지만 아초가 포로수용소에서 어떻게 행동했는지 아는 크로아티아인은 아초를 자기들이 말하는 '그 사람들' 속에 도매금으로 넘기지 않았다. 부코바르에 두 번째로 갔을 때 나는 한 남자의 가족과 자리를 함께했는데, 이 남자도 그 점에 대해 전혀 이견이 없었다. 그의 이름은 조란 산구트였다. 그는 스타지체보 수용소에서 친구 한 명이 세르비아인에게 맞아 죽는 일을 목격했다. 그는 자기도 그렇게 죽으리라고 생각했다. 그런데 바로 그때 알렉산데르 제브티치가 크로아티아인들을 발로 툭툭 차면서 세르비아인 행세를 하라고 눈치를 주고 데려가는 것을 보았다. 충격적인 광경이었다. 조란도 제브티치로부터 선택을 받아 목숨을 건진 크로아티아인들 중 한 명이었다. 그는 웃음소리가 특히 크고, 감상적으로 보이면서도 느긋한 성격의 변호사였다. 그 역시 크로아티아에 이민족들이 함께 살아갈 수 있는 장소가 반드시 있어야 한다고 굳게 믿었다. 제브티치가 구해주지 않았다면 자신이 살아 있지 않았으리라는 사실 때문에 그렇게 생각하는 것이 분명했다. 나는 조란과 자그레브에 있는 카페에서 이야기를 나누었다. 조란은 몇 년 전 길에서 우연히 제브티치를 만났다고 했다. 그 끔찍한 일이 있고 난 후 처음이었다. 제브티치에게 뭐라고 말했는지 물었다.

"고맙다고 했죠."

이렇게 말하는 조란의 표정에서 나는 평생 갚아도 다 갚지 못할 빚을 진 사람의 감사함을 읽었다.

"고맙습니다, 고맙습니다, 고맙습니다. 그렇게 몇 번이나 고맙다고 했죠."

그때 이후로 조란은 아초와 꾸준히 우정을 나누었다. 그리고 그 우연한 만남이 있고 몇 년 뒤, 조란은 자기가 느끼는 고마운 마음을 보다 공개적으로 표현하기로 마음먹었다. 그는 크로아티아공화국의 대통령인 스티페 메시치에게 편지를 보냈다.

"청원서를 썼습니다. 부코바르를 지키던 크로아티아인 150명 내지 200명의 목숨을 구해준 알렉산데르 제브티치에게 훈장을 줘야 마땅하다고 썼지요."

청원서에 찍힌 우체국 소인의 날짜는 2005년 11월 9일이었다.

"알렉산데르 제브티치는 자기 목숨을 걸고 위대한 용기와 인간애의 참된 모습을 보여주었습니다. 그러므로 당연히 그에 걸맞은 보상이 주어져야 한다고 청원했습니다."

부코바르에서 이런 훈장 수여는 드물지 않았다. 치열한 전투가 벌어졌던 여러 거리들, 부상자들이 치료를 받던 병원, 다뉴브 강을 낀 작은 길 등에 기념 명판이나 비석이 세워졌다. 부코바르는 1991년에 스러져간 영웅들의 성지였다. 크로아티아인들에게 부코바르는 '영웅의 도시'로 불렸다. 그러나 조란이 청원서를 쓴 지 3년 만에 받은 답변은 청원을 받아들일 수 없다는 것이었다. 이유를 짐작하기는 어렵지 않았다. 크로아티아의 공식적인 입장으로 보면 그 전쟁에서 세르비아인은 모두 악당이었고, 반면 부당한 공격에 맞서 무장을 하고 부코바르를 지킨 크로아티아인은 담대한 영웅이었다. 예외적인 세르비아인이 끼어들 자리는 없었다. 부코바르에서 이런 인식을 바꾸고 싶어 하는 사람은 별로 없었다. 조란 산구트가 특별한 인물이었다. 실제로 아초의 이웃 가운데 많은 크로아티아인들은 아초를 여느 세르비아인과 다르지 않게 대했다. 이유는 단 하나, 아초가 세르비아인이기 때문이었다. 세르비아인이니까 어떤 이유로든 찬양의 대상이 될 수 없다는 것이었다. 이런 경향이 크로아티아인 사이에 얼마나 강한지 프레드 마티치가 한 가지 사례를 들어주었다.

아초는 부코바르에서 약 60킬로미터쯤 떨어진 테니스 연습장으로 날마다 아들을 태워다주는데, 몇 달 전, 겨울에는 아무도 사용하지 않는 테니스 연습장이 부코바르에 있다는 이야기를 들었다. 그곳을 연습장으로 사용하려면 소유주의 허락을 받아야 했다. 아초가 알아보니 그 소유주는 크로아티아인이었고, 또한 마침 스타지체보 수용소에서 그의 도움을 받고 살아남은 사람이었다. 그러나 그 사람은 아초의 부탁을 들어주지 않았다.

"부탁을 한 사람이 세르비아인이기 때문이지요. 말은 그렇게 하지 않지만 다들 그렇게 생각합니다."

그렇다면 아초가 부코바르의 세르비아인 사이에서는 그래도 편안한 유대감을 느낄 것이라고 생각할 수도 있지만, 사실은 그렇지도 않았다. 전쟁이 벌어지는 동안 세르비아인답지 않게 행동했다는 이유로 아초를 진정한 세르비아인으로 받아들일 수 없다는 생각이 부코바르의 세르비아인 사이에 퍼져 있었기 때문이다. 이런 상황을 두고 프레드 마티치는 이렇게 말했다.

"아초는 두 가지 문제에 동시에 봉착해 있습니다. 크로아티아인은 그가 세르비아인이라는 이유로 좋아하지 않고, 세르비아인은 그가 크로아티아인을 도왔다는 이유로 좋아하지 않지요."

아초는 나와 처음 만난 자리에서는 그런 얘기를 입 밖에 내지 않았다. 내가 아초를 두 번째로 만난 곳은 부코바르의 '아바나 클럽'이라는 카페였고, 이 자리에는 나 말고도 조란 산구트, 그리고 산구트가 부른 그의 친구 두 명이 함께했다. 카페 인테리어의 기본 주제는 바다였다. 돌고래를 그려 넣은 기둥들은 흰색과 파란색으로 색칠되어 있었고, 카페 바깥 벤치의 다리는 배의 닻이었다. 하지만 이런 인테리어가 포탄에 맞은 흔적이 그대로 남아 있는 황량한 아파트 건물들을 배경으로 한 까닭인지 바다는 너무도 멀게 느껴졌다. 해질 녘이었고, 기울어가는 해가 하늘에 걸린 구름 덩어리를 붉게 물들이고 있었다. 늘 그렇듯이 이날도 아초는 약속 시간보다 30분쯤 늦게 나타났다. 오른손으로 자동차 열쇠를 흔들며 다가오는 그의 모습은 적어도 겉으로만 봐서는 무척 유쾌했다. 하루 일과를 마치고 해변에서 느긋하게 칵테일을 즐길 준비가 된 사람 같았다. 요즘 어떠냐고 묻자 그가 대답했다.

"좋죠."

아초는 함박 미소를 지으며 말을 이었다.

"인생은 엿 같잖아요!"

아초는 조란 산구트와 친근하게 어깨를 부딪히며 인사를 하고 자리에 앉았다. 나는 기분 나쁘게 할 의도는 없다는 말로 운을 뗀 뒤에 그가 겪고 있는 문제를 들었다고 했다. 그리고 테니스 연습장을 빌리려다 거절당한 이야기에 대해 물었다. 아초는 고개를 끄덕이면서 전혀 기분이 나쁘지 않다는 걸 분명하게 표시했다.

"괜찮아요."

아초는 내 눈을 똑바로 바라보면서 말했다. 나는 그가 세르비아인 사이에서도 따돌림을 받는다고 들었다면서 맞는지 물었다. 아초는 씨익 웃으면서 말했다.

"아마 내가 못생겨서 그럴 겁니다. 이 친구 조란처럼 말입니다."

그는 큰 소리로 시원하게 웃어젖힌 다음 말을 이었다.

"보십시오, 이렇게 난 친구가 많습니다. 조란은 내 친구죠. 당신도 내 친구잖아요. 모든 사람을 다 기쁘고 즐겁게 해줄 수는 없죠."

아초는 확실히 모든 사람을 다 즐겁게 해주려고 노력하지는 않았다. 그 사실을 나는 얼마 뒤에 직접 확인할 수 있었다. 그의 아들이 테니스 신동이라는 말을 들은 나는 아들이 테니스 경기를 하는 걸 직접 볼 수 있느냐고 물었다. 기회가 된다면 함께 테니스를 치고 싶다고도 했다. 그리고 몇 주 뒤 나는 아초의 초대를 받고 다시 부코바르로 갔다. 토요일 아침 10시쯤 도착해 아초에게 전화를 걸었다. 신호는 갔지만 그는 전화를 받지 않았다. 30분 후 다시 전화를 걸었다. 수십 번이나 신호음이 울리고 어떤 남자가 전화를 받아서는 알아듣기 힘든 목소리로 웅얼거렸다. 나는 내가 누구인지 밝히고 아초와 통화하고 싶다고 말했다. 그런데 그러는 동안 전화를 받는 사람이 아초이며 자고 있던 그를 내가 전화로 깨웠다는 사실을 깨달았다.

"미안합니다. 나중에 다시 걸지요."

나는 어색하게 얼버무렸다.

"예, 그러시죠."

그가 그렇게 말했고, 전화는 끊어졌다. 나는 그가 다시 전화해 이 문제에 대해 변명할 것이라고 생각했다. 하지만 내 생각은 틀렸다. 아초 때문에 내 주말은 완전히 날아가버렸다. 그는 다른 사람들로부터 방해받기를 원치 않았다. 나중에 그는 다음에 다시 날을 잡아서 오면 좋겠다고 했고, 나는 속으로 화를 삭이면서 정중하게 알았다고 대답했다. 내가 부코바르로 향하기 전에 말을 해줄 수도 있었을 텐데 왜 그렇게 하지 않았을까? 그렇게 바람을 맞혀서는 기자에게 결코 좋은 인상을 심어주지 못한다는 사실을 몰랐을까? 나를 '친구'라고 불렀는데, 적어도 '친구'를 그런 식으로 대해서는 안 된다는 사실을 몰랐을까?

∽∽∽

내가 간과했던 게 있었다. 아초는 남에게 좋은 인상을 심어주기 위해 노력해야 하는 직업에 종사하지 않는다는 사실이었다. 사람들이 자기를 좋아하면 좋고, 그렇지 않다 해도 그만이었다. 그는 늦잠을 방해받고 싶지 않았다. 또 남을 즐겁게 해주려고 평소의 자기 모습과 생활을 바꿀 생각이 전혀 없었다. 그는 다른 사람들이 무슨 생각을 하는지는 관심도 없고 또 약속을 쉽게 잊어버리는 경향이 있었지만, 1955년에 행해진 어떤 유명한 행동 실험을 놓고 보자면, 아초의 이런 특성이 1991년에 그에게 많은 도움이 된 것은 분명했다.

이 실험을 설계한 사람은 사회심리학자 솔로몬 애쉬였다. 애쉬는 피실험자들에게 두 개의 카드를 나눠주었다. 하나의 카드에는 수직 선분 하나가 그려져 있었고, 또 다른 카드에는 세 개의 수직 선분이 그려져 있었는데, 그 가운데 하나는 첫 번째 카드의 수직 선분과 길이가 똑같았다. 이 세 선분의 길이가 워낙 뚜렷하게 달랐기 때문에 어린아이라고 하더라도 쉽게 알아볼 수 있었다. 그런데 피실험자와 함께 실험에 참가하는 다른 사람들은 모두 애쉬 박사와 사전에 입을 맞춘 사람들이었고, 첫 번째 카드의 선분과 같은 길이의 선분을 두 번째 카드에서 찾으라는 질문에 모두 동일하게 엉뚱한 선분을 가리켰다. 입을 맞춘 참가자들이 먼저 큰 소리로 대답을 하고 피실험자가 맨 나중에 대답을 하도록 설정했는데, 다른 사람들이 모두 엉뚱한 선분을 가리키는 상황에서 피실험자는 어떤 선택을 했을까?

실험 결과는 놀라웠다. 열여덟 번의 실험에서 다른 사람들의 오답에 휘둘리지 않은 사람은 피실험자 전체의 4분의 1밖에 되지 않았다. 나중에 피실험자들을 대상으로 확인한 결과, 그들은 '이단자'[20]나 '바보' 혹은 '괴짜'로 비쳐지는 것에 대한 두려움 때문에 오답인

줄 뻔히 알면서도 다른 사람들이 내린 선택을 따라갔다고 설명했다. 애쉬는 이 현상이 '다수에 대한 동조 효과'라고 이름 지었다. 또 그는 피실험자의 교육 수준은 저항 능력의 크기와 관계 없음을 확인했다. 저항 능력을 좌우하는 가장 큰 요인은 특정한 종류의 사회적인 불편함 즉 '홀로서기의 고통'을 기꺼이 받아들일 수 있는 마음가짐이었다. 이런 마음가짐의 정도에 따라서 각 개인은 자기가 속한 집단의 의견을 무조건적으로 따르기도 하고 거부하기도 했다.

애쉬의 실험이 있은 지 50년 뒤인 2005년에 에머리대학교의 연구 팀이 애쉬가 했던 실험을 변용한 실험을 실시했다. 이번에는 컴퓨터 화면으로 3차원 물체 두 개를 보여준 뒤에 첫 물체의 방향을 돌리면 둘째 물체와 일치할지 피실험자에게 물었다. 이번에도 누가 봐도 분명한 정답이 있었고, 오답을 유도하는 사람들을 피실험자 주변에 포진시켰다. 역시 피실험자들의 오답률은 높게 나왔다. 몇몇 사람들이 집단의 판단을 거부하도록 하는 요인이 무엇인지 관심을 가진 에머리대학교 연구 팀은 기능적 자기공명영상 fMRI 장치를 이용해 실험이 진행되는 동안 피실험자의 뇌에서 진행되는 신경학적 변화를 관찰했다. 그리고 자율신경계의 각성과 관련이 있는 소뇌의 편도체에 나타나는 자극의 수치가 높아지는 사실을 발견했다. 실험을 설계한 신경과학자 그레고리 번즈는 말했다.

"이것으로 어떤 사람이 집단의 생각을 거부하는 능력을 설명할

수 있다. 많은 것이 공포와 고통을 기꺼이 받아들이려는 개인의 마음가짐에 달려 있다.[21]

결속의 힘

어쩌면 그때 아초도 그랬을지 모른다. 아초는 다른 많은 사람들과 달리 공포에 저항하지 않았다. 이때의 공포는 총에 맞거나 맞아서 죽을지도 모른다는 공포가 아니라 이단자로 여겨질지 모른다는 공포 혹은 '홀로서기'의 공포였다. 그는 파울 그뤼닝거 이상으로, 다른 사람들이 염려하던 것에 굳이 신경을 쓰지 않았다. 내가 아는 한 그는 그렇게 할 필요를 느끼지 못했다. 아초는 낯이 두꺼운 사람이었다. 사회학자인 데이비드 리스먼이 '내향적인 개성'이라고 불렀던 개인주의적인 기질의 소유자였다. 주변 환경에 잘 적응하지 못했음에도 불구하고 그가 전혀 불행하게 보이지 않았던 것도 바로 이 때문 아니었을까. 오히려 그는 쾌활했고 만족스러워 보였다. 아초는 자기가 한 행동을 사람들이 알아주지 않는다고 해서 화가 나지 않았다고 말했다. 포로수용소에서 그가 목숨을 구해준 사람들 가운데 그에게 고맙다고 말한 사람은 기껏 열 명 정도밖에 되지 않았지만, 그래도 아무렇지 않다고 했다.

"나는 사람들이 나에게 고마워하길 바라지 않습니다. 고마워하거나 말거나 상관없어요. 고마워하지 않는다고 해서 화가 나지는 않습니다."

이것은 그에게 자존심이 없기 때문이 아니라 그가 느끼는 자존감이 내면을 지향하고 있기 때문이었다. 그는 나에게 이렇게 말했다.

"사람은 모두가 다 다릅니다. 어쨌든 난 지금 기분이 좋습니다. 날마다 나는 거울 속에 비친 내 모습을 바라보며 활짝 웃습니다. 난 행복한 사람입니다."

아초의 아들을 만나려고 기다리며 헛되이 보낸 주말 동안 나는 데이비스 호멜이라는 작가의 소설 《말로 하는 치료 The Speaking Cure》를 읽었다. 전쟁의 충격과 후유증에 시달리는 병사들을 치료하는 정신병원에서 환자를 상대로 전화 응대를 하는 세르비아인 심리학자의 이야기였다. 전화를 하는 사람들은 통화를 함으로써 자기 마음속에서 불안하게 요동치던 집착이나 악몽을 털어냈다. 시신에서 총알이 관통해 나간 자리가 몇 군데인지 세는 일에 집착하는 병사도 있었고, 자기가 강간했던 여자에게 사랑을 고백하겠다면서 그 여자를 찾고 싶다고 말하는 병사도 있었다. 심리학자는 그들의 헝클어지고 부서진 영혼이 바로 헝클어지고 부서진 그들의 조국을 비추는 거울이라고 생각했다.

"내 환자들은 내전을 겪고 어떤 형태로든 트라우마에 시달린다.

그러나 우리 정부는 그 전쟁을 내전이라고 부르지조차 못하게 한다. 그래서 환자들은 자기들이 앓고 있는 질병의 이름을 정확하게 말하지 못한다. 정부는 예전에 우리 동료였던 사람들을 …… 오로지 압제자, 침략자, 불법적인 점거자, 정체성이 없는 사람, 진정한 과거는 없고 그저 가짜 과거만 가지고 있는 사람 따위로만 부르라고 강요한다. 하지만 그것은 분명 내전이었다. 그래서 나는 내 환자들에게 그들이 겪은 그 끔찍한 사건을 내전으로 바라보라고 격려했다. 자기 자아를 상대로 오랫동안 지속적으로 공격을 가하는 행위가 내전이 아니고 무엇이겠는가."[22]

민족주의에 휩쓸린 사람은 타인에게뿐만 아니라 자신에게도 결국은 폭력을 휘두르고 만다는 이 소설의 주제가 내가 부코바르에 머무는 동안 수시로 머리에 떠올랐다. 어느 날 밤에 술집에서 다르코 이바노프라는 세르비아인과 대화를 나눌 때도 그랬다. 그는 마흔 살이었지만 실제 나이보다 열 살은 더 들어보였다. 창백한 표정의 수척한 그 남자는 불안한 듯 안절부절못했고 맥주를 들이켜면서 줄담배를 피워댔다. 1991년 부코바르에서 그는 세르비아 편에 서서 싸웠다. 그가 싸우던 지점은 '독일 언덕'이라 불리던 산꼭대기였다.

"나는 이 나라를 구하려고 전쟁에 나갔습니다. 유고슬라비아를 구하려고요. 그게 유일한 이유였습니다."

남자는 코로 담배 연기를 뿜어내면서 말했다. 그러면서 검은색과 붉은색으로 티토의 얼굴을 새긴 라이터를 나에게 보여주었다.

"유고슬라비아, 바로 여기에 있습니다."

다르코는 오른손 집게손가락으로 자기 왼쪽 가슴, 즉 심장을 툭툭 치면서 말했다. 전투가 시작된 지 20일째 되던 날 그는 부상을 당했다. 적의 총탄이 왼쪽 허벅지를 스치고 지나간 것이다. 하지만 곧 그는 다시 전선으로 돌아가 조국을 구하는 일에 복귀했다. 그러나 이번에는 더 큰일이 벌어졌다. 그는 자기가 성장했던 집이 불에 타서 무너지는 것을 보았다. 어느 날 아침에는 장인이 살해되었다는 소식을 들었다. 그리고 나중에는 간질병에 시달리며 툭하면 정신을 잃었다.

"끔찍한 시간이었습니다. 하루 스물네 시간이 엄청난 스트레스였지요."

남자는 연거푸 맥주잔을 비웠고 또 연거푸 담배에 불을 붙였다. 그의 동작은 기운찼지만 즐거움이라곤 찾아볼 수 없이 허망했다. 어느 시점에선가 그는 자기가 내뿜는 담배 연기 속으로 상체를 구부정하게 구부렸다. 눈동자는 술기운으로 흐릿했지만, 크로아티아인이 유고슬라비아를 파괴하기로 선택했으므로 그 모든 것은 어쩔 수 없는 일이었다고 했다. 그는 단호하게 그렇게 말했고 또 자기가 한 말을 진심으로 믿었다. 하지만 전쟁으로 황폐해진 부코바르만큼이나 황폐해진 한 남자의 입에서 나온 그 말들은 공허했다. 고뇌가 담배 연기만큼이나 두껍게 그를 감쌌다. 남자는 계속해서 말했다.

"유고슬라비아 군대는 유고슬라비아를 구하려고 노력했습니다. 나처럼 말입니다. 왜냐하면 나는 곧 유고슬라비아니까요. 그러나 정치는, 정치가들은 개새낍니다. 투쥬만과 밀로셰비치는 만나서 함께 먹고 마셔대지요."

잠시 입을 다물었던 남자가 다시 입을 열었다.

"전쟁은……."

말은 거기에서 끊어졌다. 맥주를 몇 차례 더 마신 뒤에 남자의 말은 이어졌다.

"전쟁은 결코 좋은 명분이 될 수 없습니다."

아초는 다르코 이바노프와 같은 사람들이 수두룩한 곳에서 살았지만 그런 사람들을 쫓아가려 하지는 않았다. 아초는 다른 사람들에게는 없는 어떤 것을 가지고 있었다. 바로 깨끗한 양심이었다. 그가 행복해할 권리, 그의 양심이 그에게 허락한 그 권리를 얻지 못했다고 말할 사람은 아무도 없었다. 그러나 그는 다른 사람들이 어떻게 생각하는지에 무관심했다. 그리고 현재 진행되고 있는 사건들이나 정치에 대해서는 확실하게 거리를 유지했다. 그는 내가 정치 이야기를 꺼내기만 하면 참을 수 없다는 듯 손을 홰홰 젓곤 했다. 이런 무관심과 거리두기는 나로서는 이해하기 어려운 것이었다. 당혹스러웠다. 그가 포로수용소에서 보여주었던 저항의 행동까지 의심스러울 정도였다. 발칸 반도에는 민족주의의 폭발 현상에 대해서 평화적인 시위에 참가한다든가 청원서를 돌린다든가 혹은 민족주의에 반대하는 정당에 가입한다든가 하는 방식으로 시민운동을 하며 대응하는 사람들이 있었다. 하지만 아초는 이런 행동도 하지 않았다. 그는 전쟁을 반대하는 일에는 손가락 하나 까딱하지 않았다. 그는 그런 움직임에서 빠졌다. 그는 그저 감정적인 충동에 이끌려 다른 사람들을 도왔고, 그런 다음에는 다시 자기 인생을 즐기는 원래 모습으로 돌아왔다. 그가 한 행동은 확실히 높은 수준의 것이었다. 게다가 많은 사람의 목숨을 구했다. 그러나 사람들은 전쟁 동안 시위대를 조직했던 용감한 활동가들을 떠올리며, 아초 같은 사람들이 어째서 그들과 함께 거리에 나서지 않았는지 의아하게 생각할지도 모른다. 그 용감한 활동가들의 목소리가 다른 사람들에게 들리지 않도록 유고슬라비아인들이 민족 간의 폭력을 반대하고 방해했던 것이 아닐까? 보다 큰 어떤 대의와 연결되는 것을 아초는 갈망하지 않았던 게 아니었을까?

물론, 똑같은 것을 추구했으나 전쟁에서 다른 편을 선택했던 다르코 이바노프와 같은 사람들도 상상할 수 있다. 동료의식이나 안전의식과 함께, 보다 큰 목적의식이야말로 민족주의가 야기한 것들이다. 이것들이 그 대의를 위해서 살아가는(그리고 때로는 죽어가는)

사람들의 투쟁과 희생에 의미를 부여한다.

어느 날 오후 조란 산구트는 옥수수밭으로 둘러싸인 자갈길을 달려 외딴 농장으로 나를 데리고 갔다. 흰색 자갈이 점점이 박혀 있고, 사각형 형태의 구획에 관목들이 가로 세로로 줄지어 선 개간지였다. 그곳은 '오브차라'라고 하는 부코바르의 학살지였다. 세르비아인은 부코바르를 장악한 직후인 1991년 11월 20일, 전투에 참가했다가 부상을 입고 병원에 누워 있던 크로아티아 부상자들과 일반 시민 250명을 모아놓고 학살한 다음 이곳에 구덩이를 파고 묻었다. 그 장소는 지금 기념지가 되어 있었다.

우리가 막 도착했을 때 한 노인과 소년이 자리를 떴는데, 그들과 우리는 말없이 눈으로만 인사를 나누었다. 그들이 떠나자 우리 두 사람만 남았다. 희생자 한 사람 한 사람을 기리는 각각의 관목 옆에는 희생자의 신원을 알려주는 표지가 놓여 있었고, 그 위에는 염주와 초 그리고 작은 십자가가 놓여 있었다. 조란은 두 손을 상의 주머니에 쑤셔 넣은 채 그곳을 천천히 한 바퀴 돌았다. 그의 표정은 엄숙했다. 우리는 '샤호브니카'가 조각된 대리석 기념비 앞으로 걸어갔다. 기념비 아래에는 붉은색과 흰색 꽃 무더기가 크로아티아 국기의 세 가지 바탕색인 붉은색, 흰색 그리고 파란색 리본으로 묶여 있었다.

그런 다음 인근 공동묘지로 이동했다. 줄지어 선 묘비를 지나(묘비 앞에는 모두 꽃이 놓여 있었다). 하얀색 십자가들로 바다를 이룬 곳까지 걸어갔다. 각각의 십자가 옆에는 바람에 펄럭거리는 작은 크로아티아 국기들이 꽂혀 있었다. 우리가 선 곳에서 오른쪽으로 조형물 하나가 서 있었는데, 네 개의 터키석으로 구성된 이 조형물은 어느 쪽에서 보더라도 십자가 형상이었다. 그 아래에는 '부코바르의 병사들을 위하여'라는 글이 새겨져 있었고, 횃불이 놓여 있었다. 이 기념비 아래 섰었던 역사학자 베네딕트 앤더슨의 말이 전혀 놀랍지 않게 느껴졌다. 민족주의를 파시즘과 같은 정치적 이념의 사촌쯤으로 바라보는 데 반대한다고 주장했던 그는 독창적인 저서 《상상의 공동체 Imagined Communities》에서 다음과 같이 썼다.

"현대의 민족주의 조형물 가운데 '무명용사들의 기념비'보다 더 인상적인 건 없다." [23]

그는 민족주의는 종교와 가깝다고 말했다. 왜냐하면 민족주의는 종교와 마찬가지로 '어째서 이 젊은이들이 죽어야만 했을까?'나 '살아 있는 사람들은 이들을 기리며 무엇을 할 수 있을까?'와 같은 심오한 질문을 던지기 때문이다. 동시에 선조들의 고귀한 희생에서 죄를 구제받을 수 있다는 믿음을 주므로 사람들이 종교와 비슷한 위안을 얻는다고 했다.

"나는 죽은 사람들이 있는 곳에는 가고 싶지 않거든요."

그 기념비를 찾아가본 적이 있느냐고 물었을 때 아초가 했던 대답이다. 그때 나는 그에게 그의 정체성에 대한 질문을 했고, 아초는 잠시 뜸을 들인 뒤 다음과 같이 대답했다.

"나는 세계 시민입니다."

가볍고 추상적인 그의 말에서 나는 크로아티아 언론인 슬라벤카 드라쿨리치가 1992년에 쓴 에세이를 떠올렸다. 드라쿨리치는, 민족주의에 '아니오'라고 말할 수는 있지만, 그러려면 어떤 공동체에도 기대지 않은 채 벌거벗고 나서야 하는 대가를 치러야 한다고 했다. 하지만 아초는 벌거벗고 나서는 걸 전혀 두려워하지 않았다. 왜냐하면, 자기가 소중하게 여기는 가치들을 자기와 마찬가지로 소중하게 여기는 사람들과의 연대가 아초에게는 그다지 중요하지 않았기 때문이다. 그의 이런 모습은 특이하기도 하고, 또 어떻게 보면 다른 사람들의 기를 죽이기도 한다.

어느 날 저녁 아초를 다시 만났을 때 나는 내 생각이 막연한 추정이 아님을 확인했다. 그날 나는 조란 산구트와 함께 아초의 아파트를 찾아갔다. 현관문을 열고 우리를 맞이하는 아초 곁에는 늘씬하고 매력적인 여자가 서 있었다. 모랫빛 금발에 수줍은 미소를 띤 그녀의 이름은 웬디였다. 바로 1991년 당시 아초와 함께 아파트에 숨어 있었던 여자친구로, 지금은 아초의 아내가 되어 있었다. 검은색 티셔츠에 카고 바지를 입은 맨발의 웬디가 우리를 거실로 안내했다. 넓은 거실에는 커다란 부르고뉴 가죽 소파가 있었고, 소파 옆에는 커피 탁자를 가운데 두고 안락의자가 놓여 있었다. 커피 탁자에는 사탕을 담은 주발이 놓여 있었다. 벽은 밝은 탄제린색이었고, 에어컨이 특유의 낮은 소리를 내며 돌아가고 있었다. 대형 평면텔레비전은 베이징 올림픽의 경기 장면을 중계하고 있었다. 아초는 손에 텔레비전 리모컨을 들고 소파에 앉아 조란과 수다를 떨기 시작했다. 나는 웬디와 이야기를 나누었다. 웬디는 아초와 다르게 내성적이었고 말투가 부드러웠다. 조란 산구트는 아초의 집을 방문하기 전에 중요한 사실을 하나 나에게 알려주었다. 웬디가 크로아티아인이라는 것이었다.

두 사람이 처음 만난 것은 1991년, 내전이 발발하기 몇 달 전이었다. 세르비아와 크로아티아 민족 간의 골 깊은 갈등에도 불구하고 두 사람의 관계는 시작되었고 또 발전해나갔다. 두 사람의 이런 모습은 결코 사소한 성취가 아니었다. 미샤 글레니라는 기자는, 세르비아인과 크로아티아인의 관계를 조사한 뒤 '서로 다른 민족 구성원으로 맺어진 부부들 중 많은 경우가 내전 때문에 파경을 맞았고, 이 현상은 계속해서 진행되고 있다'[24]고 썼다. 글레니는 또한 크로아티아인과 세르비아인으로 구성된 부부가 파경을 맞지 않고 계속 함께 사는 경우에는 '여자 쪽이 남자 쪽의 민족의식에 동화된다'고도 썼다.

나는 세르비아인 남편 아초의 민족의식에 아내인 웬디가 동화되었는지 묻지 않았다. 그러나 적어도 아초가 그 반대 경우의 문제에 대해 걱정하는 일이 없도록 웬디가 배려했다는 사실만큼은 확인했다. 1991년 당시 두 사람이 몸을 숨긴 아파트는 웬디 어머니의 아파트였다고 한다. 이 아파트에는 크로아티아인들이 주로 거주했으므로 아초의 존재는 철저하게 비밀에 부쳐져야 했다. 크로아티아인들의 주거지에서 세르비아인을 숨겨주는 일은 결코 쉬운 일이 아니었다. 공포 혹은 공포보다 더 두려운 어떤 것을 각오해야만 할 수 있는 일이었다. 그러나 웬디와 웬디의 어머니는 조금도 망설이지 않았다. 폭격이 점점 심해져서 아파트 주민들이 지하 방공호로 피신할 때도 아초는 아파트 밖으로 나서지 않았다. 웬디도 아초의 이름과 그의 존재를 입 밖으로 내지 않았다.

웬디가 당시의 일을 이야기하는 걸 들으면서, 나는 아초가 혼자가 아니라 아초처럼 인종적 민족주의에 무관심했던 공모자와 함께 있었음을 깨달았다. 그런데 웬디나 웬디의 어머니 말고도 또 공모자들이 있었다. 아초가 아파트에 숨어 있다는 사실을 숨기려고 최대한 노력했음에도 이 사실을 눈치챈 사람들이 있었다. 바로 아래

층에 살던 크로아티아인 부부였다. 심지어 이 부부의 두 아들은 내전 당시 크로아티아 군대의 고위 지휘관이었다. 하지만 그 부부는 웬디에게 아초가 체포되는 일이 일어나지 않도록 하겠다고 약속했다. 그리고 부부의 아들 중 한 명인 '스탄코'는 나중에 포로수용소에서 아초가 '코바체비치'라는 세르비아식 이름으로 불러줌으로써 사지에서 살아났다.

아초가 위험에 처했을 때 사람들이 아초를 도왔고, 그들이 위험에 처하자 아초가 그들을 도왔다. 이처럼 아초가 겪은 이야기에는 호혜의 요소가 담겨 있다. 하지만 그렇다고 해서 아초가 한 행동에 담긴 비범한 용기의 가치가 사라지지는 않는다. 또한 그런 것으로 아초가 보인 용기를 설명할 수도 없다. 예컨대, 아초를 밀고하지 않은 사람들은 목숨을 걸지 않아도 되었다. 처지를 바꿔놓고 생각하면 아초의 행동이 얼마나 큰 용기를 필요로 했는지 더욱 분명해진다. 어떤 크로아티아인이 세르비아 포로에 대해 아초가 했던 것과 같은 행동을 쉽게 할 수 있었을까?

어쨌든 아초가 보인 행동에 결속(연대)이라는 요소가 작용한 건 분명하다. 이 결속은 전쟁 상황에서 동물처럼 잔인하게 행동했던 세르비아인이 아니라 자기가 숨어 있던 아파트의 크로아티아인 주민이 대상이었다. 스베트라나 브로즈라는 외과의사는 1990년대 중반에 보스니아 중심부를 여행하면서 아초처럼 용기 있는 명령 거부자들이 부코바르에만 있는 게 아니라는 걸 알았다. 브로즈는 자기가 갔던 거의 모든 도시와 마을에서 그런 사람들을 만났다. 아니카 제차르는 파킨슨병을 앓던 할머니였는데, 이 할머니는 인종 청소 대상이던 무슬림, 크로아티아인 그리고 코소보인을 자기 아파트에 숨겨주었다. 세르비아 병사들은 수시로 그녀의 집 현관을 두들겼다.

"여기 혹시 무슬림이나 크로아티아인이 없나요?"

그럴 때마다 그녀는 단호하게 없다고 대답했다. 하버드대학교의 케네디스쿨로부터 지원을 받아 영어로 번역 출판된 인터뷰 모음집의 서문에도 썼듯이, 브로즈가 제차르와 같은 사람들의 이야기를 책으로 출간한 이유는 '악이 판을 치는 시대에 선이야말로 궁극적인 원칙임을 다시 한 번 확인하기 위해서'[25]였다. 브로즈가 수집한 증언들은 과거 유고슬라비아 시절의 주된 이야기였던 참혹하고도 야만적인 이야기의 반대편에 있는 감동적인 이야기이다. 이 이야기는 아무리 끔찍한 공포가 세상을 뒤덮는다고 해도, 그리고 모두가 뭉쳐 공동의 적과 싸우는 것 말고는 다른 대안이 없을지라도(정확하게 표현하면, 다른 대안이 없다는 말을 들을지라도) 몇몇 사람들은 그 결론에 꼭 거부를 하고 나섰음을 보여준다.

물론, 브로즈가 수집한 사례에 등장하는 용기 있는 사람은 지극히 소수라는 지적이 있을 수 있다. 그리고 어쩌면 이런 지적이 옳을 수도 있다. 아니카 제차르는 한 명 혹은 소수이고 그보다 훨씬 많은 사람들이 비난받아 마땅한 행동을 한다, 공포와 편견에 상상력이 덮여버린 채로.

그러나 인간이 가진 상상력은 특이한 재능이다. 한편으로는 맹목적인 증오와 편견을 강화시키지만 다른 한편으로는 이런 부정적인 요소들을 극복할 여러 가지 도구를 사람들에게 제공한다. 역사학자 린 헌트는 창의적인 저서 《인권의 발명 Inventing Human Rights》에서 '상상 속에 존재하는 공동체'[26]를 '상상 속에 존재하는 공감'과 대비시킨다. 헌트가 처음 고안한 '상상 속에 존재하는 공감'이라는 개념은 다른 사람의 고통을 자기의 고통으로 느낄 수 있는 재능이다. 이 재능은 소설이나 그림이 시민들에게, 사회적 배경이 다른 사람들과 공감할 수 있도록 함으로써 18세기에 확산되었으며, 나중에는 법률적으로 허가를 받은 고문이나 그 밖의 비인간적인 관행들을 철폐하고자 하는 사회적인 움직임의 물꼬를 틀었다. 다음은 이것과 관련된 헌트의 발언이다.

"'상상 속에 존재하는 공감'은 민족주의보다는 인권을 기초로 기능한다. 이것은 인위적인 차원의 것이 아니다. 공감은 다른 사람도 자기와 다르지 않다고 상상하는 것으로서, 이것이 가능하려면 어떤 믿음의 도약이 필요하다."

'상상 속에 존재하는 공감'의 문제는, 적군과 아군이 명백하게 구분되는 양극화 상황에서 일반적인 사람들은 그런 도약을 실행하지 않으며, 특히 적으로 설정된 사람들과는 대화도 하지 않으려 한다는 데 있다. 그래서 헌트는 '공감은 오로지 사회적인 상호작용을 통해서만 발전한다'고 인정한다. 나는 아초와 같은 외톨이형 인간이, 크로아티아인이 자기가 숨은 곳을 찾아내 죽일지도 모른다는 공포에서 몇 달이나 시달린 뒤에도 어떻게 스타지체보 수용소에 수용된 크로아티아인을 살려내는 용기 있는 행동을 했는지, 다시 말해 상상 속에 존재하는 공감을 어떻게 스스로 이끌어냈는지 궁금했다. 그러나 그 궁금증은 웬디를 만나고 나서 해소되었다. 어린 시절 어머니의 가르침처럼 크로아티아인이라고 모두가 나쁜 사람은 아니라고 믿을 수 있는 분명한 이유가 아초에게는 있었던 것이다. 떠나야 할 시간이 되자, 나는 웬디에게 세르비아인이라는 이유만으로 아초를 인정하지 않는 크로아티아인을 어떻게 생각하는지 물었다. 그녀의 대답은 간단했다.

"괜찮아요, 상관없어요."

아초가 스타지체보 수용소에서 무슨 일을 했는지 말했을 때 어떤 기분이었는지 묻자 웬디는 밝게 눈을 빛내며 얼굴에 미소를 띠었다.

"자랑스러웠죠."

웬디가 한 말을 혹시 아초가 들었는지 슬쩍 고개를 돌려 바라보았다. 듣지 못한 눈치였다. 아초는 텔레비전에만 정신이 팔려 있었다. 텔레비전에서는 그가 좋아하는 테니스를 중계하고 있었고, 그의 시선은 거기에 딱 붙어 다른 곳으로는 움직이지 않았다. 나와 웬디가 이야기를 나누는 동안 어느새 아초는 올림픽 경기 대신 자기 아들 오그넨이 테니스 연습하는 모습을 조란 산구트에게 보여주고 있었다. 아들은 코치가 던져주는 공을 받아서 네트를 넘기는 반복 동작을 했다. 아초는 그 녹화 영상을 이미 여러 차례 봤을 테지만, 그럼에도 불구하고 그의 눈은 기쁨으로 반짝였다. 그가 자식에게 헌신적인 아버지라는 사실을 나는 이미 몇 차례의 경험으로 알고 있었다. 우리가 처음 만났을 때도 아초는 공항에서 부코바르로 가는 중에 아들 이야기를 장황하게 했으며, 자기가 아들의 감독 역할까지 한다고 했었다.

"정신력 담당 감독이지요."

테니스를 잘한다고 자만해서는 안 되며, 테니스 때문에 학교 과제물 따위의 의무를 게을리 해서도 안 된다고 항상 당부한다고 했다.

부코바르를 마지막으로 방문하고 1년쯤 지났을 무렵, 테니스 선수 아들의 정신력 담당 감독이 마침내 내전 때의 행동으로 주목을 받는다는 소식을 접했다. 아초에게 당연히 훈장이 수여되어야 한다는 조란 산구트의 청원에 대해 정부가 긍정적으로 답변을 보내왔다고 했다. 나는 이 소식을 듣고 갈등의 상처가 봉합되고 오그넨처럼 민족이 다른 부모 사이에 태어난 아이를 세르비아인이나 크로아티아인이 아니라 그냥 보통 시민으로 양육하게 될 미래를 잠깐 상상

해보았다. 그러다가 문득 생각했다. 오그녠에게는 이미 그런 일이 진행되고 있으며, 이것은 그의 아버지 덕분만은 아니라는 것이었다. 웬디에게 전쟁에 대해 아들에게 많은 이야기를 해주었느냐고 물었을 때 그녀는 고개를 저었다.

"오그녠은 아직 어리잖아요. 나는 우리 아이가 추악한 것들에 대해서는 너무 많이 알지 않았으면 좋겠어요. 물론 기본적인 건 알고 있어요. 그걸로 충분해요."

학교에서 같은 민족에 속하는 아이들끼리만 공부하도록 반을 분리해서 2부제 수업을 하고 있길래, 웬디에게 아이가 자기 정체성을 어떻게 키워나갈지 생각해본 적이 있느냐고 물었다. 웬디는 이 질문에는 준비가 되어 있지 않았던 듯 머뭇거렸다. 그리고 한참 뒤에 입을 열었다.

"나는 크로아티아인이에요. 하지만 나는 정통적인 크로아티아인은 아니에요. 그냥 평범한 사람이죠. 그리고 나에게는 가족이 있어요. 크로아티아인이든 세르비아인이든 난 신경 쓰지 않아요."

chapter three
선택적 명령 거부자

선한 시민과 선한 사람

                    그 일은 역사상 가장 유명한 저항의 행동 중 하나로 꼽힌다. 1846년 7월 말, 미국 뉴잉글랜드에 살던 저술가이자 은둔자이며 또한 아마추어 식물학자 헨리 데이비드 소로가 월든 호수 인근에 있던 자신의 오두막집을 나섰다. 행선지는 매사추세츠의 콩코드에 있는 구두 가게였다. 신발을 하나 사기 위해서였다. 하지만 가던 길에 우연히 샘 스테이플스를 만났다. 샘은 스무 살에서 일흔 살 사이의 남자 성인에게 일괄적으로 매겨지는 세금인 인두세를 거두러 다니는 인두세 징수원이었다. 스물아홉 살이던 소로는 개인적인 신념 때문에 몇 년째 인두세를 내지 않고 있었다. 그 때문에 소로는 보다 도시적인 지역으로 강제로 이주당

할 위험에 처해 있었다. 감옥은 그런 지역에만 있기 때문이었다.

"이봐 헨리, 계속 세금을 내지 않으면 나도 어쩔 수 없이 자네를 잡아다가 가둘 수밖에 없네, 그것도 조만간에."[1]

스테이플스의 말에 소로는 덤덤하게 대꾸했다.

"지금도 좋고, 뭐 아무 때나 그러시든가요."

이렇게 해서 소로는 카운티 감옥에 수감되었고, 단단한 석벽과 덜커덩거리는 창문이 있는 좁은 방에서 하룻밤을 보냈다. 다음 날 아침 숙모인 마리아가 소식을 듣고 달려와서, 스테이플스의 집에 들러 조카를 잘 봐달라면서 돈을 조금 건넸다. 이런 행위에 대해 사람들은 대개 고마워하는 법이다. 하지만 소로는 그렇게 하지 않았다. 1년 반쯤 지나 콩코드 문화회관에서 강연을 할 때 소로는 차라리 감옥에 더 오래 수감되어 있는 편이 좋았을 거라고 말했다.

"정부가 어떤 사람을 부당하게 감금한다면, 정당한 사람이 가 있을 자리는 감옥일 수밖에 없습니다."[2]

노예제도를 용인하고, 멕시코와 정당하지 못한 전쟁을 일으키기까지 한 정부에 세금을 내지 않는 것은 범죄가 아니라 도덕적인 의무라고 소로는 주장했다.

"자유의 도피처로 인식되어온 나라에서 전체 인구의 6분의 1이 노예이고, 국정이 부당하게 운영되는가 하면 나라 전체에 외국군이 주둔하고 있습니다. 나는 머지않아 정직한 사람들이 들고일어나 혁명을 일으킬 것이라고 생각합니다."

1849년에 〈미학 Aesthetic Papers〉이라는 잘 알려지지 않은 잡지 지면에 '시민 정부에 대한 저항'이라는 제목으로 발표된 소로의 격렬한 연설문은 처음에는 사람들의 관심을 거의 끌지 못했다. 이 글은 나중에 '시민 불복종의 의무에 대해서'라는 보다 친숙한 제목을 달고 다시 게재되었고, 마침내 이 주제를 다룬 수많은 글 가운데 가장 유명한 글이 되었다.

소로의 에세이는 법이나 다수의 의지보다 양심을 높이 치는 반反획일주의자들에게 감동적인 전범典範으로 읽혔다. 그러나 이렇듯 불같은 투쟁정신에도 불구하고 '시민 불복종의 의무에 대해서'의 필자는 동료 시민들에게 노예제를 철폐하는 투쟁에 함께 나서자고는 하지 않았음을 눈여겨볼 필요가 있다. 그는 단지 노예제도의 오점을 피하려 했을 뿐이었다.

"당연한 얘기지만, 아무리 큰 잘못이라고 하더라도 그것을 뿌리 뽑는 데 자신을 던져야 할 의무는 없습니다. 어떤 사람에게든 그것 말고도 관심을 기울여야 할 다른 대상이나 문젯거리가 있게 마련입니다. 하지만 그것에서 손을 떼는 일은 적어도 그 사람의 의무입니다. 만일 그 사람이 그것에 대해 더는 생각하지 않는다면, 실제적으로 그것을 더는 지지하지 않는다는 뜻이 됩니다."

소로가 이런 발언을 한 지 100년 이상이 지난 뒤 한나 아렌트가 자신의 견해를 보다 뚜렷하게 밝힐 생각으로 소로의 발언을 인용했다. 소로가 했던 말은 사회의 여러 조건들을 개선하는 데 관심을 가지는 '선한 시민good citizen'과 자신의 도덕적 순수성을 유지하는 데 몰두하는 '선한 사람good man'의 차이를 강조한 것이며, '선한 시민'이 절대적인 정의가 언제나 모호하기만 한 정치의 세계로 들어가서 분투한다 치면, '선한 사람'은 정치를 개인적인 도덕성의 표현으로만 바라본다고 아렌트는 주장했다.[3] '선한 사람'은 순수주의자가 될 경향이 있는데, 스스로의 감정에 충실했는가 하는 것만이 그에게는 유일하게 중요한 문제이기 때문이다. 이에 대해 소로는 솔직했다.

"우리 사회에 존재하는 온갖 기계 장치들이 성공적으로 잘 돌아가는 일에 대해 나는 아무런 책임을 지지 않습니다. 내가 생각하는 나의 유일한 의무는 언제든 내가 옳다고 생각하는 것을 행동으로 실천하는 것입니다."

상쾌할 정도로 깔끔하고 비타협적인 세계관이다. 그러나 만일 이것이 그 어떤 논리적인 결론도 도출하지 않는다면, 자신의 양심을 구원하는 것 말고 다른 무슨 의미가 있을까? 만약 한 사람이 자신이 세운 주관적인 가치에 충실해서 법을 어기고 정부에 저항한다면, 그 사람과 개인적인 신념이 전혀 다른 사람도 얼마든지 똑같이 행동할 수 있지 않겠는가? 또, 한 사람이 스스로 옳다고 생각하는 것을 주장할 때, 우리는 그것의 옳고 그름을 어떻게 판단할 수 있을까? 만약 우리가 그가 세운 원칙에 동의하지 않는다면, 어떻게 해야 할까? '선한 사람'의 저항이 위험한 광신자의 난동이 되지 않도록 막아야 한다는 것은 무슨 뜻일까?

아름다운 영혼들

아브네르 위시니체르는 성장하는 동안 정부에 저항한다는 생각을 거의 해본 적이 없었다. 정부에 충성을 다해야 하는 의무에 대해서만 주로 생각했다. 열 살 때 그는 집에서 사진첩을 한 장씩 넘기며 흥미로운 사진들을 보았다. 1967년에 있었던 6일전쟁 때의 모습을 담은 사진이었다. 미라지 전투기 편대가 창공을 가르는 모습, 이스라엘 장군 여러 명의 모습, 시나이 사막을 행군하는 병사들. 사진을 보고 나니 갑자기 전쟁이 매혹적으로 느껴졌다. 사막의 먼지를 뒤집어썼지만 강인하고 씩씩해 보이는 병사들, 그들처럼 되고 싶은 간절한 마음이 아브네르의 가슴속에 자리 잡았다. 이와 동시에, 부드러운 성정에 멀쑥하고 허약한 소년이 자신의 모습에서 느끼는 불안감은 한층 커졌다.

이것은 열 살 무렵의 소년이라면 누구나 느끼는 잠재적인 불안일 테지만, 특히 이스라엘 중부 지역에 위치한 키부츠에서 1976년에 태어난 아브네르에게는 견디기 어려운 것이었다. 49년 전에 10여 명의 개척민들이 레호보트 바로 남쪽에 있는 언덕 위에 텐트를 치고 거주하기 시작했다. 그때부터 크부트자트 쉴러 키부츠의 역사가 시작되었고, 수백 가구가 모여 사는 단단한 공동체로 성장했다. 분홍색의 라벤더와 부겐빌레아가 잔디와 화단을 점점이 수놓았으며, 수수한 방갈로들이 화단에 둘러싸여 있었다. 유칼립투스 나무들이 마을을 감쌌고, 향기로운 냄새를 풍기는 밀감 과수원도 있었다. 1970년대가 되면서 키부츠 개척민을 고무시켰던 유토피아적 사회주의에 대한 열망은 어느 정도 시들해졌다. 그러나 집단의 공동 목적을 추구하는 정신은 여전히 마을에 흘러넘쳤고, 아브네르는 이 공기를 마시며 자랐다. 그는 밭일을 좋아하게 되었다. 키부츠의 청소년이라면 일주일에 하루씩은 밭에서 육체노동을 하는 게 원칙이었고, 또한 공동체에 기여한 몫에 따라서 그 사람의 덕성이 평가된다는 관념이 이들의 내면에 자리 잡고 있었다. 키부츠에서는 공동체를 위한 이런 희생정신이 전쟁터에서 못지않게 강하게 작용했다. 예로부터 키부츠에서 자란 강인한 아들들은 이스라엘을 적들로부터 지키는 무거운 짐을 감당하며 자신의 용맹함을 과시했다. 크부트자트 쉴러의 거주민들은 노동당을 지지하고 평화를 신봉하는 좌파들이었다. 또한 동시에 이스라엘 방위군IDF 소속 군인으로서 공훈을 세운 것을 자랑스럽게 여기는 애국자들이었다.

그런데 바로 이런 방면에 자신이 없다는 게 아브네르가 느끼는 문제였다. 그는 너무 깡마르고 유순하고 굼떴던 것이다. 아브네르는 감성적인 경향이 상대적으로 일찍 발달한 조숙한 독서가였다. 그러나 소년의 아버지는 아들에게도 남에게 지지 않는 불굴의 의지가 있다는 것을 알고 있었다. 열네 살이던 어느 날, 아브네르는 키부츠에 있는 실내 운동 연습실 문을 살그머니 열고 안으로 들어갔다. 그곳에서는 한국에서 온 태권도 사범이 태권도를 가르치고 있었다. 소년은 태권도 수업을 받은 뒤 집으로 돌아와서는 어머니에게 새로운 취미가 생겼으니 열심히 해보겠다고 말했다. 그러나 어머니는 큰 소리로 웃었다.

"호호호, 아마 한 달도 못 넘길걸?"

그러나 아브네르는 어머니의 예상을 깨고 태권도에 점점 더 몰두했고, 나중에는 집착할 정도까지 되었다. 얼마가 지나자 소년은 파란색 띠를 매었고, 또 얼마가 지나서는 빨강색 띠를 매었다. 그리고 3년 뒤에는 자기 체급에서 전국 우승을 했다. 결승전에서 상대방을 이기고 최종 우승자가 되었을 때 그는 두 팔을 위로 뻗으며 승리의 환호성을 질렀다.

아브네르는 여전히 마른 체격이긴 했지만 이제 약골은 아니었다. 그리고 얼마 뒤 그는 다른 것을 놓고 승자를 겨루는 경기를 치렀다. 이스라엘 군대 중 가장 뛰어난 최정예 특수부대인 사이렛 마트칼 Sayeret Matkal에 들어가기 위해서였다. 1976년에 우간다 엔테베에서 인질 사건이 벌어진 적이 있었다. 납치된 비행기에 타고 있던 100명이 넘는 승객과 승무원을 안전하게 구출해야 했다. 이때 과감하고 정확한 기습 작전으로 인질범들을 제압하고 무사히 승무원들을 구조한 부대가 바로 사이렛 마트칼이었다. 사이렛 마트칼은 인간이 견딜 수 있는 한계까지 밀어붙이는 거친 훈련으로도 유명했다. 한밤에 잠시도 쉬지 않고 사막을 가로지르는 행군 훈련은 대원들을 육체적으로, 또 정신적으로 강인하게 단련시켰다. 훈련이 거듭될수록 아브네르는 이 악랄한 훈련을 점점 더 증오하게 되었다. 그러나 이제는 그의 어머니도 아브네르는 결코 포기하지 않을 것임을 알고 있었다. 그는 군 복무 회피가 용납할 수 없는 죄악까지는 아니더라도 터무니없는 혜택으로 여겨지던 사회 분위기 속에서, 공수대원이었던 자기 아버지처럼 조국을 위해 목숨을 거는 위험한 임무를 맡고 싶었다. 도덕적 투명성을 동경하던 이상주의자 아브네르는 이런 자기 생각을 전혀 의심하지 않았다. 마침내 훈련 과정을 무사히 마치고 사이렛 마트칼의 정식 대원이 되었을 때, 그는 나중에 자신이 상부의 명령을 거부하게 되리라곤 상상도 하지 못했다.

아브네르는 사이렛 마트칼에서 약 3년 6개월을 복무하고 1998년 3월에 제대해 크부트자트 쉴러로 돌아왔다. 그리고 텔아비브대학교에 다닐 등록금을 마련하기 위해 밀감 밭에서 일했다. 어느 날 영화 제작자인 누나 타마르가 그를 어떤 강연회에 초대했다. 아브네르는 강연장 뒤쪽 의자에 앉아 강연을 들었다. 실내의 조명이 점점 어두워지더니, 스크린에 슬라이드 영상이 펼쳐지기 시작했다. 돌멩이가 가득 찬 물탱크, 파괴된 관개 설비, 불에 탄 밀과 황량한 들판. '사우스 헤브론 힐스'였다. 슬라이드 프로젝터를 조작하던 변호사가 그곳은 팔레스타인 사람들이 거주하던 서안西岸 지구(요르단 강 서안 지구. 1967년의 6일전쟁에서 이스라엘이 점령한 구舊 요르단령—옮긴이)인데, 유대인 정착민들이 팔레스타인 사람들을 그 땅에서 몰아내려고 쉴 새 없이 공격하고 괴롭힌다고 알려주었다.

예시바(전인적인 종교 교육을 하는 유대인 초등학교—옮긴이)에서 교육을 받은 우익 성향의 병사라면 그런 강연을 단번에 뿌리쳤을 테지만, 아브네르는 그런 병사가 아니었다. 그는 자유주의적 시오니스트였다. 그는 오슬로 평화협정이 체결된 지 한 해 뒤인 1994년에 입대했다. 크부트자트 쉴러에 살던 거의 모든 사람들이 그랬듯 아브네르도 이 협정을 지지했으며 또 이 협정의 내용이 선의와 신뢰

속에서 지켜지리라고 믿었다. 슬라이드 영상이 하나씩 지나갈 때마다 아브네르는 그 영상이 주는 불편함 때문에 안절부절못했다. 강연이 끝난 뒤 그는 좀 더 자세한 내용을 알고 싶었고, 사우스 헤브론 힐스 출신의 팔레스타인 농부들에게 담요를 나누어주러 가는 행사가 있다기에 동참했다. 그가 탄 자동차는 60번 도로를 따라 달려 마침내 두 적대 지역 사이의 경계선을 넘었다. 이차선 도로는 계단식 언덕과 거센 바람이 몰아치는 서안의 골짜기를 통과해 헤브론 남쪽에 있는 작은 마을 수시야로 향했다. 그러나 자동차는 그 마을을 몇 킬로미터 앞에 두고 멈춰 섰다. 그곳에 사는 이스라엘 정착민들이 바리케이드를 쳐놓았기 때문이었다. 이스라엘 경찰 몇 명도 따로 바리케이드를 쳐놓고 있었다. 그중 한 명이 메가폰으로 자동차를 향해 고함을 질렀다.

"여기는 군사 지역으로 폐쇄되었습니다! 안으로 진입한다면 법의 처벌을 받을 겁니다!"

활동가 몇 명이 차에서 내려 막무가내로 행진을 시도했다. 아브네르는 자동차에 그냥 앉아 있었다. 그는 평생 단 한 번도 법을 어긴 적이 없었다. 경찰이 활동가들에게 곤봉을 휘둘렀고, 아브네르는 이 광경을 바라보며 공포에 떨었다. 온몸이 마비되어 손가락 하나 까딱할 수 없을 지경이었다. 경찰이 곤봉을 마구 휘둘러대는데도 활동가들은 태연했고, 아브네르는 이런 모습에 기겁을 하고 숨도 제대로 쉬지 못했다. 이 사람들은 도대체 왜 이런 무모한 말썽을 일으킬까. 만일 경찰관이, 우리의 경찰관이, 폭력을 동원한다면 그럴 만한 이유가 충분히 있을 거라고 아브네르는 생각했다.

아브네르는 경찰이 곤봉을 휘두르면 활동가들이 당연히 발길을 돌려 집으로 돌아가야 한다고 생각했다. 하지만 그들은 그렇게 하지 않았다. 계속 앞으로 밀어붙였다. 마침내 경찰의 제지를 뿌리친 활동가들은 수시야를 향해 걸어갔고 경찰도 그들을 더는 어떻게 하지 못했다. 사람들은 뿔뿔이 흩어져서 수시야로 향했고, 아브네르도 이 대열에 동참했다. 그리고 결국 해질녘에 팔레스타인 사람들을 만났다. 그들은 넝마 같은 옷을 입고 텐트나 동굴에서 살고 있었다. 바짝 말라붙은 채소와 사막 식물이 점점이 박혀 있을 뿐인 황무지 언덕을 삶의 터전으로 삼아 주로 목축을 하며 궁핍하게 살아가는 사람들이었다. 그들은 방문자들에게 따뜻한 차를 대접하고, 이스라엘 사람들이 파괴해버린 마을을 둘러볼 수 있도록 안내했다. 우물들은 돌로 메워졌고, 가축들은 살육당했고, 밭은 초토화되어 있었다. 그 광경을 바라보는 아브네르의 마음속에 조금 전 이스라엘 경찰이 휘두르던 곤봉이 주던 공포가 서서히 줄어들고, 대신 수치스러움이 서서히 차올랐다.

서안에 있는 검문소에서 군 복무를 한 이스라엘 병사라면 그런 살풍경에 별다른 감정의 동요를 느끼지 않을 수도 있다. 그러나 사이렛 마트칼 대원들은 팔레스타인 사람들과 직접 맞닥뜨릴 일이 없었고, 그렇기 때문에 그런 풍경을 접할 기회도 없었다. 아브네르는 여러 해 전에 받았던 기초 훈련 기간 몇 달을 제외하고는 점령지에 있어본 적이 없었다. 심지어 수시야 마을에 발을 들여놓기 전까지는 팔레스타인 사람과 직접 대화를 나누어본 적도 없었다. 그는 자기 두 눈으로 직접 목격한 참상에 충격을 받았다. 그러나 군대가, 그것도 자기 나라의 군대가, 무고한 사람들에게 그렇게 잔인한 짓을 의도적으로 했을 리는 없다고 생각했다.

그러나 만일 이스라엘 방위군의 권한이 서안 지역까지 미친다면, 서안 지역 사람들이 그런 비인간적인 삶을 사는 데 뭔가 책임을 져야 하는 게 아닐까? 어째서 이들은 억압을 받고 살아야 한단 말인가? 아브네르는 이런 의문들의 해답을 얻으려고 정기적으로 서안 지역을 방문했고, 많은 것을 보면 볼수록 더욱 더 깊은 환멸에 빠져들었다.

얼마 후, 그가 크부트자트 쉴러의 밀감 과수원에 친구와 함께 나무를 심을 때였다. 두 사람이 켜놓은 라디오에서 뉴스가 흘러나왔다. 팔레스타인의 도시 나블루스 인근 마을에서 이스라엘 정착민들이 한 과수원에 쳐들어가 올리브 나무 200그루를 베어버렸다는 뉴스였다. 아브네르는 자기가 방금 힘들여 심은 나무들을 바라보았다. 그냥 있을 수만은 없다는 강한 충동을 느꼈다. 그래서 올리브 나무가 베어진 마을로 향하는 버스 여행을 조직했다. 완만하게 경사진 과수원에 베어진 나무들이 나뒹구는 그 현장으로 간 것이다. 수시야에서처럼 군인이 진입 길목을 차단하고 있었다. 이번에는 아브네르가 선두에 서서 젊은 장교와 마주하고 섰다. 장교와 눈이 마주친 순간 아브네르는 마치 거울을 바라보는 듯했고, 그가 자신의 도플갱어처럼 느껴졌다. 아브네르는 그 장교를 자기 동료로 받아들이고 싶었다. 아브네르는 자신이 '명령 거부자'('아름다운 영혼'의 유대식 표현에 '명령 거부자 yafeh nefesh'라는 말이 있고, 이 말에는 순진하다는 뜻이 포함되어 있다)가 아니라 마음이 통하는 동료임을 장교가 알아주길 간절히 바랐다. 하지만 장교는 아브네르의 마음을 전혀 알아주지 않았다. 멀지 않은 곳에서 한 무리의 정착민들이 몽둥이를 치켜들고 M16 소총을 겨눈 채 으르렁대는 상황에서(이스라엘 정부는 점령지의 정착민에게 M16 소총을 지급했다—옮긴이) 군인들은 낄낄거리고 웃으면서 대치 상황을 비디오카메라로 촬영했다. 아브네르는 비틀거리는 몸과 마음으로 버스로 돌아왔다. 자신의 모습을 반영한다고 생각했던 그 장교는 그저 명령에 따라서 주어진 일을 할 뿐이라는 사실을 깨달았던 것이다.

어떤 면에서 아브네르의 각성은 낯선 게 아니었다. 사실, 충분히 예상할 수 있는 것이었다. 키부츠에서 성장한 자유주의적인 시오니스트가 군 복무를 마친 뒤 자유주의 강연회에 참석하고, 그 후 팔레스타인 점령지를 방문해서 이스라엘 정부 차원에서 자행된 횡포에 양심의 가책을 느끼는 일은 자연스러운 과정이었다. 여기에 극히 특이하다고 말할 요소는 전혀 없었다. 그러나 아브네르는 그저 평범한 예비군이 아니었다. 이스라엘의 최정예 특수 부대인 사이렛 마트칼 대원이었고, 정기적으로 예비군 훈련을 받고 있었으며, 절친한 친구들 역시 사이렛 마트칼 멤버였다. 아브네르가 팔레스타인이 처한 비참한 상황을 각성한 시기는 흥미롭게도 제2차 인티파다 시기와 일치했다. 인티파다란 미국의 캠프 데이비드(메릴랜드 주에 있는 미국 대통령의 전용 별장―옮긴이)에서 정상들 간의 평화회담이 실패로 끝나자 2000년 가을에 시작된 격렬한 저항 운동이었다. 텔아비브와 예루살렘에서 자살 폭탄 테러가 수도 없이 이어졌고, 이스라엘인의 마음에서 팔레스타인인의 고통은 멀어져갔다. 아울러 평화에 대한 기대도 멀어져갔다. 파상적인 살인 테러에 이스라엘 사람들은 하나로 뭉쳤고, 아리엘 샤론 총리는 방벽 작전Operation Defensive Shield을 감행했다. 서안 지구에 2만 명이나 되는 이스라엘군 병력을 투입하는 대규모 작전이었다.

이 작전에 참가한 군인 중 아브네르의 친구가 있었다. 모세 바르디라는 사이렛 마트칼 대원이었다. 대부분의 사람들과 마찬가지로 그도 역시 방벽 작전의 필요성에 대해 조금의 의심도 품지 않았다. 이 작전으로 인해 평화회담을 이끌어낼 수 있으리라 기대했기 때문이다. 하지만 몇 달 후 이스라엘의 지도자들은 이스라엘이 베푼 관용에 팔레스타인이 테러로 응답했다며 평화회담은 있을 수 없다고 주장했다.

    모세도 아브네르와 함께 팔레스타인 나블루스 인근 마을로 가서 올리브 나무가 베어진 현장을 보고 팔레스타인이 일상적인 삶 속에서 얼마나 심하게 핍박받고 있는지 똑똑히 목격했었다. 모세는 비슷한 각성 과정을 경험한 부대 대원들과 함께, 이스라엘 방위군의 최정예 대원들인 자신들은 점령지 근무를 거부한다는 뜻을 지휘관들에게 알리기로 결심했다. 모세는 이들과의 연합을 생각하며, 아브네르의 의사는 어떠한지 알아보려고 전화를 걸었다.

    앞서 살펴보았듯이, '아니오'라고 말한다고 해서 언제나 내면 깊은 곳의 변화가 일어나지는 않는다. 파울 그뤼닝거는 상당히 보수적인 성향의 애국자였다. 적어도 1938년 이전까지는 그랬다. 그리고 '아니오'라고 했던 그 사건 뒤로도 평생 보수적인 애국자로 살았다. 알렉산데르 제브티치는 1991년 이전에나 이후에나 변함없이 스피드광이었고, 사회의식이라고는 별로 찾아볼 수 없는 부코바르 시민이었다. 이 두 사람을 놓고 볼 때, 바뀐 것은 그들을 둘러싸고 있던 세계였지 거기에 대한 두 사람의 생각이 아니었다. 그랬기 때문에 두 사람 모두 이단자가 되기로 마음먹었을 때 굳이 고뇌에 찬 결단의 시간을 가질 필요가 없었다. 가끔, 환경은 많은 것을 바꾸지 않음에도 불구하고, 한 개인이 가지고 있는 생각과 원칙은 많은 것을 바꾼다. 한때 한 치의 의심도 없이 받아들였던 어떤 행동을 다시 곰곰이 생각하고, 마침내 어떤 지점에 이르러 그 행동 및 행동을 뒷받침하는 생각을 뒤집는 경우에, 개인의 내면에서는 격렬한 갈등이 일어난다.

이스라엘이라는 나라가 성립하고 처음 수십 년 동안에는 이스라엘 장병들 가운데 그 지점까지 이른 사람이 드물었다. 1948년의 이스라엘 독립전쟁(제1차 중동전쟁) 이후 성장한 이스라엘 세대에게 이스라엘 방위군은 성스러운 존재였으며, 결코 흔들리지 않는 충성심과 신뢰감을 일깨워주는 이스라엘 집단 미덕의 상징이었다. 그러나 1973년 욤키푸르전쟁(제3차 중동전쟁) 이후 이런 정서가 허물어지기 시작했다. 시리아와 이집트가 연합해 기습적으로 이스라엘을 공격한 이 전쟁으로 이스라엘 군대가 가진 절대성에는 금이 갔고, 그 여파로 골다 메이어 총리는 사임해야 했다. 그렇다고 해도 이스라엘 방위군 내부에는 반대자가 드물었다. 이스라엘 청년들은 베트남전쟁 때 미국 청년들이 했던 것처럼 징병 소집장을 불태우는 일 따위는 하지 않았다. 거의 대부분의 청년들은 국가의 안위가 위태로울 때만 군 지휘관이 자기들의 목숨을 위태로운 상황으로 몰아갈 것이라고 믿어 의심치 않았다.

그러던 중 1982년 6월 6일 이스라엘이 레바논을 전격적으로 침공하는 갈릴리 평화작전을 감행하면서 레바논전쟁(헤즈볼라가 이스라엘 병사 두 명을 납치한 것에 대한 보복으로 2006년 7월 13일 이스라엘 육군이 탱크로 레바논의 도시를 공격하면서 시작되었다—옮긴이)이 벌어졌다. 이스라엘이 공표한 전쟁의 목적은 팔레스타인 게릴라를 남부 레바논에서 추방함으로써 이스라엘 북부 지역의 불안 요소를 제거한다는 것이었다. 하지만 금방 드러나고 만 이 침공의 실제 목적은 팔레스타인 해방기구 본부를 레바논에서 몰아내고 거기에 괴뢰정부를 세우는 것이었다. 이때 전선에 파견된 장교들 가운데 엘리 게바 대령이 있었다. 이스라엘 방위군 내 최연소 여단장旅團長이자 육군 소장의 아들로 군대에서 탄탄대로의 성공을 보장받고 있던 게바 대령은 자기 여단을 이끌고 남부 레바논의 항구 도시 티레를 휩쓴 뒤 해안도로를 따라 베이루트로 향했다. 하지만 그는 도중에 갑자기 사임하기로 결정하고 상관에게 보고했다.

"저는 불필요한 작전에 동원되어 목숨을 잃은 병사들의 부모를 직접 마주하고 아들이 사망했다는 말을 할 용기가 없습니다."[4]

이렇게 상부의 명령을 거부한 사람은 게바 대령 한 사람이 아니었다. 그 전쟁이 끝날 때까지 약 160명의 이스라엘 장병들이 정당하지 못한 군사 작전에 참가하는 대신 차라리 감옥에 갇히는 길을 선택했다.

19세기 미국의 은둔자 헨리 데이비드 소로의 정신이 팔레스타인 성지에까지 다다른 것이었다. 이스라엘 군대의 이 '명령 거부자'들은 '예스 그불 Yesh Gvul(억압에도 한계가 있다)'라는 단체까지 결성했다. 아마 이런 저항정신은 사담 후세인이 지배한 무시무시한 국가, 이라크에서는 통하지 않았을 것이다. 이라크에서는 병영에서 이탈한 군인이나 그런 조짐을 보이는 군인을 투옥하고 처형하는 일이 비일비재하게 일어났기 때문이다. 그러나 이스라엘은 민주주의 국가였다. 이스라엘은 장교가 아닌 일반 사병과 하사관도 독립적으로 판단한다는 사실을 자랑스럽게 여겼다. 그런데 레바논전쟁 직후 제1차 인티파다 때, 즉 팔레스타인 사람들이 시위를 하고 행진을 하며 돌멩이를 던지고 또 많은 이스라엘 사람들이 그들의 이런 시위가 정당하다고 여길 때, 수백 명이 넘는 군인이 점령지에서 근무하기를 거부함으로써 그런 독립적인 판단을 행사하기 시작했다.

많은 장병들에게 반역자나 급진주의자라는 낙인이 찍혔고, 사람들은 그들을 손가락질했다. 하지만 그들이 정말 반역자나 급진주의자인 경우는 드물었다. 1960년대 미국에서 머리를 길게 기르고 '전쟁 반대'를 외쳤던 양심적인 병역 거부자들과 달리 이스라엘의 이 '명령 거부자'들 가운데 많은 사람들은 이전에 있었던 여러 전쟁에서 용감하게 싸웠다는 사실을 스스로 자랑스럽게 여기는 전쟁 영웅들이었다. 이들은 대부분 전통적으로 군부의 상층부 및 고위직을 독식하다시피 해온 아슈케나지(중·동부 유럽의 유대인 후손—옮긴이) 출신이었다. 이들은 평화주의자가 아니라 이른바 선택적 명령 거부자들이었고, 이스라엘 방위군이 보다 높은 윤리적 기준을 가져야 한다고 주장했다.

사실 그다지 놀라운 사실도 아니다. 법학자 마크 J. 오시엘은 저서 《명령에 복종하기 Obeying Orders》에서, 명예를 소중하게 여기는 군인은 비뚤어진 태도를 가지고 있는 군인보다 부당한 명령에 저항하는 경향이 더 강하다고 주장한다. 오시엘은 베트남전쟁 때의 한 장교 이야기를 사례로 든다. 신병 한 명이 베트남 여자의 머리에 총을 겨누었다는 보고를 받고 장교는 그 신병에게 이렇게 쏘아붙였다.

"해병대는 그따위 짓은 안 해!"[5]

오시엘에 따르면, 전문가적인 자부심과 군인의 이상주의는 도덕적인 타협을 해야 하는 상황에 놓인 병사들에게, 추상적이고 법률적인 규정보다 더 효과적인 구속력을 발휘한다. 이런 사실은 베트남전쟁 참전 군인들을 연구한 역사 심리학자 로버트 J. 립턴의 저서 《전쟁에서 돌아오다 Home from the War》에서도 확인할 수 있다. 1968년 3월 16일 미군의 한 대대가 베트남 남부 작은 마을 미라이에 들어가서 여자와 아기, 노인을 가리지 않고 눈에 보이는 모든 사람에게 무차별 총격을 가했다. 립턴은 책에서 그 대대의 일원이었던 한 병사를 다뤘다. 무고한 베트남 시민을 무려 500명 이상 학살하는 일이 자행되는 동안 그 병사는 학살 명령을 거부하겠다는 명백한 의사 표시로 총구를 땅바닥으로만 향했다. 립턴에 따르면, 그가 무고한 사람에게 총구를 겨누지 않은 건 그에게 평화주의자적인 기질이 있었기 때문이 아니었다.

"특이할 정도로 강했던 군인이라는 자부심과 정체성 때문이었다. 명예를 강조하는 전사戰士의 윤리였다. 베트남 특히 미라이에서, 병사는 군인의 명예와 그 자신이 파괴되는 느낌을 받았던 것이다."[6]

이스라엘에서 명령 거부라는 금기를 깬 군인 모두가 반드시 자신을 돌아보았던 것은 아니다. 사실 시간이 흐름에 따라 군대와 '명령 거부자' 다수는 서로가 만족할 수 있는 암묵적 조정에 이르는 여러 가지 방안을 찾아냈다. 어떤 징병 대상자들은 전투 의무를 수행하기에는 심리적으로 적합하지 않다는 전문가의 진단서를 들고 징병 센터에 나타났다. 이 경우 이런 진단서가 사실이 아님을 누구나 알고 있었지만 징병 센터는 특별히 문제 제기를 하지 않았다. 또 어떤 군인들은 이른바 '모호한 거부'라는 말로 불리는 행동을 선택했다. 이스라엘의 언론인이자 역사학자인 톰 세게브가 나에게 해준 설명은 이랬다.

"말하자면, 심각한 갈등을 피하기 위한 일종의 거래인 셈이죠. 병사가 자기 지휘관에게 말합니다. '저는 점령지에서는 정말 복무하고 싶지 않습니다. 절대로 명령을 따르지 않을 겁니다'라고요. 그러면 지휘관은 '알았어, 걱정하지 마. 우리 부대에서 제군은 행정병으로 일하게 될 거야'라고 말합니다. 그러고는 자기 상관에게 보고합니다. '이상한 녀석이 하나 있습니다. 점령지 파견을 원치 않습니다. 그러니 이 녀석을 그냥 조용히 내버려두는 게 좋겠습니다'라고요."

강력한 집단 윤리에 사로잡힌 작은 나라에서 남의 눈에 띄지 않으려는 병사들의 그런 바람은 전혀 놀라운 것이 아니다. 동일한 가치관을 가진 사람들조차 그들이 한 행동을 뜻밖으로 여긴다는 점 역시 전혀 놀랍지 않다. 양심적인 거부 행위의 기본적인 목표는 '공익적인 차원의 교육이 아니라 개인적인 차원의 면제이며, 정치적인 변화가 아니라(다소 거칠게 표현하자면) 개인적인 손 씻기'[7]라고 철학자 휴고 애덤 베다우는 주장했다. 이 통찰은 한밤에 팔레스타인 가정에 난입하거나 점령지의 검문소에서 보초를 서는 일을 피하는 여러 가지 방법을 은밀하게 찾아낸 이스라엘의 군인들에게도 적용될 수 있다. 이런 임무들을 부여받은 군인들은 적어도 자기가 옳다고 생각하는 방향으로 그 작전에 영향력을 행사했다. 손을 뗀다는 것은 자신을 전체의 그림에서 배제한다는 것을 의미했다. 어쩌면 갈등을 덜 느끼는 다른 군인들이 방해받지 않고 주어진 일을 할 수 있도록 장애물을 치워주는 것을 의미했을 수도 있다. 이렇게 '손을 떼는' 길을 선택한 '아름다운 영혼들'은 마음이 한결 편했을 것이다. 하지만 궁극적인 차원에서 바라보자. 과연 그들은 목적을 달성했을까? 원칙에 입각한 그런 비협조적인 행동이 사태를 더욱 나쁘게 만들지는 않았을까? 소로와 같은 양심적인 명령 거부자를 향한 '가장 오래된 비난'은 '무책임하다는 비난'이라고 한나 아렌트는 썼다. 그녀가 보기에 이런 비난은 종종 정당한 근거를 가지고 있었다.

"왜냐하면, 양심은 기본적으로 악행이 자행되는 세상이나 그 악행이 초래할 결과에는 관심이 없기 때문이다. 양심은 제퍼슨의 말처럼 '나는 내 조국의 미래를 생각하면 두렵다'라는 말을 하지 않는다. …… 양심은 오로지 개인의 자아 및 정체성만 생각하기 때문이다."[8]

◆◆◆

모세 바르디에게서 걸려온 전화를 받았지만, 아브네르는 점령지 근무 명령 거부에 대한 논의를 할 사람이 굳이 필요하지 않았다. 이미 혼자서 수백번이나 고민해온 주제였기 때문이다. 한번은 나와 커피를 함께 마시던 자리에서 아브네르가 말했다.

"그런 종류의 행동을 하려고 할 때 내 마음속에서 나를 말리는 힘이 얼마나 센지 당신은 짐작도 못할 겁니다."

우리는 예루살렘에 있는 한 카페의 그늘진 노천 테이블에 앉아 있었다. 무지막지하게 더운 어느 여름날이었다. 아브네르는 키가 크고 호리호리했으며 검은색 머리카락을 짧게 깎은 모습이었다. 진지한 표정에는 어딘지 모르게 음울한 분위기가 풍겼다. 낡은 소닉유스 티셔츠와 회색 반바지에 샌들 차림이었고, 얼굴에는 수염이 거뭇하게 자라 있었다. 이틀 동안 면도를 하지 않았다고 했다. 목소리는 낮고 깊었다. 일을 결정하기 전에 이미 그 문제에 관해 가능한 모든 측면에서 연구를 했다는 듯 입에서 그의 생각이 천천히 흘러나왔다. 아브네르는 모세와 통화를 한 뒤 다른 군인들과도 만남을 가졌는데, 밤늦게까지 격렬한 토론을 계속하면서 내내 혼란스러웠다고 했다.

"가슴이 답답했습니다. 정말 고통스러웠지요. 망설여지더군요. 우리는 끝도 없이 토론을 했습니다. 우리 행동은 어떤 결과를 낳을까? 부대의 다른 대원들은 우리에게 뭐라고 말할까? 언론은 뭐라고 할까? 만일 우리가 행동에 나선다면, 우리가 성장하는 데 토대가 되었던 많은 것들, 예컨대 군 복무 의무 같은 것을 전면적으로 반대하고 나서는 게 될까?"

아브네르는 이스라엘의 모든 군인들처럼, 입대할 때 조국과 상관에게 충성을 다할 것을 맹세했었다. 그러나 굳이 맹세 때문이 아니더라도 사이렛 마트칼에서 맺어진 유대의 끈은 아주 강했다. 아브네르는 자기가 속했던 팀의 지휘관을 친아버지와 다름없는 존재로 여겼다. 그가 이끌어주었기에 혹독한 훈련 과정을 무사히 마칠 수 있었다면서, 무한한 존경심을 표했다. 아브네르는 또한 친아버지인 라피의 견해도 존중했다. 라피는 1967년에 있었던 6일전쟁 직후, 이스라엘이 즉각 점령지에서 철수했어야 한다고 생각은 했지만 가자 지구에서 여러 해 군 복무를 했다. 아브네르는 아버지에 대해 말했다.

"아버지가 그러셨지요. '우리는 투표에 반드시 참여함으로써 정당하지 않은 것에 저항한다. 그러나 군대에서까지 그렇게 하지는 않는다'라고요."

이것이 바로 아브네르가 신중하게 판단한 이유였다. 그는 이스라엘인 대부분이 그러하듯 군사 문제가 정치 문제보다 중요하며, 충성 서약은 절대적이라고 신봉하며 성장한 사람이었다. 그러나 한편으로 그는, 아버지가 군대에 있었던 그 오랜 기간 동안 점령지에 이스라엘인 정착민이 점점 늘어났다는 사실을 깨닫기 시작했다. 만일 이것이 단순한 실수에서 비롯된 일이라면, 또는 근시안적인 정책 때문에 종종 일어나는 불미스러운 일이라면, 명령에 불복종하는 것은 지나친 행동이다. 아브네르는 맨 처음 점령지를 다녀왔을 때는 그렇게 생각했다. 하지만 몇 차례 더 점령지를 다녀온 뒤로 아브네르는 자기 견해를 확신할 수 없었다.

"팔레스타인 사람들이 구타를 당하는 것, 그들의 과수원이 파괴되는 것이 단지 우연한 사건이 아님을 나는 서서히 깨달았습니다.

그건 제도적인 문제였습니다."

각각의 사건들이 그의 머릿속에서 정리되기 시작했다. 그것은 단지 정착민뿐 아니라 자신의 정체성을 둘러싸고 규정하는 제도와 긴밀하게 연관되어 있었다. 아브네르는 베어진 올리브 나무를 보러 팔레스타인 나블루스 인근 마을에 갔던 일을 곰곰이 떠올려보았다. 그때, 정착민들이 지켜보는 가운데 젊은 장교 한 사람이 현장 접근을 가로막았었다.

"군대는 정착민들이 내려오지 못하게 했습니다. 그리고 거기에 정착민들과 함께 있었지요. 정착민들은 몽둥이를 들고 있었고, 국가가 지급한 M16 소총도 들고 있었습니다. 바로 그때 나는 깨달았습니다. 너무도 선명하게 깨달았습니다. 군대도 사실은 점령지 계획의 일부라는 것을 말입니다. 단지 정착민들의 문제가 아니었습니다. 이스라엘이라는 국가의 문제이고 이스라엘 방위군의 문제였지요."

그 순간 아브네르는 내면에서 뭔가가 갑자기 폭발하는 것 같았다고 말했다. 국가나 군대를 자신과 동일시할 수 없어서가 아니라 반대로 완전히 동일시했기 때문이었다.

"국가와 군대는 바로 나 자신이었습니다. 그걸 거부할 수는 없더군요."

아브네르는 잠시 뒤에 다시 말을 이었다.

"바로 나 자신입니다. 정부는 나에게 민주적으로 선출된 정부의 말을 따라야 한다고 말했습니다. 하지만 내가, 그리고 우리 군인이 감시하던 팔레스타인 사람들은 무엇입니까? 그들에게는 아무런 권리도 주어지지 않았습니다. 그들은 투표권을 행사하지도 못했습니다. 스스로를 지켜줄 어떤 정치적인 절차에 참가할 권리와 방법이 그들에게는 일절 주어지지 않았습니다."

점령지 근무 거부와 관련된 문제가 여전히 풀리지 않는 과제로 남아 있었지만, 2003년 무렵이 되자 가자 지구 점령에 대한 아브네르의 견해는 분명해졌다. 그가 보았던 것은 잘못된 정책이 아니라 '본질적으로 비도덕적인 구조'였다. 이스라엘 방위군은 스스로를 '세상에서 가장 도덕적인 군대'라고 주장했고, 아브네르 역시 그런 이상을 품고 있었지만, 실체는 우스꽝스러울 뿐이었다. 그는, 군인이라면 비록 잘못된 판단으로 보이는 명령이라도 의무적으로 성실하게 수행해야 한다는 데 동의할 수도 있었다. 그러나 인간성을 참혹하게 망가뜨리는, 범죄에 가까운 명령이라면 어떻게 할 것인가? 불법적인 명령이라면 그 명령을 거부하는 것이 오히려 군인의 의무가 아닐까?

검은색 깃발

"만일 군인이 정부의 명령에 따라 폭력을 행사했다면, 이들은 전쟁 범죄자가 아니며 따라서 적에게 처벌을 받지 않을 수도 있다."[9]

20세기 전반에 발표된 국제법 관련 출판물 중 가장 큰 영향력이 있는 구절로, 독일의 법학자 라사 오펜하임의 논문에 수록된 글이다. 오펜하임이 초고 작업을 한, 1914년에 발간된 영국군사법편람의 443조는 만일 군인이 비인간적이고 불법적인 명령을 수행할 경우 이 행위에 대한 책임은 순전히 그 명령을 내린 상관에게 있다고 명시했다. 같은 해에 미 육군도 비슷한 내용의 법률을 제정했다. 이 법률은 '정부와 지휘관의 명령이나 재가에 따라서' 이루어진 행위에 대해서 그 행위를 집행한 부하를 처벌할 수 없다고 규정했다. 합법적이건 불법적이건, 정당화되든 그렇지 않든 간에 전투원이 상관의 명령을 따르는 건 당연한 원칙이었고, 명령을 거부할 의무는 없었다.

이것이 서구의 법률 전문가들 사이에 퍼져 있던 일반적인 견해였다. 하지만 이런 사정은 제2차 세계대전 이전까지의 일이었다. 뉘른베르크 재판(제2차 세계대전 후 독일 전쟁지도자들을 대상으로 미국, 영국, 프랑스, 소련 4개국이 실행한 국제군사재판. 재판소가 독일의 뉘른베르크에 있어서 이런 이름으로 불렸다—옮긴이)에서 나치 전범들이 빠져나갈 구멍을 모색하는 낌새가 보이면서 이 견해는 일반적이라는 지위를 상실하기 시작했다. 유대인과 공산주의자 그리고 지식인 대량 학살은 나치 친위대 소속의 특수임무부대 아인자츠그루펜이 수행했다. 영국과 미국의 군사법 기준에 따른다면 판사들은 선택의 여지없이, 나치 최고위층의 범죄자들을 제외하고는 거의 모든 피고에게 무죄 선고를 내릴 수밖에 없었다. 어쩌면 오직 히틀러에게만 유죄 선고를 내릴 수밖에 없었다. 1945년에 연합군 측은 새로운 기준을 적용했다. 한 해 전에 개정, 발효된 새로운 영국군사법편람은 '설령 명령에 따른 행동이었다고 하더라도 결코 어겨서는 안 되는 전쟁 규칙을 어기거나 또한 동시에 보편적인 인간 정서를 난폭하게 유린했다면'[10] 책임에서 벗어날 수 없다고 규정했다. 미국 군대는 전투원이 '통상적으로 용인되는 법률과 전쟁 관습을 어겼다면 처벌을 받아야 한다'고 새롭게 규정했다. 이런 변화는 결코 우연이 아니었다. 이와 관련해서 마크 오시엘은 다음과 같이 썼다.

"한 국가 및 국제적인 차원의 입법자들이 불법적인 명령에 대한 복종 및 합법적인 명령에 대한 불복종이 사회에 미치는 상대적인 위험성을 재평가하도록 이끈 것은 나치가 저지른 전쟁 범죄, 즉 상관의 명령에 따른 이루어진 전쟁 범죄라는 역사적인 경험이었다."[11]

뉘른베르크 때나 그 뒤로는 상관의 명령에 따라 범죄 행위를 저질렀다 하더라도 그 행위를 한 군인은 책임을 면제받지 못했다. 뉘른베르크 재판의 국제법 제4원칙은 '어떤 사람이 정부나 상관의 명령에 따라 범죄 행위를 했다고 하더라도, 도덕적인 선택이 얼마든지 가능했다는 점을 전제로 할 때, 국제법상으로 이 사람의 책임은 면제되지 않는다.'[12]고 규정한다. 명령을 거부하면 총살을 당할 것이라는 말을 듣고서 어쩔 수 없이 세르비아인 학살에 참여했던 크로아티아인 드라젠 에르데모비치의 사례를 앞에서 살펴봤다. 이 사례에서도 확인했듯이 때로는 도덕적인 선택 자체가 불가능하다. 대부분의 법률 전문가들은 하급 장교와 일반 전투병이 명령을 거부할 경우 강등이나 투옥 혹은 그보다 더 나쁜 어떤 대가를 치러야 하며, 이런 현실은 비민주적인 사회에서 더욱 두드러진다는 사실을 인정했다. 또, 무장을 한 군인들이 불법적이라고 혹은 합법적이라고 판단하기 모호한 폭력 행위를 지시받는 경우가 허다하다는 사실도 인정했다. 그러나 이런 환경이 피고가 받아야 하는 선고 형량을 줄이는 데 참작이 될 수는 있었지만, 더 이상 피고가 전쟁 범죄를 저질렀다는 사실에서 완전히 자유롭게 해줄 수는 없었다.

적어도 제2차 세계대전의 승자들이 재판정의 판사석에 앉았을 때 이런 사항이 합의되었다. 그런데 자기편 전투 대원들의 전쟁 범죄 혐의를 판결해야 할 때 판사들은 어떻게 말할까? 피고들에게서 어느 정도의 재량과 자율성을 인정할까, 혹은 인정해야 할까? 얼마 뒤 판사들이 이런 질문들을 붙잡고 씨름을 하게 되는 나라가 바로 이스라엘이었다. 1956년 10월, 수에즈전쟁 발발 첫날에 이스라엘 국경 경찰대원들이 카프르 카심이라는 마을에 들이닥쳤다. 아랍계 이스라엘인이 살던 이 작은 마을은 '리틀 트라이앵글' 지역인, 당시 요르단이 지배하던 서안의 경계선에 있었다. 마을에 진입한 이스라엘군은 오후 5시 이후의 통행을 금지시켰다. 그런데 이스라엘군이 명령을 마을 이장에게 전달한 시간이 오후 4시 30분이었고, 따라서 명령은 마을의 모든 사람에게 전달되지 못했다. 수백 명이나 되는 마을 사람들이 밭에서 일을 하고 있었기 때문이다. 사람들이 일을 마치고 집으로 돌아올 때 이스라엘군은 명령을 어겼다는 이유로 이들을 잡아다가 줄지어 세운 뒤 총살했다. 단발의 총성이 2시간 30분 동안 이어졌다. 학살의 희생자는 49명이었다.[13]

처음에는 언론에 대한 통제로 이 사실이 알려지지 않았지만 결국 조금씩 세상에 알려졌고, 마침내 범법자들이 이스라엘 군사법정에 섰다. 피고들은 상관의 명령을 따랐을 뿐이라고 입을 모았다. 이미 효과가 입증된 편리한 변명이었다. 그 학살이 자행되기 몇 시간 전, 슈무엘 말린키 소령이 카프르 카심으로 출동할 이스라엘 국경 경찰대 장교 몇 명을 앞에 두고 작전과 관련된 지시사항을 전달하고 있었다. 그는 통금 명령을 어긴 사람을 총살하라고 명령했다. 그러자 한 장교가 질문을 던졌다.

"어린이와 여자는 어떻게 할까요?"[14]

말린키는 대답했다.

"인정사정 보지 말 것, 통행 금지령은 모든 사람에게 예외 없이 적용할 것."

말린키는 아랍계 이스라엘인에 대한 적대감을 드러냈다(1966년까지 이스라엘의 아랍 시민 대부분은 계엄령 치하에서 살았다). 귀가 시간이 늦어진 사람은 어떻게 하느냐고 다시 장교가 물었다. 그러자 말린키는 아랍어로 대답했다.

"알라 야라흐뭄 Allah yarahmum, 알라가 그들에게 자비를 베풀겠지."

털끝만큼의 자비도 베풀지 말라는 뜻이었다.

재판정에서는 상황 논리의 교과서적인 예시가 이어졌다. 카프르 카심에서 학살을 자행했던 병사들은 피에 굶주린 사디스트가 아니었다. 평범한 사람들이었고 그저 그 순간의 압력에 무릎을 꿇은 사람들일 뿐이었다. 전쟁 첫날이었고, 인종차별주의가 고조된 분위기였으며, 또 인정사정 보지 말라는 지시까지 받았다. 이런 상황들을 통해서 그 학살을 설명할 수 있다는 논리, 즉 그 학살이 정당화될 수 있다는 논리였다. 그런데 니므로드 람페르트라는 국경 경찰대 소대장이 재판정에 증인으로 출석했다. 같은 날 카프르 카심의 이웃마을이던 카프르 바라에 출동했던 장교였다. 그 마을에서도 많은 사람들이 통금 시간이 지나서 귀가했다. 이들 가운데는 열다섯 살 소년도 있었다. 소년은 6시쯤 양 떼를 몰고 마을로 돌아오다 체포되었다. 병사들은 소년을 어떻게 처리해야 할지 몰라서 람페르트 앞으로 데리고 갔다. 람페르트는 소년이 무사히 집으로 돌아갈 수 있도록 조치를 취했다. 이런 식으로 카프르 바라에서는 단 한 명도 총살을 당하지 않았다. 람페르트는 자기가 받은 명령의 내용을 정확하게 알고 있었지만, 이장에게 5시 통금 사실을 전달한 시각이 5시 직전이었고, 그 통고 이후에 자기 '마음'이 바뀌었다고 증언했다. 다른 세 마을에서도 총살을 당한 사람은 없었다. 예후다 프랑켄탈이라는 중대장 덕분이었는데, 그는 부하들에게 총살을 보류하라고 지시했다. 티라라는 마을에서도 피의 학살은 일어나지 않았다. 이 마을에 진입했던 소대의 지휘관 아리에 메나세스는 법정에서 다음과 같이 증언했다.

"나는 그 명령을 받아들이지 않았습니다."[15]

이 증언들 때문에 카프르 카심 학살을 저지른 피고들은 관대한 판결을 받을 수 없었다. 비록 가장 무거운 형량이 말린키 소령에게 선고된 징역 14년이긴 했지만, 증언이 재판의 판결에 영향을 끼친 것은 분명했다. 재판을 이끈 비니아민 할레비 판사가 판결문에 '명백하게 불법적인' 명령에는 복종을 거부할 수 있을 뿐만 아니라 반드시 거부해야 한다고 적었던 것이다.

"명백하게 불법적인 명령의 특징적인 표식은 그런 명령 위에 '금지'라는 경고 문구가 마치 검은색 깃발처럼 펄럭인다는 점이다."[16]

할레비 판사의 판결은 곧 다른 이스라엘 법정에서 인용되었다. 아돌프 아이히만 재판이었다. 이 재판은 유대인 대학살의 많은 희생자들이 원했던 사실, 즉 학살에 참가한 군인들은 단순히 명령을 집행하는 로봇이 아니라 이성을 가지고 추론할 수 있는 인간이기에 잔악한 행위를 지시받았다는 것만으로는 책임이 면제되지 않는다는 사실을 확인시켜주었다.

이스라엘 방위군은 점령지 정책의 문제점을 찾아내려고 노력하는 대신 '검은색 깃발'의 금지사항을 진보한 하나의 표준으로 삼아서 이것을 모든 군인에게 교육시켰다. 그렇게 몇십 년이 지났고, 1970년대에 이스라엘 예비군이던 페레츠 키드론은 자기 상관에게 '양심과 신념에 따라서' 점령지에서 근무하는 명령을 거부하겠다고 밝힘으로써 이스라엘 최초의 '명령 거부자'가 되었다(그는 나중에 '억압에도 한계가 있다' 단체의 대변인이 된다). 내가 예루살렘 남동쪽에 있는 마을 엔 케렘으로 찾아가 온갖 나무와 야생화들로 둘러싸인 우아한 키드론의 저택에서 그를 만난 어느 날, 그는 자기가 한 행동이 이스라엘 방위군의 윤리 지침을 그대로 적용한 것이라고 말했다.

"불법적인 명령을 받을 때 그 명령에 복종하지 않는 것이 군인의 의무지요. 실제로 군대에는 이런 선례가 있고, 기록도 남아 있어요."

칠십대 중반이지만 아직도 원기가 왕성한 키드론은 청년 시절에 습득한 영국식 발음으로 말했다. 그는 1933년에 빈에서 태어났고 영국에서 살았다. 그러다가 제2차 세계대전이 발발하고 나치의 핍박이 가시화되자 가족이 함께 이스라엘로 이주했다. 그는 1956년 수에즈전쟁에도 참전했다. 그가 나에게 말했다.

"나는 유대인 대학살의 생존자요. 그러니 유대인 군대라는 말은 나에게 끔찍한 기억을 되살려준다오."

아무런 방어 수단도 가지고 있지 않은 시민의 권리를 짓밟는다는 것, 그리고 국제법을 무참하게 무시하는 명령을 따르는 것은 그에겐 너무도 끔찍한 일이라고 했다.

그러나 과연, 일을 마치고 집으로 돌아가는 마을 사람을 대량 학살하라는 명령, 즉 그 어떤 합리적인 논리로도 정당화할 수 없는 그 명령과 최근 자살 폭탄 테러범이 통과했던 검문소에 하달된 팔레스타인 사람들을 구금하라는 명령, 즉 무고한 시민이 테러에 희생되는 것을 막기 위해 다른 무고한 사람들의 자유를 박탈해도 된다고 많은 이스라엘 사람들이 믿는 명령 사이에는 어떤 차이점이 있을까. 이 질문에 키드론은 고개를 저으며 자신은 그 문제들을 동일하게 바라본다고 했다.

그는 군 당국이 명령 거부자를 법정에 세운 전례는 거의 없는데,

그 이유는 점령지 전체에 '검은색 깃발'이 내걸려야 한다는 주장이 나올지도 모르는 상황을 피하기 위해서라고 했다. 하지만 검은색 깃발은 전 세계 어떤 나라에서도 합법성을 인정받지 못하지 않느냐는 말도 그는 덧붙였다.

"군부 인사들은 검은색 깃발 문제를 다루길 원하지 않는다오."

이것은 그가 에세이와 시 그리고 증언 등에서 일관되게 표명했던 주장으로, 헤어지기 전에 그는 그 원고들을 나에게 건네주었다.

얼마 뒤 나는 키드론의 주장을 이스라엘의 어떤 고위 장교에게 전했다. 장교는 터무니없는 말이라고 했다.

"보세요, 법이라는 게 말입니다. 이런 문제들에 대해서는 명명백백하고 투명합니다. 명령을 거부하는 게 적절한 건 인간성에 반하는 범죄를 지시할 때입니다."

"점령지에서 일어나는 일 대부분이 그렇지 않은가요?"

"보세요, 도로에 바리케이드를 설치하고 서 있는 건 즐거운 경험이 아닙니다. 물론 팔레스타인 사람으로서 도로의 검문소에 잡혀 있는 건 더하겠죠. 그러나 이런 바리케이드나 검문소가 인간성에 반하는 건 아닙니다. 새벽 2시에 어떤 사람을 잡아다가 아이들에게서 멀리 떼어놓는 일도 인간성에 반하는 범죄는 아닙니다. 당신도 사정을 안다면 동의할 겁니다. 그렇습니다. 전쟁 포로를 죽이고 어린이를 그리고 또 시민을 의도적으로 죽이고 병원과 성스러운 공간을 파괴하는 것, 이런 것들은 분명 인간성에 반하는 범죄입니다. 이런 명령은 당연히 거부해야 합니다. 그냥 혼자 거부하는 게 아니라 다른 사람들도 이런 명령을 거부하도록 설득해야 합니다."

이 간부는 규율과 자기 상관의 명령을 신뢰했지만, 그 믿음과는 관계없이, 과거에 이스라엘 군인들이 넘어섰다고 판단하는 도덕적 경계선에 대해서 솔직하게 이야기했다. 제1차 인티파다 때 이스라엘 방위군은 점령지에서 사람을 때려 뼈를 부러트리고 시민에게 위해를 가하는 등 온갖 끔찍한 짓을 저질렀는데, 유감스럽게도 그때 군인들 중 압도적인 다수가 상부의 명령을 그대로 실행에 옮겼다고 이야기했다.

"돌이켜보면 그때, 보다 많은 군인이 보다 많이 저항을 하지 않았다는 게 정말 안타깝습니다. 스스로 각성하고 명령을 따르지 않을 수도 있었는데 말입니다."

그러나 그는 군인이 자신의 정치적인 소신과 일치하지 않는 명령이라고 해서 그 명령을 따르지 않는 것은 옳지 않다고 주장했다. 만일 모든 사람이 다 그렇게 행동한다면 군대는 와해되고 말 것이기 때문이다. 그는 자기가 말하는 내용을 강조하면서 손가락으로 허공을 마구 찔러댔다.

"군대에서는 개인적인 신념과 정치적인 견해는 모두 접어둘 필요가 있습니다."

심지어 그는 자기가 단순한 개인이 아니라 '국가에 소속된' 군 장교 신분이므로 아내가 자동차에 정치적인 구호를 담은 스티커를 붙이는 것조차 못하게 막는다고 했다. 그는 주머니에서 종이 한 장을 꺼내 보여주었다. 거기에는 구호가 적혀 있었다. 신병이 입대식에서 암송하는 충성의 맹세였다. 그가 알리고자 하는 구호이기도 했다.

"나는 늘 이걸 주머니에 넣고 다닙니다. 모든 중대장실의 벽에는, 이 맹세의 문구 아래 병사들이 서명한 종이를 액자에 넣어 걸어 둡니다. 예외 없이, 이스라엘의 방위를 목적으로 하는 모든 명령에는 병사들은 반드시 복종해야 합니다."

평화 범죄자들

우연하게도 이 장교의 휘하에 있던 신병 네 명이 최근에 어떤 명령을 따를지 말지를 두고 쉽지 않은 결정을 해야 했다. 병사들이 소속된 연대는 서안에 있는 도시 헤브론에서 임무를 수행했다. 헤브론은 유대인 정착민 수백 명이 아브라함과 이삭과 야곱이 묻힌 성지인 패트리아크 동굴 인근에서 16만 명의 팔레스타인 사람들에게 둘러싸여 살고 있는 곳이었다. 2천 년 동안 이스라엘 군대는 헤브론에 주둔하면서 정착민들을 보호했다. 정착민들은 일상적으로 팔레스타인 사람들과 갈등을 빚었다. 팔레스타인 사람들도 기도를 하려고 그곳을 찾았으며(무슬림들은 그곳을 '이브라힘 모스크'라는 이름으로 불렀다), 때로는 이스라엘 병사들에게 욕설을 퍼부었다. 한편 이스라엘 군인들은 정착민들로부터 지나치게 아랍 친화적이라는 비난을 들었고, 나치라는 욕을 듣기도 했다. 그러나 몇몇 군인들은 정착민들을 지나치게 배려했다. 어느 날, 병사들은 아랍인의 가게를 불법적으로 점거한 유대인 두 가정을 쫓아내는 임무를 맡게 되었다. 이들은 이스라엘 대법원에서 내린 퇴거 집행 명령을 과연 따라야 할 것인지 고민했다. 탈무드 학원인 예시바의 학생이었던 병사들은 군사적 권위와는 다른 권위의 한 축인 랍비에게서 지침을 얻고자 했다. 랍비는 병사들에게 유대인 가정을 쫓아내는 임무를 수행하는 일에는 참가하면 안 된다고 말했다.

이 병사들이 맞닥뜨린 문제는, 지휘 계통을 따라 내려온 명령이 국제법을 위반한다는 사실이 아니라 유대 율법과 배치된다는 사실이었다. 1982년의 레바논전쟁과 '억압에도 한계가 있다'와 같은 시민 단체들의 등장에 따른 결과 가운데 하나는 이스라엘 청년들이 세속적인 관점에서 벗어나 종교적으로 각성하는 현상이었다. 그 결과, 이스라엘 방위군의 최정예부대에서 발생했던 빈자리를 신앙심이 강한 새로운 세대의 신병들이 메우게 되었다. 예시바에서 교육을 받고, 서안에 유대인이 정착하는 것이 성서적으로 절박한 과제라고 인식하는 병사들이었다. 이 병사들은 점령 상태를 철폐하는 데 찬성하지 않았고, 점령 상태를 유지하기 위해 상관의 명령들을 거부해야 하는 게 아닌지 의심을 품기 시작했다.

어느 날 저녁, 나는 이스라엘의 전직 국회의원이자 변호사인 엘리야킴 하에츠니를 만나러 그의 집으로 찾아갔다. 그는 이런 종교적인 각성을 토대로, 부당한 명령을 거부해야 한다고 주장하는 사람이었다. 은발의 뚱뚱한 남자였다. 귀가 주전자의 손잡이처럼 옆으로 툭 튀어나온 게 인상적이었으며 장난기가 넘칠 정도로 쾌활했고, 목소리는 새된 소리가 약간 섞인 고음이었다. 그는 흰색 티셔츠에 적포도주 색깔의 바지 차림으로 나를 맞았다. 그의 집은 헤브론과 인접한 유대인 정착촌인 키리아트 아르바에 있었다. 그는 나를 거실로 안내했다. 다윗 왕이 하프를 연주하는 커다란 그림이 거실 벽 하나를 장식하고 있었다. 거실에 자리를 잡고 앉자 하에츠니는 커피를 홀짝이고 쿠키를 우적거리며 불복종의 도덕성에 대해 자기가 생각하는 주장을 펼쳤다.

"어떤 법령, 명령, 교회의 지침, 행정적인 규제, 법원의 판결이라 하더라도 유대인의 땅에서, 즉 에레츠 이스라엘에서 유대인의 존재를 배제한다면 그 자체로 그것은 불법입니다."

그러므로 그러한 모든 지시와 명령과 판결을 거부해야 한다고 했다. 야르물케(유대교도가 쓰는 테가 없는 둥근 모자―옮긴이)를 쓰지 않은 그에게 나는, 종교적인 토대에 입각한 주장인지, 아니면 세속적인 토대에 입각한 주장인지 물었다. 그런 구분 자체가 적절하지 않다는 대답이 돌아왔다. 시오니즘의 핵심 교의인 '이스라엘 땅에 정착하는 것'을 이루어내는 일만이 중요하다고 했다. 하에츠니는 서안을 유대와 사마리아라고 불렀다. 유대인이 서안 전체를 지배할 수 있도록 하는 데 온 힘을 기울이는 극우 종교 단체인 구쉬에무님(1974년 이스라엘에서 결성된 종교적 정치운동 단체. 1980년대에 들어 급진화한 일부 회원은 팔레스타인에 대한 테러를 가하기도 했다―옮긴이)의 창립자 중 한 사람이기도 한 그의 눈으로 보자면, 키리아트 아르바와 텔아비브 사이에는 아무런 차이도 없었다. 어떤 곳에서든 유대인을 내쫓는 것은 '유대인을 대상으로 하는 인종 청소이자 인권을 유린하는 범죄'라고 그는 말했다.

"어떻게 감히 유대인의 땅에서! 누구든 이런 일을 계획하고 실행하는 사람은 밀로셰비치(전 유고슬라비아 대통령. '발칸의 도살자'로 불리며 인종 청소를 자행했고, 전범으로 재판을 받다 사망했다―옮긴이) 옆에 앉혀서 평화 범죄자로 죄의 심판을 받게 해야 합니다."

그는 잠시 말을 끊고 쿠키 하나를 집어먹은 뒤 혼자 낄낄거렸다.

"전쟁 범죄자들 있죠? 나는 그 사람들을 평화 범죄자라고 부릅니다!"

하지만 전 세계가 불법적으로 점령한 땅이라고 여기는 그 땅에 대해, 만약 이스라엘 국민의 다수도 유대인이 정착을 포기해야 한다고 생각하고 또 결정한다면 어떻게 할 것인지 물었다. 그는 손을 홰홰 저었다. 그러고는 내가 미국에 살고 있는 걸 안다면서 자기가 좋아하는 미국 철학자 한 사람을 들먹였다.

"소로한테 가서 한번 물어보십시오. 소로가 뭐라고 말했습니까? 그는 민주주의 국가에 살았습니다. 그런데 정당하게 선출되고 구성된 민주적인 정부가 멕시코를 침공하기로 결정했습니다. 그렇죠? 그리고 노예제도도 실시하지 않았습니까? 소로는 이 두 가지 사실은 비록 많은 사람들이 지지하긴 해도, 그리고 또 법률이나 포고령이니 뭐니 하는 것들로 뒷받침되긴 해도, 아무리 합법적인 것이라고 해도, 분명히 양심에 위배되는 것이라고 말했습니다. 그래서 소로가 이런 말을 하지 않았습니까? '나는 세금을 내지 않는다. 나를 감옥에 집어넣으려면 넣어라!'라고요."

잠시 뜸을 들인 뒤 그는 한숨을 쉬며 나에게 물었다.

"당신은 미국인이면서 나에게 이런 질문을 하는 겁니까?"

내가 뭐라고 대답을 하기도 전에 그는 또 다른 미국인, 다수결의 원칙을 숭고한 원칙의 이름으로 부정했던 마틴 루터 킹 주니어 목사의 사례를 들었다.

"부끄러운 이야기지만 우리는 미국으로 가서 당신들에게 배워야 합니다!"

그는 유대인 정착민들을 정착촌에서 쫓아내라는 명령을 거부한 군인들은 마틴 루터 목사처럼 고귀한 전통을 수호한 것이라고 말했다. 하에츠니는 천둥처럼 고함쳤다.

"우리는 지금 양심의 명령에 따라 행동하는 사람들에 대해 말하는 겁니다!"

마치 랍비 메이르 카하네의 이름을 딴 기념공원에 앉아 이야기를 나누는 듯했다. 메이르 카하네는 극우 단체인 '카흐'의 창설자로, 반反 아랍인에게 민족우월의식을 선동했다는 이유로 1980년대에 이스라엘 총선에서 제외된 인물이었다.

나는 하에츠니를 만나고 얼마 후, 카하네를 따르고 존경하는 유대인 한 명을 예루살렘의 한 피자 가게에서 만났다. 야윈 몸에 주근깨투성이 얼굴, 머리카락을 동글동글 말아 길게 늘어뜨리는 정통 유대식 헤어스타일을 하고 챙 없는 자주색 뜨개모자를 쓴 모세 프룸버그라는 청년이었다. 그는 예루살렘에 있는 징병 센터에 소환되어 기본 교육을 받을 때, 다른 두 친구와 함께 '우리는 유대인을 쫓아내기 위한 징병을 거부한다!'라는 구호를 적은 현수막을 건물 입구에 걸었다. 프룸버그는 하바트 질라드에 살았다. '언덕 꼭대기의 청년들'이라 불리는 사람들이 사는 정착촌 전진기지였다. 프룸버그는 최근에 대학 입학시험에 합격했다면서 징병 센터에서 교육을 받는 동안 어떤 명령들은 본질적으로 불법적이라는 사실을 깨달았다고 했다. 예컨대 '친구를 쏘는 것' 따위의 명령은 '검은색 깃발'이라고 말했다.

"제 관점으로는 유대인을 정착촌에서 몰아내라는 명령도 그중 하나입니다."

그 유대인 청년은 환하게 웃으면서 그렇게 말하고 피자를 크게 한 입 베어 물었다.

광신자들에게 불복종을 행사할 권리는 없다는 말을 프룸버그에게 하고 싶은 마음이 굴뚝같았다. 하지만 그렇게 딱지를 붙이는 나 역시 본질적으로 주관적일 수밖에 없다는 게 사실이었다. 1960년대 말, 미국의 거의 모든 주에서 낙태가 불법이던 시절, 미국의 한 성직자 단체 회원들이 감옥에 갈 위험을 무릅쓰고 여자들이 안전하게 낙태를 할 수 있도록 도왔다. 그리고 20년이 지난 뒤, 한 무리의 성직자들이 여자들이 불법적인 낙태 수술을 받지 못하게 막으려고 병원 앞에 진을 쳤다. 과연 어느 쪽이 광신도이며 어느 쪽이 양심을 지키는 용감한 투사일까? 이 질문에 대한 대답은 대답을 하는 사람이 낙태 수술의 합법화를 인권 운동의 중대한 성취로 보는지 아니면 신을 욕보이는 행위라고 보는지에 따라 달라진다. 중립적인 입장에 선 사람은 서로 상반된 견해를 가지고 있는 두 진영이 사실은 그들이 아는 것보다 공통점을 훨씬 더 많이 가지고 있다고 주장할 수도 있다. 도덕적 절대주의 때문이다. 도덕적 절대주의는 때로, 헨리 데이비드 소로를 포함해서 양심을 다른 어떤 것보다 우선시하는 순수주의자들의 특징적인 표식이 되기도 한다. 소로의 친구였던 에머슨은 다음과 같이 썼다.

"만일 내가 아는 사람이 소로밖에 없다면, 선한 사람들 사이에 협력은 불가능하다고 생각할 수밖에 없었을 것이다."[17]

어떤 시민의 '유일한 의무'가 자기가 옳다고 믿는 것을 행하는 것이라고 한다면, 어째서 모세 프룸버그의 행동에 대한 근거가 페레츠 키드론의 행동에 대한 근거보다 약할까? 프룸버그는 보편적인 원칙이 아니라 분파적인 종교적 믿음을 따랐기 때문일까? 하지만 베트남전쟁에 반대했던 가톨릭교도나 퀘이커교도들 역시 종교적인 믿음에서 그렇게 하지 않았던가? 마틴 루터 킹 주니어도 독실한 침례교도가 아니었던가? 과거 경건한 신앙심으로 무장한 기독교인이 세속의 부당한 법률을 부정한 사례도 다수 존재하지 않는가? 사실 서구 역사에서 양심의 목소리를 신의 목소리로 여겼던 경우는 많다. 이와 관련해서 정치철학자 마이클 왈저는 다음과 같이 썼다.

"사람의 양심이란 본인이 신성한 무엇과 접촉을 한다고 미루어 알 수 있는 마음 깊은 곳의 생각 혹은 느낌이다."[18]

애초부터 양심적인 거부자들은 1948년 유엔 총회에서 발표된 세계인권선언문 사본을 흔들어대는 세속적인 인본주의자가 아니었다. 그들은 독실한 기독교인들이었고, 성서를 통해 감동과 가르침을 받았다. 제임스 매디슨(미국의 제4대 대통령, 미국의 헌법 초안을 작성한 '미국 건국의 아버지' 가운데 한 사람—옮긴이)은 처음 미국 헌법 초안을 만들 때 '종교적으로 양심적인 사람으로서 무기를 소지한 사람은 그 누구도 개인적인 차원에서 군 복무를 강제당해서는 안 된다'는 조항을 제안했다.

매디슨을 비롯한 '미국 건국의 아버지'들은 《관용에 관한 편지 A Letter concerning Toleration》를 쓴 존 로크의 충실한 제자들이었다. 로크는 이렇게 썼다.

"법으로든 힘으로든 종교적인 문제와 관련해서 그 누구도 강제를 당해서는 안 된다. 이 원칙 하나만 확실하게 지킨다면 양심 때문에 빚어지는 불평과 소동은 모두 사라질 것이다."[19]

왈저는 종교와 정치는 쉽게 경계선을 그을 수 없다며 로크가 틀렸다고 주장했다. 베트남전쟁 때 양심은 철저하게 세속화되었다. 퀘이커교도들과 함께 징병 소집장을 불태운 사람들은 바로 마르크스주의자, 여성주의자, 흑인 인권운동가, 노암 촘스키와 벤저민 스포크의 열혈 추종자들이었다. 어떤 의미에서는 바로 이때부터 문제가 시작되었다. 그동안 소수의 기독교 평화주의자들을 포용하기란 어렵지 않았었다. 그러나 각기 다른 신념을 가진 시민들이 싸움을 거부할 권리를 가지는 것은 전혀 별개의 문제였다. 이유는 단순했다. 그 모두를 포용하는 것 자체가 그 사람들이 옳다고 믿는 것과 일치하지 않았기 때문이다.

다원주의가 지배하는 사회에서 선량한 시민들이 자기들의 도덕적 절대주의를 다른 사람에게 강요할 수는 없다. 위험한 광신자들이 자기주장을 강요할 위험이 있는 경우에는 더 말할 것도 없다. 이스라엘의 평화운동 단체 피스나우 Peace Now 의 사무총장인 야리브 오펜하이머 같은 사람들이 이런 주장을 했다. 그는 군인의 명령 거부를 주제로 다룬 에세이에서 다음과 같이 썼다.

"나 역시 최근에 내가 가진 세계관에 반해서 정착촌 및 검문소 경비 근무를 섰다. 내가 이렇게 한 것은, 언젠가 이스라엘 방위군이 정착촌이나 전초기지의 정착민 및 군인을 철수시키라는 지시를 받을 때, 국가주의적이고 종교적인 시오니스트들을 포함한 이스라엘 방위군 모두가 그 임무를 수행하리라고 믿기 때문이다."[20]

어느 날 밤에 만난 이스라엘의 한 예비군도 나에게 이렇게 털어놓았다.

"법의 틀을 깨는 행위는 자기 목적에 부합할 때는 좋지만 다른 편의 목적에 부합할 때는 그렇지 않습니다."

이 예비군은 사이렛 마트칼 대원이었던 아브네르 위시니체르의 친구이자 아브네르에게 전화를 걸어 명령 거부 이야기를 꺼냈던 모세 바르디였다. 꼿꼿한 자세와 진지한 눈빛을 한 그의 결단력이 부족해 보이지는 않았다. 그럼에도 그는 명령을 거부해야 하는지 계속 고민했다고 했다. 그렇게 고민한 것은, 나중에 우익적인 정치 성향의 군인들이 정착촌에서 유대인을 내보내라는 명령을 받을 때 자기처럼 명령을 거부하고 나설지도 모른다는 두려움 때문이었다.

"우리가 명령을 거부하는 것과 우익 군인이 명령을 거부하는 것 사이에 어떤 차이가 있는지 우리는 토론을 했습니다. 가능한 모든 문제들을 살펴보았지요. 하지만 결국 '이것도 명령 거부이고 저것도 명령 거부이다'라는 맥 빠진 결론을 내릴 수밖에 없었습니다. 그 두 가지가 똑같다는 논리에 반대할 수가 없었습니다."

만일 그가 조금 멀리서 그 문제를 살펴봤더라면 어쩌면 법을 어기지 않는 쪽으로 결론을 내렸을지도 몰랐다. 그의 목소리에 담긴 망설임에서 나는 그 사실을 간파했다. 하지만 그는 멀리 떨어져서 바라볼 여유가 없었고, 철학적인 함의는 개인적인 이유들 옆에서 빛을 잃었다. 그에게는 아이들이 있었다. 그는 자기가 맞이할 미래, 그리고 또 아이들이 성장해 입대해야 할 나이가 되었을 때 아이들이 자기에게 던질지도 모를 질문에 대해 계속 생각했다.

"20년이 지난 뒤에 아이들 가운데 누구 하나라도 아빠는 왜 그때 아무것도 하지 않았느냐고 묻는 일이 일어나지 않도록 하고 싶었습니다."

마침내 그는 이런 심정으로, 그를 포함한 열세 명의 전·현직 사이렛 마트칼 대원들이 서명한 편지를 아리엘 샤론 총리에게 부쳤다. 그들은 '개인적인 차원의 면제'만으로는 충분하지 않다고 의견을 모았다. 명령 거부의 목소리는 가능한 한 커야 하고 또 공식적이어야 했다. 편지의 내용은 이랬다.

"우리는 오늘 총리님께 말씀드립니다. 점령지에서 자행되는 폭압과 수백만 명의 팔레스타인인에게 가해지는 인권 유린에 우리는 이제 더는 힘을 보태지 않겠습니다. 정착민들이 치르는 성전聖戰에 이제 더는 방패 노릇을 하지 않겠습니다. 폭압의 임무를 수행함으로써 우리의 도덕성을 더럽히는 일은 이제 더는 하지 않겠습니다."

바르디가 미래와 자기 자식들을 생각하고 있을 때 아브네르 위쉬니체르는 어린 시절을 돌이켜보았다. 때로는 텔아비브대학교에서 강의를 듣고(그는 역사학을 전공과목으로 선택했다) 또 때로는 어린 시절에 자주 다니던 곳을 어슬렁거리며 산책했다. 어린 시절, 그는 초록색 저장고가 딸린 집에서 놀며 많은 시간을 보냈다. 과수원 전체가 내려다보이는 언덕에 위치한 집이었다. 그 집은 아랍인 마을이라고 불리던 자라누가 근처에 있었는데, 수십 년 동안 아랍인은 단 한 명도 볼 수 없었다. 아브네르와 친구들은 오후가 되면 그 집의 베란다에 모여 앉아 수박을 먹으며 씨를 툭툭 내뱉곤 했다. 작은 산들바람에도 흔들리는 저장고 건물은 아이들에게 묘한 매력을 발산했다. 그는 어렸을 때 집 주인이 어디로 가버렸는지는 단 한 번도 생각해본 적이 없었다. 갑자기 그는 궁금증이 일었고, 조사해본 결과 1948년에 이스라엘 군대가 그 마을을 폐허로 만들었으며, 그 마을의 주민 대부분은 가자 지구로 옮겨갔다는 사실을 알게 되었다.

아브네르의 할아버지는 체코 출신 유대인이었다. 그는 나치의 게슈타포에 체포되었지만 운이 좋게 풀려났고 1941년에 팔레스타인으로 들어왔다. 아브네르는 성장하는 동안 유대인 대학살에 대한 책을 닥치는 대로 읽었다. 그러나 팔레스타인인이 '알 나크바(대재앙)'라고 부르는 1948년의 대량 추방, 팔레스타인 난민이 발생한 사건과 관련된 책은 단 한 권도 읽지 않았다. 아브네르가 미래에 무엇을 할지 곰곰이 생각할 때 그의 머리를 사로잡은 것은 아랍인의 역사가 아니라 언제나 유대인의 역사였다. 특히, 똑똑한 사람들이 왜 할아버지가 겪은 일을 제대로 알지 못하는가에 대한 의문이 그의 마음속에 항상 존재했다. 아브네르는 텔아비브대학교를 다닐 때 평소 좋아하던 책을 한 학기에 걸쳐 다시 꼼꼼히 읽었었다. 클라우스 만의 《메피스토 Mephisto》라는 소설이었다. 주인공인 헨드릭 회프겐은 나치 치하에서 출세 가도를 달린다. 나치의 유대인 탄압은 자신과는 관계없는 일이며, 자기는 그저 배우일 뿐이라고 스스로에게 말한다. 그리고 얼마 뒤에 아브네르는 유대인 대학살을 주제로 한 강좌에서 영화 〈고독한 추적 Monsieur Klein〉을 보았다. 비시 정권 하의 프랑스를 배경으로 한 이 영화는 미술품 거래상 로베르 클라인의 삶을 묘사한다. 클라인은 자기 주변에서 일어나는 유대인의 어려운 상황에 완전히 무관심한 사람이다. 그런데 어느 날부터 그와 이름이 같은, 경찰의 추적을 받는 유대인 클라인에게 가야 할 신문이 그에게 잘못 배달되면서 세상에 눈을 뜨게 되고, 모든 것이 달라지기 시작한다. 마침내 미술품 거래상은 새로운 깨달음을 얻는다.

영화를 본 뒤 아브네르는 영화와 관련된 강연회에 참석했다.

"우리에게 영화를 보여주셨던 교수님은 나에게 결코 잊을 수 없는 소중한 가르침을 주셨습니다. 이러시더군요. '인류 역사상 가장 큰 범죄는 소수에 의해 저질러졌다. 대부분의 사람들은 그저 팔짱을 끼고 구경만 했다. 적극적으로 행동을 하며 나서지 않았다. 그런 범죄가 일어나도록 그냥 지켜보고만 있었다'라고요."

범죄마다 규모는 각기 달랐다. 그러나 아브네르가 자기가 처한 딜레마를 놓고 곰곰이 생각할 때 그의 마음은 끊임없이 《메피스토》와 〈고독한 추적〉으로 되돌아갔다. 당시를 회상하면서 아브네르는 나에게 이렇게 말했다.

"가만히 구경꾼으로 있어서는 아무것도 변하지 않는다는 걸 깨달았습니다. 점령에 반대하지 않는다면 점령에 찬성하는 것이 됩니다. 그런 일이 일어나도록 방치했으니 말입니다."

이런 발상은 특정한 개성을 가진 사람, 즉 국가의 이름으로 자행되던 악행에 저항해야 하는 자신의 의무에 대해 군인처럼 철저한 이상주의자, 혹은 보다 나은 군인이 되기 위해서 태권도 연마에 온 힘을 쏟으며 가혹하리만치 철저했던 이상주의자에게는 너무도 절박해서 한시도 뒤로 미룰 수 없는 논리였다. 개인적인 성향이 그렇듯 아브네르의 도덕성에는 모호함이 끼어들 여지가 없었다. 그의 어머니가 아주 오래전에 이미 간파했듯이, 그는 어떤 것에 한번 마음을 두면 끝까지 밀고나갔다. 여러 가지 이유가 있었겠지만 아브네르 말고도 당시의 많은 이스라엘 사람들에게는 모호함이 들어설 여지가 없었다. 이스라엘은 1982년의 레바논전쟁과 제1차 인티파다 때 국내적으로 갈등을 겪으면서 정서적, 정치적으로 여러 개로 쪼개졌다. 그러나 2003년에는 사정이 전혀 달랐다. 제2차 인티파다의 유혈이 분노를 고조시켰고, 사람들을 두려움에 떨게 만들어 하나로 뭉치게 했다. 연이어 발생하는 자살 테러에 사이렌이 절규처럼 울어댔고, 그때마다 테러를 감행한 하마스(이스라엘에 저항할 목적으로 1987년에 창설된 팔레스타인 무장 단체—옮긴이)는 공개적으로 축하 기념식을 열었다. 야세르 아라파트 팔레스타인해방기구PLO 의장은 미적지근한 태도로만 테러를 비난했다. 그러니 평화에 대한 이스라엘인의 신념은 무너져 내릴 수밖에 없었다. 심지어 좌파에 속한 많은 사람들조차 팔레스타인 사람들에게 공감하는 마음을 점점 잃어갔다.

피도 눈물도 없는 테러를 둘러싸고 격한 감정들이 충돌하던 그 시기에, 아브네르는 자기가 서명하기로 결정한 편지에 대해 자기 팀 지휘관에게 이야기를 해야겠다고 생각했다. 아브네르는 할 말을 몇 차례나 걱정스럽게 되뇌면서 하루 종일 고민하다가, 토요일 저녁 무렵에 마침내 전화를 걸었다.

"심장이 마구 뛰었습니다. 그분이 나를 어떻게 생각할지 상상하니 가슴이 답답해지더군요."

아브네르는 준비했던 말을 하나도 빼먹지 않고 정연하게 하려고 애를 썼다. 반응은 그가 두려워했던 것보다는 나았다.

"이러더군요. '그래, 난 자네가 하려는 일에 동의할 수는 없네. 그렇지만 자네 입과 심장이 일치한다는 건 잘 알겠어. 그러니 나도 그걸 존중해줘야겠지.' 너무나 의미심장한 말이었습니다."

다음 날 오후 5시쯤 아브네르는 다른 서명자들을 만났다. 텔아비브 북쪽에 있는 중산층 밀집 지역인 라마트 하샤론의 어느 집에서였다. 이 지역은 주로 공군 전역자들이 모여 살던 곳으로, 서명자 중 한 명의 부모님 집이었다. 서명자들은 채널 2번 아루츠 쉬타이임 방송국의 일요일 저녁 뉴스를 보기 위해 모여들었다. 그들은 수상에게 명령을 거부하겠다는 편지를 전달했다는 사실을 그 방송국에 알려주었고, 그래서 방송국이 어떤 식으로 사건을 보도할지 촉각을 곤두세우고 있었다. 아브네르는 불안하고 흥분된 마음을 억누르며 최대한 아무렇지도 않은 듯한 얼굴을 하고 그곳에 들어섰다. 하지만 그 자리에 아무렇지도 않은 사람은 아무도 없었다.

"우리는 함께 자리에 앉았습니다. 모두의 심장이 빠르게 쿵쾅거렸습니다. 너무도 무서웠거든요."

뉴스는 오후 8시에 시작했다. 아리엘 샤론 총리에게 발송된 편지가 톱뉴스였다. 아브네르는 휴대폰을 켜두고 있었는데, 8시 5분부터 전화벨이 울리기 시작했다. 방에 있던 다른 군인들도 마찬가지였다. 서명에 참가한 사람들의 전화번호를 확보한 기자들이 후속 보도를 하려고 한꺼번에 전화를 했던 것이다. 방 안은 전화벨 소리로 가득했다. 언론의 열띤 보도는 그렇게 시작되었고, 서명에 참가한 사람들의 이름은 이스라엘의 모든 신문과 방송에 오르내렸다. 어느 정도 예상했으며 준비도 했지만, 세부적인 사항까지는 짐작하지 못했다는 사실을 아브네르는 그제야 깨달았다. 다음 날 아침, 편지 사건은 모든 신문의 1면에 실렸다. 이스라엘의 모든 인터넷 뉴스도 사건을 보도했다. 아브네르는 기사에 달린 댓글들을 살폈다. '반역자', '아랍빠', '매춘부' 등과 같은 통렬한 비난이 홍수처럼 쏟아지고 있었다. 대부분은 모르는 사람들의 댓글이었지만, 가끔은 '난 이 친구가 누군지 알아' 같은 말들도 보였다. 그는 밤늦게까지 앉아서 업데이트되는 댓글들을 살폈다. 하루가 지나도 분위기는 달라지지 않았다.

"그래서 댓글 읽기를 그만뒀습니다. 내가 어떻게 할 수 있는 문제가 아니었으니까요."

아브네르는 여러 언론과 인터뷰를 했는데, 그다지 좋은 대접을 받지 못했다. 아루츠 쉬타임에서 뉴스를 내보내고 며칠 뒤 아브네르는 오쉬라트 코틀러라는 방송인이 진행하는 인기 텔레비전 프로그램에 초대를 받아 출연했다. 그가 초대를 받아들인 이유는 단순했다. 점령지 근무 명령을 거부하는 것은 팔레스타인인의 분노에 기름을 붓는 일을 멈추려는 것이지 이스라엘의 안보를 위협하겠다는 의도가 아니며, 오히려 안보를 강화하기 위한 것임을 사람들에게 설명할 기회라고 보았기 때문이다. 아브네르는 스튜디오에 자리를 잡고 앉았다. 그리고 인터뷰가 진행되는 동안 내내 그 점을 강조하려 애썼다. 하지만 진행자는 서명자들의 성실함과 정직성을 공격하는 질문들만 연이어 퍼부었다.

"그 여자는 나를 인터뷰하는 게 아니라 나를 공격했습니다. 솔직히 그날 나는 제대로 하지 못했습니다. 망쳐버렸지요."

이스라엘의 최정예 특수부대인 사이렛 마트칼 대원으로 활동하려면 육체적, 정신적으로 대단한 용기가 필요했다. 그러나 도덕적인 용기를 발휘하며 '아니오'라고 말하는 것은 그것보다 열 배는 더 힘들었다고 아브네르는 말했다. 사실상 그 누구도 인정해주지 않았기 때문이었다. 여러 주 동안 그는 멍한 상태로 보냈다. 그는 그때의 경험을 난생 처음 낙하산을 메고 비행기에서 뛰어내리던 때와 비교했다.

"낙하산을 타고 뛰어내릴 때는 이런 자세를 취하면 된다고 훈련을 받습니다."

그는 두 팔을 몸에 바짝 붙이는 자세를 취해 보였다.

"그리고 낙하산이 펴지면, 3초 뒤에 고개를 들어 낙하산을 바라보고 아무 이상이 없는지 확인한 다음, 정해진 순서에 따릅니다. 이렇게 훈련을 받은 뒤 실제로 공중에서 뛰어내립니다. 수도 없이 많이 연습을 했으니 자기에게 무슨 일이 일어날지 훤하게 다 아는 것 같지만 사실은 그렇지 않습니다. 비행기 밖 허공에 발을 딛는 순간 몸은 허공으로 빨려나가고, 3초 동안은 무슨 일이 일어나는지 전혀 알지 못합니다. 수도 없이 받았던 훈련 내용은 머릿속에서 하얗게 사라지고 아무것도 남아 있지 않습니다. 어떻게 하면 좋을지 물어볼 사람도 없고, 오로지 자기 자신밖에 없습니다. 이런 느낌이 바로 편지 사건 직후의 내 기분이었습니다. 우리들은 사전에 충분히 준비를 하려고 노력했습니다. 하지만 그 8시 뉴스는 우리가 난생 처음 비행기에서 뛰어내리던 그 순간과 같았습니다. 그 뒤로 한동안 우리는 무슨 일이 어떻게 돌아가는지 전혀 알지 못했습니다."

집단에서 축출되기

나는 낙하산을 메고 비행기 밖으로 몸을 던져본 적이 없다. 심지어 총 쏘는 훈련을 받아본 적도 없다. 그러나 아브네르가 살아온 이야기를 듣다 보면, 어쩌면 내 인생도 그랬을지 모른다는 생각이 이따금 들었다. 우리 가족의 선택이 조금만 달랐어도 나 역시 아브네르처럼 살았으리라. 아브네르는 1978년에 키부츠에서 태어났는데, 나는 1970년에 예루살렘에서 태어났다. 그의 아버지는 낙하산병이었고 우리 아버지는 보병이었다. 그의 가족은 이스라엘에 계속 살았지만, 우리 가족은 내가 두 살 때 미국으로 이주했다. 그 뒤 14년 6개월이 지난 뒤인 1987년 여름에 나는 이스라엘에 갔다가 미국으로 돌아오던 중 공항에서 이스라엘 군인에게 붙잡혔다. 그들은 내가 병역을 기피할 목적으로 출국한다고 생각했고, 군 파견분소로 끌려가 심문을 했다. 나를 심문한 장교는 자신의 의심을 확신했던 터라 적의를 품고 나를 거칠게 몰아붙였다. 다행히도 이스라엘에서 예비군 동원 근무를 받던 삼촌이 공항으로 와서, 내가 미국인임을 설명하고 증명했다.

아마 삼촌은 내가 군 복무에 대해서는 미국인과 전혀 다른 생각을 가지고 있다는 말을 덧붙였을 것이다. 우리 가족이 미국으로 이민을 가면서 나는 이스라엘 방위군에 입대해야 하는 의무에서 해방되었다. 아버지나 할아버지처럼 자랑스럽게 군 복무를 하지 않은 것이 조금 부끄럽긴 했지만, 그렇다고 해서 최강의 군대인 이스라엘 방위군에 대한 나의 존경심은 조금도 줄어들지 않았다. 성장하는 동안 나는 이스라엘과 관련된 논쟁이 있을 때마다, 1948년과 1967년 그리고 1973년에 이스라엘 군인들이 영웅적인 활약을 펼치며 조국을 위기에서 구해냈던 날들의 구체적인 날짜들을 하나씩 꼽으면서 내가 비겁자가 아님을 알리려고 애썼다. 그런데 대학교에 입학하고 1년쯤 지났을 때 그런 내 모습에 변화가 나타나기 시작했다. 올바르다고 믿었기에 언제나 당당했던 내 목소리에서 믿음과 자신감이 사라지기 시작한 것이다. 서안과 가자 지구에서 인티파다가 일어났고, 나는 텔레비전으로 내 또래의 이스라엘 군인들이 어린이를 뒤쫓고 시민을 괴롭히는 모습을 보았다. 그때 나는 난생 처음으로 내가 그 현장에, 그리고 이스라엘에 있지 않아서 정말 다행이라는 생각을 했다. 그때 이후로 나는 아버지나 다른 이스라엘인 친척들과 만날 때마다 이스라엘 방위군의 도덕적인 기준을 놓고 뜨겁게 입씨름을 벌였다. 아버지와 친척들은 아마도 당연히, 내가 어려운 선택들을 해야만 하는 곳에서 멀리 떨어져 있었기 때문에 위험성이라고는 털끝만큼도 없는 안전한 곳에서 고고한 척하며 사이비 '명령 거부자'가 될 수 있었다고 생각했을 것이다.

    아버지나 친척들이 옳았다. 만일 내가 이스라엘에 있었다면 사람들의 눈을 똑바로 쳐다보면서 군 복무를 거부하겠다고 말할 수 있었을까? 그런 용기를 낼 수 있었을까? 의무를 회피하려는 비겁하고 얄팍한 인간이라는 시선을 견뎌낼 수 있었을까? 그 결정이 얼마나 힘든 것이었는지 설명하는 아브네르의 말을 들으면서, 나는 내가 그의 처지에 놓이지 않았던 걸 감사하게 생각했다. 쉬므리 모란 같은 이스라엘인들을 다룬 다큐멘터리 영화를 볼 때도 그랬다. 창백한 얼굴에 안경을 낀 징집 대상자였던 그는, 열여덟 살 때 자기 어머니에게 '점령군'의 일원으로 활동하고 싶지 않다면서 징집을 거부할 생각이라고 말한다. 영화에서 그는 관객까지 추위를 느낄 것 같은 차가운 방에서 어머니와 함께 아침 식사를 한다. 관객은 그의 어머니가 동네 야채 상인에게 그 당혹스러운 진실을 감추고 아들이 입대할 것이라고 말하는 것을 지켜본다. 쉬므리가 징집 거부로 유죄 판결을 받은 뒤 어머니는 집에 혼자 앉아서 눈물을 흘린다. 비록 겉으로는 아들 편에 선 것처럼 행동했지만 무의식적으로 아들을 떨쳐내고 있다는 사실을 깨달았기 때문이라고 어머니는 고백한다.

나는 '뉴욕 유대인 영화 축제'에서 그 영화를 보았다. 영화가 끝난 뒤 쉬므리의 어머니 마리트는 관객들과 질의응답 시간을 가졌다. 다음 날 저녁, 나는 그녀를 카페에서 만나 이야기를 나누었다. 그녀는 자기 아들이 사이렛 마트칼 같은 부대의 대원이 되어서 군 복무를 마치는 게 소원이라며 영화에서 묘사한 내용이 모두 사실이라고 말했다. 그녀는 이스라엘 사람들을 하나로 묶어주는 친밀한 사회적 유대망인 '하체브라hachevra'에 속하고 싶은 집착을 떨쳐낼 수 없었다고 했다.

"그게 아들과 가깝고자 하는 내 마음보다 더 강했으니까요."

그녀는 적도포주를 한 모금 마신 뒤 어색하게 미소를 지었다.

"어느 날 문득, 아들과 거리를 두려고 하는 내 모습을 발견했어요."

하지만, 영화에서도 묘사하고 본인도 직접 나에게 설명했듯 나중에 그녀는 시위에 참가해서 아들이 말하고자 하는 주장을 대변하고, 또 자기가 가지고 있던 생각에 의문을 제기함으로써 자기 모습을 고치려고 노력했다. 그녀가 이스라엘 공동체를 생각하며 제기했던 문제들은 진심에서 우러나온 것이었다. 아들에 대한 사랑 역시 분명히 깊었다. 그러나 이 둘 사이에 놓인 깊은 골을 하나로 연결하는 다리는 없었다. 그녀가 시위에 참가한 것은 스스로의 신념에서 비롯된 행동이 아니라 아들의 선택을 잘못된 것으로 여겼다는 죄의식에서 비롯된 행동이었다.

◆ ◆ ◆

이스라엘 군대는 일종의 가족이었다. 그러므로 여기에서 뛰쳐나오는 일은 가족과의 유대를 끊는 것이나 마찬가지였다. 그래서 이런 일을 겪은 군인들은 트라우마에 시달렸다. 책에서 읽은 한 명령 거부자의 진술을 보면 이 사실을 확인할 수 있다.

"군대의 명령을 거부하기로 결정한 것은 나에게는 이혼 다음으로 어려운 결정이었다."[21]

아브네르는 자기가 그 결정을 놓고 고민하던 시기에 자기 아버지가 이스라엘의 명령 거부자들의 이름을 게시한 어떤 단체의 웹사이트를 수시로 들락거리며 확인하더라고 말했다. 어느 날 나는 아브네르의 아버지인 라피를 만나러 크부트자트 쉴러로 갔다. 팔다리가 껑충하고 균형 잡힌 몸매의 소유자인 그의 아버지는 아들처럼 살가운 성격은 아니었다. 라피는 군인이 명령을 거부하는 일을 부정적으로 바라본다는 점을 숨기려 하지 않았다.

"내 아들에게도 말했습니다만, 모든 군인이 다 자기 좋은 것만 하겠다고 한다면 어떻게 되겠습니까?"

그러나 아브네르가 그 결정을 내렸을 때는 아들이 자랑스러웠다고 했다. 그 문제에 대해 라피는 자기 세대의 근시안 때문에 결코 일어나지 말았어야 할 팔레스타인 점령이 일어나고 말았다는 식으로 말했는데, 그가 보인 태도로 짐작하건대 아들의 결정 덕분에 부자 사이의 유대감이 한결 단단해졌고, 또 스스로 인정하지 않았던 자기의 죄의식의 짐을 어느 정도 덜어냈다고 느끼는 듯했다. 아브네르의 어머니도 남편과 마찬가지로 아들을 자랑스러워했다. 그녀는 자기가 '설령 썩 옳다고 느끼지 않아도 시대의 흐름이면 거기에 따르는' 사람이라고 부엌에서 말했다. 부부의 집은 꽃을 피운 관목들과 작은 잔디밭으로 둘러싸인 단층집이었다. 우리는 식탁에 앉아 대화를 나누었다. 그녀는 아들이 문제의 그 편지에 서명하기로 결정을 내리던 순간을 회상하면서 이렇게 말했다.

"나는 스스로에게 말했어요. 아들은 강한 남자라고, 또 아들은 자기가 바라는 게 무엇인지 안다고요."

그러나 아들이 치러야 할 대가 때문에 무척이나 속을 끓였다고도 했다.

"아들에게 그랬지요. '난 네 편이다. 그렇지만 넌 대가를 치러야 할 거다'라고요."

정말 대가를 치러야 했다. 편지가 공개되고 얼마 후 사이렛 마트칼 출신 명령 거부자들은 본부로 소환되었다. 그리고 각자 상관들 앞에서 부대의 명예에 먹칠을 했다는 질책과 함께 일주일 안에 서명을 취소하지 않으면 부대에서 축출될 것이라는 경고를 받았다. 하지만 아무도 자기가 내린 결정을 철회하지 않았고, 결국 그들은 부대에서 축출되었다. 아브네르는 상관들과의 면담을 마친 뒤에 동료들과 함께 본부 구석구석을 돌아다녔다. 사이렛 마트칼 대원 자격으로는 그게 마지막이 될 것임을 다들 잘 알았다. 이제 사이렛 마트칼과 작별을 해야 했다. 하지만 오랜 인연을 끊기란 쉽지 않았다.

"작별 인사를 하는 게 쉽지 않았습니다. 그것은 내 인생의 한 부분이고 또 내 기억, 내 친구들의 한 부분이었으니까요."

2년 뒤, 아브네르는 사타구니에서 원인을 알 수 없는 통증을 느끼기 시작했다. 통증은 한 번으로 그치지 않고 지속적으로 이어졌다. 여자친구인 하기트는 남자가 그 정도 고통도 못 견디냐고 놀렸고, 호흡기내과 의사이던 아버지는 아무것도 아닐 거라고 대수롭지 않게 여겼다. 하지만 불편한 통증은 사라지지 않았고, 아브네르는 전문의의 진료를 받아보기로 했다. 서른 살도 채 되지 않았던 그는 고환암이라는 진단을 받았다. 원인을 정확히 알기도 전에 아브네르는 병원에 입원해서 고환 하나를 제거하는 수술을 받았다. 그리고 몇 주 동안 부모의 집에서 요양하며 노인병 환자처럼 엉거주춤한 자세로 절뚝거렸고 병에다 소변을 보았다. 웃을 때는 칼로 찌르는 듯한 통증이 온몸에 퍼졌다. 밤이면 암 세포가 온몸에 퍼질지도 모른다는 공포에 시달렸다. 죽는 꿈도 꿨다. 꿈에서 눈알이 적출되고 목이 시퍼렇게 시들어가는 자기 모습을 보기도 했다.

의사는 고환을 하나만 떼어냈으니 생식 능력은 여전히 남아 있다고 말했다. 한국에서 온 태권도 사범은 그에게 일곱 번 쓰러져도 여덟 번 일어나라고 말했다. 아들을 암으로 먼저 저세상으로 떠나보낸 태권도 사범이 해준 말을 떠올리며 아브네르는 스스로를 격려하고 마음을 다잡았다. 그러나 1년쯤 지난 2006년 7월에 아브네르는 다시 사타구니에서 통증을 느꼈다. 병원으로 가서 다시 검사를 받왔고, 암이 전이되었다는 판정을 받았다.

"일곱 번 쓰러져도 여덟 번 일어나라."

아브네르는 2차 수술을 앞두고 마음을 다잡으면서, 불굴의 투지를 강조하는 그 말을 되뇌었다. 그리고 마음을 차분하게 가라앉히려고 노력했다. 어느 날 밤에는 의사가 처방해준 남성호르몬 연고를 팔과 어깨에 바르고 또 바르면서 울다가 아침을 맞기도 했다.

아브네르는 나를 두 번째인가 세 번째 만났을 때 그 이야기를 했다.

"암에 걸렸었지요. 그것도 두 번이나."

나는 깜짝 놀랐다. 아브네르에 관한 모든 것, 특히 강철 같은 시선과 우람한 팔뚝 근육을 보면 그는 그저 강인한 사람일 뿐만 아니라 어떤 것에도 결코 쉽게 무너지거나 부서질 것 같지 않았기 때문이다. 그는 태권도 3단으로 일주일에 여섯 차례씩 연습을 하고 또 사람들을 가르치기까지 했다. 나는 무슨 암이었느냐고 물었다.

"고환암."

그는 웅얼거리듯이 말하고는 시선을 떨구었다. 나는 더 캐묻지 않았고 그도 더 설명하지 않았다. 그 어색한 분위기 속에서 그는 분명 자기가 받은 상처를 의식했던 것 같다.

나중에 알게 되었는데, 아브네르는 자기의 암 투병 경험을 담은 책을 출간했다. 본명을 숨기고 가명으로 낸 책의 제목은 《놀라운 불알 두 쪽 Surprise Balls》으로, 자기가 성장한 마초 문화에 대한 통렬한 고찰을 유머로 버무려낸 내용이었다. 이 책의 한 장면에서 화자는 자기가 받았던 군사 기초 훈련을 회상한다. 열아홉 살의 조교들이 '계집애들'을 진정한 남자로 만들어주려고 고함을 질러댄다.

"사나이가 되고 싶습니까?"

조교들이 신병들에게 욕설을 퍼붓는다. 한겨울임에도 불구하고 웃통을 벗은 조교들의 목소리는 굵고 거칠다. 이 과정을 거치면서, 신병들은 진정한 남자는 추위도 불평을 하지 않으며 언제나 큰 소리로 말한다는 것을 배운다.

진정한 남자라면 물론 불알 두 쪽을 가져야 한다. 화자는 병실 침대에 누워서 그런 생각을 한다. 그의 시선은 텔레비전을 향하고 있고, 텔레비전 화면에는 최근에 있었던 전쟁의 여러 장면들이 지나간다. 이스라엘이 2006년 레바논전쟁을 일으킨 직후였다. 이 전쟁은 이슬람 근본주의 단체인 헤즈볼라를 소탕하겠다는 목표로 시작되지만 결국 34일 뒤에 별 소득 없이 끝난다. 1967년에 그처럼 용감하게 싸웠던 이스라엘 군인들이 왜 이렇게 되었을까, 하고 텔레비전의 뉴스 앵커가 침울한 목소리로 시청자에게 질문을 던진다. 이 질문에 《놀라운 불알 두 쪽》의 화자는 군대의 장성들과 방송국 앵커들의 혈관에 남성 호르몬인 테스토스테론이 지나치게 많이 흐르기 때문이라고 비판한다. 화자의 신체를 괴롭히는 질병은 그의 조국인 이스라엘에 널리, 그리고 오랫동안 퍼져 있었음에도 불구하고 제때 적절하게 치료하지 못한 바이러스에 비유된다. 아브네르가 예전보다 훨씬 강한 사람이 되어 병원을 나설 것이라는 확신을 스스로에게 심어주는 것으로 이 비유를 이해할 수도 있다. 건실한 청년을 마초 전사로 만들고 멀쩡한 나라를 침략국으로 만들어버리는, 호르몬 과다로 인한 질병이 치료되길 아브네르는 간절하게 바랐던 것이다.

✿ ✿ ✿

2005년 아브네르가 암에 걸렸다는 사실을 처음 깨달은 날로부터 닷새 뒤, 이스라엘 군인 수천 명에게 논쟁의 여지가 많은 또 한 차례의 임무가 내려졌다. 가자 지구에서 모든 유대인 정착민을 철수시키는 임무였다. 오랜 세월 동안 유대인 정착 운동의 가장 충실한 후원자로 인식되어온 아리엘 샤론 수상이 전격적으로 추진한 이른바 '절연 정책 disengagement plan'에 따른 것이었다. 철수 작전이 진행되기 전에 샤론의 자문위원인 도브 바이스글라스는 이스라엘 기자 아리 샤비트와의 인터뷰에서, 훈장을 받은 군인들이 점령지에서 근무하길 거부한 일이 있었는데 그 일이 이 철수 작전이 제기될 수 있었던 여러 배경 요인 가운데 하나라고 말했다.

"그 군인들은 초록색 망아지 꼬리를 달고 코에는 방울을 단 괴물들이 아니었습니다. 우리의 훌륭한 청년들이었습니다."[22]

바이스글라스의 이 발언으로, 명령을 거부하겠다는 편지에 서명했던 아브네르를 비롯한 다른 군인들은 이스라엘 역사에 어떤 족적을 남겼다고 주장할 수 있게 되었다. 명령 거부자들은 '아니오'라고 말함으로써, 다른 누구도 아닌 이스라엘 정계의 강경파 아리엘 샤론, 즉 1982년에 레바논전쟁을 일으켰던 바로 그 사람으로 하여금 1967년에 점령했던 땅 가운데 적어도 일부분을 팔레스타인에 넘겨주고 철수하는 게 옳다는 생각을 하게 만들었던 것이다. 철수하기로 한 날이 점점 다가왔다. 현대 이스라엘 역사상 가장 시끄러운 소동을 일으켰던 거부자들은 아브네르와 마찬가지로 이제 현역 군인 신분이 아니었다. 그저 아비 비버와 마찬가지로 일반 시민이었다. 군복을 벗기 전에 아비 비버는 상병이었고, 그가 속한 연대는 유대인 정착민 철수가 이루어지는 가자 지구에 출동해 철수를 거부하는 정착민을 내쫓으라는 임무를 받았었다. 이스라엘 방위군은 철수에 반대하는 활동가들이 조직적으로 반대 운동을 펼칠까봐 두려워서 서둘러 작전을 완료하려고 했다. 그런데 어떤 장교가 못 나가겠다고 버티는 유대인 정착민과 엉켜서 몸싸움을 하는 광경을 본 비버가 고함을 질렀다.

"유대인은 유대인을 내쫓지 않는다!"

비버는 다른 군인들까지 규합해서 철수 작전에 저항했다. 그는 곧바로 체포되어 56일 징역형을 선고받았다. 하지만 그가 명령을 거부했다는 사실이 언론을 통해서 보도되었고, 우익 성향의 웹사이트들은 그를 영웅으로 치켜세웠다. 가자 지구의 한 정착촌은 마을의 도로 하나를 그의 이름을 따서 새로 지었다. 그리고 비버의 연대에 소속된 군인 열두 명도 자기 상관에게 자기들 역시 정착민을 집에서 내쫓는 작전에 참가할 수 없다고 말했다.

이스라엘의 일부 관료들은 이런 일련의 사건들 때문에 가자 지구 철수 작전이 군대 내의 대규모 항명 사태를 촉발할지 모른다고 두려워했다. 그러나 철수 작전 동안 모두 95명의 군인이 명령 불복종 죄로 처벌을 받았을 뿐 대규모 항명 사태는 일어나지 않았다. 이 일은 이스라엘 방위군 내부의 유대감과 규율이 얼마나 강력한지 보여주었다. 그러나 사회학자 야길 레비가 나중에 논문을 통해서 입증했듯이, 철수 작전이 별 무리 없이 이루어진 것은 사전에 철저한 계획과 준비가 있었기 때문이었다.[23] 가자에서 정착민을 철수시키는 작전을 시작하기 전에 군 지도부는 종교적인 신앙심이 강한 군인들이 많이 배속되어 있는 부대는 작전 현장에서 멀리 떨어진 곳에 배치함으로써 작전에 참가하는 군인들이 느끼는 부담감을 덜어주었던 것이다.

2년 뒤, 이 조치들은 거의 잊혀졌다. 그러나 철수 명령에 복종하지 않겠다는 몇몇 군인들의 의지는 여전히 살아 있었다. 2009년 10월, 삼손 연대 소속 신병 두 명이 예루살렘 통곡의 벽 West Wall 이 있는 광장으로 줄을 서서 들어갔다. 거기에서 어떤 행사가 있을 예정이었다. 행사가 진행되는 중에 충성의 맹세를 암송할 차례에서 병사 두 명은 '삼손은 호메시를 철수시키지 않는다'[24]라고 쓴 현수막을 펼쳤다. 호메시는 2005년 이스라엘이 철수했던 서안에 있는 네 개의 유대인 정착촌 가운데 하나였다. 이스라엘군이 철수한 뒤에 이 정착촌은 출입이 통제되는 군사 지역으로 바뀌었지만, 몇몇 정착민들이 그곳으로 다시 돌아가서 정착촌을 재건했다. 이스라엘 방위군이 파견되어 이들을 몰아냈지만, 정착민들은 쫓겨나갔다가 다시 돌아오기를 반복했다.

두 신병이 이런 일을 벌이도록 도운 삼손 연대의 군인들은 호메시 정착촌에서 정착민들을 몰아내라는 명령이 내려질 경우 자기들은 그 명령을 거부할 것임을 연대 지휘관에게 알리고자 했던 것이다. 이스라엘 군대는 지체 없이 이들의 저항을 '부끄럽기 짝이 없는 기강 해이'라고 규정했다. 그러나 몇 주 뒤 또 다른 현수막이 나타났다. 이번에는 현수막이 한 군사 기지의 식당 지붕에 내걸렸다. 나손 연대 소속의 군인들이었다. 현수막의 내용은 '나손 역시 유대인을 쫓아내지 않는다'였다. 그리고 얼마 뒤 세 번째 현수막이 펼쳐졌다. 이번에는 크피르 여단 훈련소였다. 현수막의 내용은 '크피르는 유대인을 쫓아내지 않는다'였다.

한때 군대는 키부츠에서 성장한 세속적인 세대가 지배했지만, 이제는 명령에 대한 불복종을 성서적인 의무로 바라보는 군인들로 가득 찼다. 이 군인들의 견해는 비르카트 요셉 헤스터 예시바의 교장이던 랍비 엘리아킴 레바논이 가지고 있던 견해였다. 정부가 운영하는 예시바는 대략 쉰 개쯤 되었는데, 여기에서 군인들은 국방부 장관과의 공식적인 협의를 통해서 마련된 군사 교육과 함께 모세의 율법인 '토라' 교육을 받았다. 랍비 레바논은 나에게 이렇게 말했다.

"구시 카티프 정착촌 철수 작전에 참가했던 많은 군인들이 지금은 그것이 크나큰 잘못이었다는 사실을 알고 있소."

구시 카티프는 가자 지구의 주요한 정착촌이었다. 나는 그에게 만일 서안에서 정착민을 대규모로 철수시키라는 명령을 군 지휘부가 내린다면 어떻게 될 것이라고 생각하는지 물었다.

"군대가 파괴되고 말 거요. 그런 명령은 군대를 파멸시킬 겁니다."

그는 그 명령은 유대교 율법에 맞지 않는 더러운 음식을 먹으라는 명령과도 같다고 말했다.

"신앙심이 돈독한 군인더러 우유와 고기를 먹으라고 하면 그가 뭐라고 하겠소? '먹으라고 명령을 하니 먹어야지요'라고 할까요? 천만에요, 절대로 먹지 않을 겁니다."

의무의 불안함

"어떤 의미에서 보자면 우리는 모두 징집된 군인이다."[25]

수전 손택의 연설 원고이자, 페레츠 키드론이 나에게 건네준 명령 거부자들의 증언집에 서문으로 수록된 글의 일부이다.

"우리 모두에게 서열을 깨는 것은 쉽지 않은 일이다. 마음에 충성심을 품고서 다수가 저지르는 범죄적인 폭력을 비난하고 거부하는 일은 누구에게나 쉽지 않은 일이다."

그러나 손택은 계속해서 다음과 같이 말했다.

"저항은 그 자체로는 아무런 가치도 지니고 있지 않다."

모르몬교도는 일부다처제를 금지하는 제도에 저항할 수 있고, 인종 차별주의자는 분리 정책을 금지하는 법에 저항할 수 있다.

"우리가 국가의 법률을 부정할 수 있도록 권한을 부여하는 보다 높은 차원의 법의 존재를 요구하는 것은, 정의를 위한 고귀한 투쟁만이 아니라 범죄 행위까지 정당화하는 데 사용될 수 있다. 저항의 가치와 저항의 도덕적 필요성을 결정하는 것은 저항의 내용이다."

신념의 깊이와 신실함으로 판단하자면 이스라엘 군대 안의 우익 명령 거부자들과 좌익 명령 거부자들 사이에 그다지 큰 차이는 없다. 그러나 도덕적 내용으로 판단하면 차이는 명백했다. 이 차이를 끄집어내는 한 가지 방법은 애덤 스미스가 제기했을 법한 기준을 적용하는 것이다. 즉, '아니오'라고 말하는 사람들이 어떤 문제 때문에 고통을 받는 사람들과 입장을 바꾸어놓고 생각함으로써, 자신의 도덕적 상상력을 확장하고 그들에게 공감할 수 있는 능력(혹은 무능력)을 평가하는 것이다. 바로 아브네르 위시니체르가 누나의 권유로 강연회에 참석한 후 시작했던 내용이며, 이렇게 해서 그는 처음 팔레스타인인이 처했던 고통에 무관심했다가 점차 그들에게 연민을 느끼고 또 과거 자신의 모습에 부끄러움을 느끼게 되었다. 아비 비버 같은 우익적인 명령 거부자들의 도덕적 상상력은 상대적으로 제한적이었다. 나는 그가 가자 지구의 유대인 정착민 철수 명령에 불복종함으로써 언론의 집중조명을 받은 지 몇 년 뒤에 다시 그를 만나 이 사실을 확인했다. 덩치가 크고 어깨가 딱 벌어졌지만 소년처럼 앳된 얼굴에 허세가 묻어나는 태도를 지닌 비버를 만난 곳은 예루살렘에 있는 크라운플라자 호텔이었다. 그는 자기가 소신을 굽히지 않았다는 사실을 자랑스러워했다.

"나는 기계의 부속처럼 행동하지 않았습니다. 나는 양심을 가진 한 사람의 인간으로서 행동했지요. 이스라엘은 민주국가잖아요."

소로를 연상시키는 말이었다. 소로는 《시민의 불복종Civil Disobedience》이라는 널리 알려진 에세이에서 시민들이 '인간으로서가 아니라 기계의 부속품으로서' 국가에 복무한다며 질타했다. 그러나 미국 뉴저지에서 태어나 아홉 살에 가족과 함께 서안으로 이주했던 비버는, 자기 아닌 타인과 관련된 지점에서는 민주주의에 대해서 다소 부족한 인식을 가지고 있었다. 그의 아버지와 할아버지는 유대방어연맹Jewish Defense League(가능한 모든 수단을 동원해서 유대인을 지키는 것을 목적으로 하는 유대인 조직으로, 1968년 뉴욕에서 창립되었으며 2001년 FBI로부터 '극우테러집단'으로 규정되었다―옮긴이)의 열렬한 활동가였다. 그 조직의 설립자는 인종차별주의와 아랍인에 대한 폭력에 관해 길고 긴 기록을 가지고 있는 메이르 카하네였다. 비버는 카하네와 마찬가지로 이스라엘이 수백만 명의 팔레스타인 사람들을 영구적으로 지배해야 한다는 발상을 거리낌 없이 말하고 또 믿었다. 그의 눈에 팔레스타인 사람들은 그저 하찮은 존재이자 위협요소일 뿐이었다. 그 외에 다른 상상을 할 능력이 그에겐 없었다.

"나는 아랍인들은 겁쟁이 울보라고밖에 생각하지 않습니다."

그는 또한 '모든 상황은 전면전을 통해 정리될 것'이라고 덧붙였는데, 그런 전망을 무척이나 즐기는 눈치였다. 그는 전면적인 전쟁보다는 다소 덜 종말론적인 견해도 하나 내놓았다. '서안의 팔레스타인인이 그 땅에 살면서 일을 할 수도 있겠죠'라는 말이었다. 하지만 여기에 단서를 붙였다.

"그러나 이스라엘은 결코 그들을 시민으로 받아들이지는 않을 겁니다."

이스라엘은 자기들만 속할 수 있는 나라이기 때문이었다.

만일 아브네르 위쉬니체르가 오로지 자신의 도덕적 체계만을 고집했다면, 점령지라는 문제가 그를 그처럼 심하게 괴롭히지는 않았을 것이다. 하지만 어쨌거나 그는 괴로움을 딛고 일어서서, 데이비드 소로와 비슷한 생각으로 불복종을 추구하는 개인들에게 한나 아렌트가 목표로 제시한 것을 이루려고 노력했다. 아렌트에 따르면, '양심의 규칙'은 '전적으로 부정적'이기 때문에 '비정치적'이다.

> 그들은 무엇을 할 것인지 말하지 않고, 무엇을 하지 않을 것인지 말한다. 그들은 행동을 취하는 데 있어서 어떤 특정한 원칙을 이야기하지 않고, 행동하지 말아야 할 것을 기준으로 경계선을 긋는다. 그들은 이렇게 말한다. 당신이 나쁜 짓을 저지른 사람과 함께 살아가기 싫다면, 당신이 나쁜 짓을 하지 말아야 한다.[26]

아렌트의 이 묘사는 분명 알렉산데르 제브티치와 파울 그뤼닝거의 행동과 일치한다. 두 사람 모두 아주 도덕적이었지만 정치에는 관심이 없었다. 하지만 이 묘사는 자기 상관에게 그리고 점령 현실에 '아니오'라고 말한 뒤에 새로운 어떤 주장에 '예'라고 말하기로 마음먹었던 아브네르와는 일치하지 않는다. 아브네르는 아리엘 샤론 수상에게 보내는 편지에 서명하고 2년이 지난 뒤, '평화를 위한 전투원들Combatants for Peace'이라는 단체의 창립 멤버가 되었다. 이 단체는 이스라엘과 팔레스타인에서 각각 전투원으로 종사했지만 이제는 총을 내려놓고 대화와 화해를 도모하고자 하는 사람들이 모여 만든 단체였다. 아브네르는 이 단체에 가입함으로써 사이렛 마트칼에서 축출되면서 생긴 빈 공간을 채울 수 있었다. 또한 아나타 출신의 팔레스타인인으로, 아브네르와 비슷한 변화를 거친 바삼 아라민과 새로운 동료 관계를 맺을 수 있었다. 바삼은 10대 때, 무장 단체의 일원으로 이스라엘 군인들을 공격해서 감옥에 갇힌 적이 있었다. 이스라엘을 향한 증오가 그를 완전히 지배하던 시절이었다. 그런데 감옥에서 영화를 보면서, 이스라엘이 생기기 전에 유대인들이 겪었던 끔찍한 재앙을 알게 되었다. 그중 하나가 〈쉰들러 리스트Schindler's List〉로, 영화를 보기 전에 그는 '왜 히틀러는 모든 유대인을 죽이지 않았는가?'[27] 라는 생각을 했지만, 영화가 끝날 무렵 그의 얼굴은 눈물범벅이 되어 있었다.

　　감옥을 나올 무렵, 바삼은 무장 투쟁으로는 언제나 더 많은 희생자를 제물로 요구하는 증오와 폭력의 고리를 결코 끊을 수 없다고 확신했다. 유대인과 아랍인 사이의 갈등이 그의 가족을 절망으로 몰아넣었을 때조차 그는 그 확신을 버리지 않았다. 2007년 1월, 열 살밖에 되지 않은 딸 아비르가 가게에서 과자를 사 들고 학교에 가다가 빠르게 날아온 어떤 물체에 뒷머리를 맞고 쓰러졌다. 얼마 지나지 않아 딸은 사망했다. 딸을 그렇게 만든 것은 고무탄이었다. 이스라엘 군대 국경 경비대원이 고무탄을 발사했다고 목격자가 증언했다. 그런 끔찍한 일을 겪었음에도 불구하고 바삼은 이스라엘과 이스라엘인에 복수를 다짐하는 대신 이스라엘 동료들과 함께 고향 아나타에 딸 아비르의 이름을 딴 정원을 지었다. 한편 그는 딸의 죽음에 대한 진상 조사를 요구했는데, 이스라엘 경찰은 팔레스타인인이 던진 돌이 우연히 소녀의 머리에 맞은 것이라고 주장했다. 팔레스타인인에 대한 피습 사건이 제대로 조사되는 경우는 거의 없었다. 결국 예루살렘 지방검찰청은 만족할 만한 결론을 내리지 못한 채 사건을 종결지었고, 사건은 그렇게 끝나는 듯했다. 그런데 그때 '평화를 위한 전투원들'이 나섰다. 단체는 사건을 재조사하고 진상을 밝히라고 시위단을 조직했다. 일련의 시위가 이어졌고, 마침내 예루살렘 법원은 아비르가 '국경 경비대원이 쏜 고무탄에 맞아서' 죽은 것이 분명하다고 판결을 내렸다.[28]

아브네르는 이런 활동들을 하면서 적어도 겉으로는 새로운 정체성을 획득한 것처럼 보였다. 과거 특수부대 소속 전투원이던 사람이

헌신적인 평화운동가로 탈바꿈한 것이다. 그리고 때로는 시끄러운 잔소리꾼으로 변신하기도 했다. 예컨대 그는 금요일마다 점령지를 방문했는데, 그곳에서 돌아오면 가족들이나 친구와 함께 안식일 식사를 하러 가기 전에 항상 이런 말을 했다. (안식일 식사는 거의 모든 이스라엘인이 한 주를 마감하는 중요한 의식이다.)

"나는 지금 방금, 유대인 정착민들에게 구타를 당한 팔레스타인 사람과 이야기를 나누고 왔습니다. 정말 화가 나서 미치겠습니다, 폭발할 것 같다고요!"

금요일이었고, 나는 그가 집으로 돌아가기 전 카페에서 마주앉아 있었다. 아브네르는 분을 참을 수 없었던지 주먹으로 카페의 탁자를 내리쳤고, 그 바람에 탁자에 놓여 있던 찻숟가락이 바닥으로 떨어졌다.

"그런데 안식일 식사를 하러 가야 합니다. 나는 가족이나 친구에게 말하고 싶습니다. '빌어먹을, 다 집어치우라고 해! 여기 편안하게 앉아 좋은 음식으로 배를 채우면서, 점령지에서 고통을 당하는 사람들에게 입에 발린 말로 축복을 기원한다는 게 말이 되냔 말이야!'라고요."

아브네르는 분을 참지 못하고 입술을 씰룩거렸다.

"빌어먹을! 뭔가를 해야 합니다. 어떻게 아무것도 하지 않을 수 있겠어요! 어떻게요!"

그것은 바로 동료 시민들에게 분노를 느끼지 않기가 점점 어려워지는, 또한 반역자로 욕을 먹는 존재에서 그보다 더 참을 수 없는, 아예 무시를 당하는 존재가 되어버린 '아름다운 영혼'의 좌절이었다. 사람들이 자주 가던 카페에서 폭탄 테러가 일어나면, 팔레스타인 사람들이 당하는 학대와 억압에 귀를 기울이려는 사람은 점점 사라졌다. 적어도 아브네르는 그렇게 느꼈다. 물론, 그 카페들이 폭탄 테러를 당한 것이 오슬로협정(1993년 9월 13일 이스라엘의 라빈 총리와 팔레스타인해방기구 PLO의 아라파트 의장이, 이스라엘은 PLO를 합법적인 팔레스타인 정부로 인정하고 PLO도 이스라엘의 존재 근거를 인정하기로 합의한 협정—옮긴이)의 환상이 깨진 뒤 이스라엘 방위군이 결국 방벽 작전을 감행했기 때문만이 아니라고 믿는 이스라엘 사람들도 많이 있었다. 그러나 더 많은 이스라엘 사람들은 희망의 끈을 그냥 놓아버렸다. 그리고 평화를 향한 꿈은 내팽개치고 개인적인 관심사로 눈을 돌려버렸다. 이런 환멸의 여파가 몰아닥칠 때마다 아브네르는 벽에다 대고 이야기를 한다는 느낌을 받곤 했다.

"'달찬dalchan'이 무슨 뜻인지 알죠?"

아브네르가 나에게 물었다.

"어떤 걸 끊임없이 반복해서 말하고 또 말하는 지겨운 사람이라는 뜻입니다. 사람들은 그런 사람이 하는 말에 귀를 기울이려 하지 않습니다. 내가 바로 그 지겨운 사람이죠."

그의 얼굴에 비참한 낭패감이 얼핏 스쳤다. 이런 표정은 그의 여자친구인 하기트, 그가 고환암이라는 판정을 받기 전에 남자가 웬 엄살이 그리 심하냐고 핀잔을 주었던 그녀에게는 낯익은 것이었다. 두 사람은 난관을 극복하고 결혼을 했다. 평온하고 태평스런 성격의 하기트는 박사과정을 밟고 있는 학생이었는데, 아브네르는 언제나 맹렬함을 유지하는 그녀가 존경스럽다고 말했다. 하기트는 오래전에 그들에게 있었던 일을 이야기해주었다. 유대력으로 새해 첫날인 로쉬 하샤나(나팔절)에 하기트의 부모님 집에서 저녁 식사를 하던 중이었다. 두 사람은 결혼하기 전이었고, 그 자리에는 남아프리카공화국에 살던 그녀의 사촌도 함께 있었다. 그런데 식사 도중에 아브네르가 이스라엘의 팔레스타인 점령을 남아프리카공화국의 인종차별정책에 비유했다. 그러자 하기트의 사촌이 그 논리를 정면으로 반박하고 나섰다. 새해 식탁에서 뜨거운 논쟁이 벌어졌고, 결국 두 사람이 자리를 박차고 나간 다음에야 논쟁은 끝이 났다.

"그는 늘 그런 식이에요."

하기트는 머리를 설레설레 흔들면서, 그러나 미소를 지으면서 말했다.

"모든 것에 대해서, 그리고 끝까지…… 난 그게 좋아요. 하지만 생활과 삶은 힘들게 만들어요. 그 사람은 절대로 타협을 하지 않거든요."

하기트가 알던 아브네르는 정치적으로 자유롭게 열린 사람이 아니었다. 그는 정치적 이타주의자였으며 끊임없이 자기 사회의 도덕적 결함을 이야기했다. 또 심리학자 로버트 J. 립턴이 베트남의 미라이 마을에서 주민을 학살한 부대의 대원이면서도 학살에는 참가하지 않았던 병사를 인터뷰했을 때 그 병사에게서 확인했던 어떤 도덕적 죄의식과 같은 것에 사로잡혀 있었다. 립턴은 그 병사에 대해 다음과 같이 말했다.

"그는 결코 죄의식에서 벗어나지 못했다. 적어도 내가 알기로는 그랬다. 그리고 자기 행위에 대한 찬사를 쉽게 받아들이지 못했다. 그는 학살을 저지하려면 보다 적극적인 행동을 했어야 하는데 그렇게 하지 못한 것에 여전히 죄의식을 느꼈다. 이것은 그의 성격적 경향 때문이다. 도덕적 상상력의 원천이자 그로 하여금 방아쇠를 당기지 못하게 했던 성격적 민감함은 격렬한 자기비난으로 이어질 수 있다."

격렬하게 고통스러운 죄의식은 건강한 감정 상태라고 할 수 없다. 그러나 립턴은 조금 다르게 바라본다. 전투원들이 자기들이 목격한 고통을 돌이켜보고, 립턴이 이름붙인 이른바 '의무의 불안함 anxiety of responsibility'을 나타낼 때 이 죄의식은 그 전투원의 생기를 회복하는 기능을 할 수 있다는 것이다. 세상에서 이 고통을 제거하고 자신에게서는 그 고통과 관련된 요소들을 제거하는 새로운 임무가 그에게 부여된다는 말이다.

아브네르는 이 불안함을 내면화한 게 분명했다. 그렇지 않고서는 알렉산데르 제브티치처럼 거울을 바라보며 만족스럽게 미소를 짓지 않는 이유를 설명할 수 없었다. 차분하고 진지한 그의 몸가짐도 그의 이런 심리적 특성을 반영했다. 그는 비록 사이렛 마트칼을 떠났지만 여전히 전쟁을 치르고 있었다. 전쟁 대상은 팔레스타인인들이 아니라 의도적으로 정의에 눈을 감은 사회였다. 이 전쟁을 치르느라 그는 자주 진이 빠졌고, 격렬하게 분노하기도 했다. 하지만 이것 역시 그에게 생기를 불어넣는다는 사실, 그가 지금과 전혀 다른 생각을 가지고 있다 한들 억누르려 할 때마다 똑같이 커다란 대가를 요구했을 어떤 감정들을 느낄 수 있게 해준다는 사실을 나는 알아차릴 수 있었다. 아브네르를 알아가던 시기에 나는 또 한 편의 다큐멘터리 영화를 보았는데, 점령지에서 근무한 두 명의 여군을 다룬 〈내가 정말 미소 짓고 있었을까 To See If I'm Smiling〉라는 영화였다. 그중 한 명이 메이칼 산들레르인데, 이상주의적인 큰 꿈을 안고 입대했으며 발령지는 헤브론이었다. 처음에는 거친 환경 때문에 마음을 잡지 못했지만 곧 적응해서 자기에게 맡겨진 일들을 곧잘 수행했다. 이 일들 가운데는 팔레스타인인의 시체에 묻은 피를 닦아내는 것도 포함되어 있었다. 한번은 이 일을 하고 있는데 여군 하사관 두 사람이 그녀에게 다가왔다. 그녀는 하사관 하나가 카메라를 가지고 있는 것을 보고 이렇게 말했다.

"사진 한 장 찍어주세요."[29]

작업하던 남자 시체와 사진을 찍으면 재미있을 것 같아서였다. 죽은 남자가 발기 상태였기 때문이다. 그녀는 화장실 앞에 놓인 시체 옆에 웅크리며 자세를 취했고, 그 모습 그대로 사진이 찍혔다. 설령 이 상황에 대해 그녀가 조금 불편한 어떤 감정을 느꼈다 하더라도, 관객은 영화 속 그녀의 제대 환송 파티에서 그런 감정을 찾아볼 수 없었다. 그녀가 춤을 추면서 활짝 웃고 있었기 때문이다. 그녀는 순수주의자가 아니었다. 명령 거부자도 아니었다. 하지만 그녀는 제대한 뒤 점점 생기를 잃어갔다. 불면증에 시달리기 시작했다. 술에 취해 몽유병 환자처럼 여기저기 돌아다니는 일도 잦아졌다. 아무리 지우려고 해도 지워지지 않는 나쁜 기억에 시달렸던 것이다. 영화의 마지막 시퀀스에서 그녀는 맨발로 창문 옆에 앉아 담배를 피우면서 두 손으로 연신 머리를 쥐어뜯는다. 그녀의 손은 흰 봉투를 움켜쥐고 있고, 봉투 안에는 그 사진이 들어 있다. 그녀는 사진 속의 자기가 웃고 있는지 확인하기로 마음먹는다. 그녀는 마침내 봉투를 열고 사진을 꺼낸다. 얼핏 한 번 보고는 외면한다. 그러고는 다시 본다. 이번에는 자세히 바라본다. 그녀의 눈이 눈물로 축축하게 젖는다. 그리고 그녀가 말한다.

"내가 과연 이 사진을 잊을 수 있을까?"

군대에서 '아니오'라고 말하면 반드시 대가를 치러야 한다고 아브네르의 어머니는 아들에게 경고했었다. 그런데 '예'라고 말을 해도 대가를 치러야 했다. 아브네르는 그 대가를, 실제로 명령을 거부하기 전에는 도저히 알 수 없었던 여러 가지 방식으로 치렀다. 이스라엘 방위군에서 그는 거칠어지는 법, 자기 목소리를 낮추는 법, 그리고 소년 시절 불안정함을 달래던 부드러운 성정을 억누르는 법 등을 배웠었다. 그리고 자신이 얼마나 용감하고 남자다운지 증명했었다. 그리고 그 과정에서, 자신의 한 부분을 완전히 지웠다. 그렇게 지워야 했던 부분은 군대에서는 약점일 뿐이라고 생각했다. 그러나 하기트가 보기에는 그렇지 않았다. 아브네르를 가장 잘 표현할 수 있는 단어 한 가지를 말해달라고 했을 때 그녀는 두 손을 비비면서 잠시 생각하더니 '부드러움'이라고 말했다. 물론 그녀가 말한 이 '부드러움'은 약함이라는 뜻이 아니라 '강함'이라는 뜻이었다. 무찔러야 하는 적으로만 생각했던 사람들에게 공감하도록 해준 부드러움, 그리고 나중에는 전직 군인이었던 사람이 자신이 가진 상처와 의심에 지나치게 집착하는 과정에서 자기 정신을 부숴버릴 수도 있었던 스트레스를 다스릴 수 있도록 해준 부드러움이라는 말이었다.

고환암에 대해 어색한 대화를 주고받은 지 약 2년 뒤, 아브네르와 나는 그와 관련된 또 한 차례의 대화를 가졌다. 그동안 그는 고환암을 앓는 환자에 대한 책을 썼고, 나를 만나자 가명으로 출판한 그 책을 한 권 건넸다. 그는 그 책의 저자가 자기임을 밝혀도 상관없다고 했다. 우리는 뉴욕시티에 있는 이스트 빌리지에 서 있었다. 하기트가 박사과정을 마치고 시애틀에서 박사후과정의 펠로우로 일을 하고 있어서, 거기로 가던 도중에 들렀다고 했다. 후텁지근한 여름날, 휴스턴 스트리트에서 만난 우리는 톰킨스 스퀘어 파크를 향해 걸었다. 우리 외에도 한 명이 더 있었다. 하기트와 아브네르 사이에 태어난 로템이라는 남자아이였다. 아브네르가 두 번째 수술을 받기 직전에 가진 아이라고 했다. 아브네르는 아버지가 될 수 없을지도 모른다는 생각에 무척 마음을 끓였지만, 이제 그런 걱정은 할 필요가 없어졌다고 했다. 로템은 공원 분수에서 장난을 치며 놀았고, 아브네르는 그 모습을 물끄러미 바라보았다. 그는 낡은 티셔츠와 회색 바지 차림이었고, 하루 전에 깎은 듯한 수염이 까칠하게 나 있었다. 높은 습도와 온도, 그리고 시차에도 불구하고 그는 편안해 보였다. 가족과 함께 있어서, 그리고 그에게 남은 힘을 언제나 한계까지 빨아들이는 이스라엘이라는 소용돌이 속에서 빠져나와 있어서 행복한 것 같았다. 느릅나무 그림자가 드리운 벤치에 앉으면서 그가 말했다.

"근데 말입니다. 지금까지 나흘째 신문을 보지 않았거든요? 정말 좋네요."

나는 그를 바라보며 그가 시애틀을 좋아하게 될지도 모른다고, 어쩌면 아예 시애틀에 눌러앉을지도 모르겠다고 생각했다. 이스라엘을 떠나자마자 신기하게도 자유로움을 느끼는 이스라엘인에게 흔히 있는 일이었다. 하지만 내 예상은 빗나갔다. 그로부터 몇 주 뒤 나는 이메일 하나를 받았다. 그가 건네준 책을 읽고도 눈치챘지만, 그는 외면은 무겁고 진지하나 내면에는 유머와 풍자가 감춰져 있는 사람이었다. 그것들이 그의 편지에도 유감없이 드러나 있었다.

"아직 이르지만, 미국에서 제가 느낀 몇 가지를 소개할까 합니다. 미국에서는 모든 것이 다 큽니다. 슈퍼마켓이 이스라엘의 보통 마을보다 더 큽니다. 냉장고도 웬만한 것들은 팔레스타인인의 작은 집 하나를 통째로 넣을 수 있을 정도로 크더군요. 시애틀에 있는 아웃렛들의 주차장 부지 절반만 우리에게 줘도 이스라엘과 팔레스타인 사이의 갈등을 해결할 수 있을 것 같던데요."

그는 모든 것이 특대 포장으로, 그리고 놀랍도록 싼 가격에 판매되는 창고형 대형마트를 보고 깜짝 놀란 모양이었다.

"여기 사람들은 일단 구입한 것들이 썩기 전에 어떻게든 먹고 마셔야만 하겠습니다."

그리고 또, 미국식 후무스(병아리콩을 으깬 것에 오일, 마늘을 섞은 중동 지방 음식―옮긴이)에 도전해봤는데, 그걸 먹고 나니 진짜 중동식 후무스를 먹고 싶은 마음이 간절하더라는 말도 했다.

"이스라엘이 그립군요. 가끔 신물이 나기도 하지만 말입니다. 나는 거기 사람이지 여기 사람이 아니니까요."

그가 밝힌 이런 소속감은 그의 이야기 속에 있는 또 다른 소재인 조국애로도 확인할 수 있다. 그의 조국애의 성격이 비록 극적으로 바뀌긴 했지만, 그렇다고 결코 사라져버리지는 않았다. 그의 조국애는 그가 애국심으로 충만한 용감한 군인이 될 수 있도록 자양분을 공급했던 키부츠에서의 성장 과정과 떼어놓을 수 없으며, 이 과정에서 뿌리를 깊이 내린 사회적 책임이라는 윤리와 나란히 존재한다. 본인도 이런 아이러니를 잘 알고 있었다. 그가 한번은 이런 말을 했다.

"사람은 누구나 자기가 속한 사회에 봉사해야 합니다. 나는 그것을 내 의무라고 생각합니다. 그런데 어떤 면에서 보자면 그것은 내가 열여덟 살 때 느꼈던 것과 크게 다르지 않습니다. 어떤 의미로는, 군대의 명령을 거부한 다음 '평화를 위한 전투원들' 활동을 열심히 하게 된 이유도, 사실은 내가 이스라엘 방위군에 입대했던 이유와 똑같은 겁니다. 내가 속한 사회에 대한 의무감 때문입니다. 아니, 헌신이라는 단어가 더 낫겠네요."

그리고 이렇게 덧붙였다.

"나는 지금 예전과는 다른 방식으로 사회에 봉사합니다. 그리고 이 방식을 통해, 우리가 보다 나은 방향으로 나아가리라고 확신합니다."

chapter four
저항의 가치

내부자의 용기

2003년 10월, 본인을 '내부자'라고만 밝힌 익명의 발신인이 보낸 편지 한 통이 미국 증권거래위원회SEC의 '소비자 교육 및 후원실' 앞으로 날아들었다. 이 편지는 다음과 같이 시작되었다.
"엔론Enron이나 월드컴과 같은 회사들의 기업 부정 사례가 세상에 공개된 만큼 이제는 미국 기업의 잘못된 행태를 고발하는 것이 미국인의 당연한 의무라고 생각합니다."

이 편지를 쓴 사람은 어떤 금융사가 금융 사기 사건을 벌일지도 모른다고 경고하고 있었다. 그 금융사는 거의 20년 가까운 기간 동안 '우리 상품은 투자 속성상 변동성이 매우 높음에도 불구하고 단

한 차례도 마이너스 수익률을 기록한 적이 없으며 꾸준하게 높은 수익률을 기록해왔다'는 내용을 고급 종이에 아름답게 인쇄해 고객들에게 보고해온 회사였다.

편지에는 그 회사의 2000년과 2001년 연차보고서에서 발췌한 재무제표들이 첨부되어 있었는데, 재무제표로만 보자면 그 회사가 거둔 높은 수익률은 무척이나 의심스러웠다.

"보고서들을 보면 시의성을 놓친 투자 결정, 리스크가 극단적으로 높은 투자 포트폴리오, 과다계상 비용 그리고 투자 포트폴리오 미공개 등이 이루어졌음을 알 수 있습니다. …… 이 금융사의 영업 활동은, 마이애미와 휴스턴을 비롯한 여러 도시에 지점을 둔 미국의 증권사라는 이름과, 일견 투명하게 보이는 운영으로 가려져 그동안 전모가 온전하게 드러나지 않았습니다."

이 편지는 미국 증권업협회NASD, 미국 상원 그리고 〈월스트리트저널〉과 〈워싱턴포스트〉를 비롯한 여러 신문사로도 발송되었는데, 그는 자신이 그 회사의 내부 사정을 잘 아는 사람이라고 주장했다.

"이 편지는 이제 더는 침묵할 수 없다고 생각하면서도 직업 및 가족의 안전을 위협받을지 몰라서 두려워하는 내부자가 쓴 것입니다."

편지의 서명도 '내부자'로 되어 있었다.

의심의 시작

3년 전 휴스턴에서 레일라 위들러는 하이힐을 신고 옷깃에 작은 황금색 핀을 달고는 출근길에 나섰다.[1] 황금색 핀에는 독수리와 방패가 그려져 있었는데, 이 문양은 휴스턴에 본사가 있는 증권사 '스탠퍼드 파이낸셜 그룹 컴퍼니'의 상징이었다. 그녀는 얼마 전 이 회사에 금융 컨설턴트로 취직했다. 회사는 웨스트하이머로드 5050번지에 벽돌과 화강암으로 지어진 4층짜리 건물이었고, 길 건너편에는 휴스턴을 대표하는 또 하나의 랜드마크인 '갤러리아 몰'이 있었다. 그녀는 취직하면서 15만 달러의 선지급 보너스와 함께 널찍한 사무실을 제공받았다.

때는 2000년 가을이었다. 마흔한 살의 증권중개인 레일라는 자신의 옷깃에 달린 황금색 핀에 자부심을 가졌다. 거기에는 충분히 그럴 만한 이유가 있었다. 얼마 전까지 그녀는 남편과 이혼하고 두 아이를 혼자 키우며 살았다. 직업도 없었고 통장 잔액도 거의 바닥이 났다. 하지만 이제 사정이 달라졌다. 그녀는 다른 사람이 맡긴 돈을 효율적으로 투자, 관리하는 능력 덕분에 상당한 금액을 보수로 받았다. 예전에 일했던 증권사에서도 후한 보수를 받았지만, 이 회사에 비하면 초라할 정도였다.

"전혀 다른 세상으로 걸어 들어가는 것 같았다."[2]

〈휴스턴비즈니스저널〉의 한 기자가 웨스트하이머로드에 있는 스탠퍼드 파이낸셜 본사를 방문한 뒤에 쓴 글의 일부이다. 기자는 건물의 대리석 복도, 나선형 계단 그리고 휴스턴 최고의 요리사가 운영하는 식당을 보고 깜짝 놀랐다고 썼다.

그러나 레일라는 그 건물의 호화로움에도 불구하고 자기가 하는 일에 관해서는 전혀 주눅 들지 않았다. 그녀는 차분하고 품위 있으며, 또 못 말릴 정도로 열심히 일하는 부류에 속했다. 그녀는 두툼한 고객 명부를 들고 스탠퍼드로 왔다. 그동안 그녀가 보여준 노력과 성과 때문에 그녀의 고객들은 거의 전적으로 그녀를 신뢰했다. 새로 옮긴 직장에서의 업무는 예상보다 훨씬 힘들었다. 비록 레일라가 어떻게 손을 쓸 수가 없는 요인들 때문이긴 했지만. 2000년 봄에 발생한 닷컴 거품 붕괴로 1990년대의 활황 시장이 서리를 맞은 직후에 그녀는 스탠퍼드에서 일을 시작했다. 인터넷 주식 열풍이 가라앉고 나스닥 지수가 폭락하자 금융업계 전반에 불황의 그림자가 드리워졌고, 수익을 내기 위한 영업은 점점 어려워졌다.

대부분의 회사들이 그랬다. 그런데 스탠퍼드의 금융상품 가운데 이런 분위기에 전혀 영향을 받지 않는 상품이 하나 있었다. 카리브 해 동북쪽에 있는 영연방 입헌군주국 앤티가 바부다의 앤티가 섬에 주소지를 둔 해외 계열사인 '스탠퍼드 인터내셔널 뱅크'의 양도성 예금증서CD였다. 이 상품은 7퍼센트에서 10퍼센트의 고정금리를 제공했다. 고객들은 '이 상품은 수익률이 높을 뿐만 아니라 안전하다'

라는 말을 들었다(혹은, 적어도 그런 말을 들은 것으로 간주되었다). 회사는 레일라가 소속된 금융 컨설턴트 팀 내의 경쟁을 유도할 목적으로 전 직원들에게 그들이 각자 판매한 양도성예금증서의 금액을 실명으로 공개하는 이메일을 부지런히 돌렸다. 이 실적 공개에서 높은 순위에 든 직원들에게는 예외 없이 칭찬과 보너스가 쏟아졌다.[3]

그런데 레일라는 이런 칭찬을 받는 직원 축에 들지 못했다. 팀장이자 그녀를 고용했던 제임스 레인은 그 사실에 크게 충격을 받지는 않았다. 레일라는 레인의 제안을 받고 스탠퍼드에 입사하기 전에, 자신이 맡고 있는 고객의 투자금을 잘 알지도 못하며 게다가 미국 연방예금보험공사 FDIC가 지급을 보증해주지도 않는 해외 은행에 맡기기보다는 베어스턴스라는 국내 우량 금융사에 맡기겠다고 미리 말했었기 때문이다(베어스턴스는 스탠퍼드의 금융 결제를 보증하는 기관이었다). 한때 메릴린치에서도 일한 노련한 전문가 레인은 이 문제를 놓고 레일라와 입씨름을 벌이지는 않았다. 그런데 레일라가 입사한 지 여섯 달 만에 레인이 갑자기 회사를 떠났고, 그가 떠난 뒤 양도성예금증서 매출을 늘리라는 경영진의 지시가 한층 강화되면서 레일라와 다른 직원들은 강한 압박을 받게 되었다.

회사의 압박에 시달리는 레일라는 그 상품의 안전성과 관련된 걱정은 접어두고 그저 회사의 지시를 따를 수도 있었다. 하지만 그녀는 그렇게 하지 않았다. 오히려 스탠퍼드 인터내셔널 뱅크의 포트폴리오가 어떻게 관리되는지 알고 싶다면서 보다 많은 정보를 달라고 거꾸로 회사에 압박을 가했다. 그러자, 그 은행은 헤지펀드처럼 운영된다는 대답이 돌아왔다. 만일 그것이 사실이라면, 그 양도성예금증서를 안전한 상품이라고 선전할 수는 없었다. 헤지펀드는 위험을 피하는 것이 아니라 오히려 고수익을 위해 고위험을 좇기 때문이다. 이상한 점은 또 있었다. 어떻게 일정하게 높은 수익률을 보장한다고 자신 있게 말하는 것일까? 레일라는 그 은행 자산 포트폴리오의 평가액을 보여달라고 요구했다. 그런데 그 정보는 자산적 가치가 있는 정보라서 공개할 수 없다는 답변이 돌아왔다. 레일라가 확인한 바로는 그 은행의 지급을 영국의 로이드 은행이 보증하고 있었다. 레일라는 스탠퍼드 인터내셔널 뱅크를 좀 더 조사했고, 로이드 은행이 지급 보증을 하는 대상은 스탠퍼드의 이사 및 간부에게만 한정되어 있음을 알게 되었다. 고객 예탁금은 지급 보증 대상이 아니었던 것이다.

레일라가 이런 조사를 한다는 사실이 경영진의 귀에 들어갔고, 곧바로 경영진의 첫 번째 조치가 행해졌다. 그녀는 널찍한 사무실에서 쫓겨나 좁은 곳으로 자리를 옮겨야 했다. 그리고 얼마 뒤 새로 부임한 팀장에게 불려가 양도성예금증서 매출액을 높이라는 경고를 받았다. 입사한 지 2년이 되던 2002년 11월 1일, 그녀는 다시 경영진의 호출을 받았다. 그리고 회사에서 나가라는 말을 들었다. 설명할 시간도 주어지지 않았다. 일방적인 통고였다.

여기까지 이야기가 진행되는 걸 읽으면서 독자는 레일라 위들러가 해고의 길을 걷게 만든 그녀의 행동들(즉, 가장 기초적인 사항에 대해서 질문을 한 것, 도무지 신뢰할 수 없는 어떤 금융상품을 고객에게 판매하지 않은 것)은 평범하고 흔해빠진 일이라고 생각할 수도 있다. 게슈타포의 추적을 피해 필사적으로 탈출을 시도하는 유대인 난민의 입국 서류를 조작하는 것도 아니었고, 한순간에 사람의 목숨이 날아갈 수도 있는 살벌한 포로수용소에서 감시병의 눈을 속이는 것도 아니었다. 레일라는 극단적으로 위험한 상황에 놓여 있지도 않았고, 유혈이 낭자한 장소에 있지도 않았다. 원칙이나 신념이 혹독한 시련을 겪는 때는 흔히 총탄이 비 오듯 쏟아지거나 사람의 목숨이 위태로운 상황, 즉 '아니오'라고 말하는 것이 말할 수 없이 어렵고, 또 절대적으로 필요한 경우라고 생각되기 때문이다.

하지만 우리는 또 다른 종류의 저항이 있다는 것을 알아야 한다. 이 저항은 총탄이 비 오듯 쏟아지거나 사람의 목숨이 위태로운 상황에 비교해도 결코 더 쉽거나 또 덜 중요하지 않다. 이런 저항은 자신 외의 모든 사람이 하고 있는 어떤 일이 무서운 결과를 낳을 수도 있음을 상상할 때 나타날 수 있다. 그리고 "넘지 말아야 할 선을 넘다니 너 미쳤구나."라고 사람들이 말을 할 때, 본인 스스로 이런 사실을 놓고 고민할 때도 나타날 수 있다.

레일라 위들러는 자신이 정신이 나갔다는 이유로 스탠퍼드에서 해고되었다고는 생각하지 않았다. 하지만 그럼에도 불구하고 그녀의 마음 한구석에는 실제로 아무 문제 없는 일에 내가 괜한 의심을 품은 게 아닌가 하는 생각도 들었다. 금융 감독 기관에서도 아무런 의심의 눈초리를 보내지 않았다. 꺼림칙하게 여기며 고객에게 권하지 않는 그 양도성예금증서에 대해 걱정하는 사람은 회사의 직원들 중 자신 외에 아무도 없는 것 같았다. 해외 자회사가 몇 가지 점에서 의심을 받은 적은 있지만, 본사가 그 회사를 통해 돈세탁을 하는 게 아닐까 하는 의심이었지 양도성예금증서와 관련된 문제는 아니었다.

스탠퍼드는 위험 및 사기에 노출되는 수준을 줄일 목적으로 사설 보안업체인 '크롤 어소시에이츠'에서 '성실한 서비스'[4]를 이용하고 있었다. 레일라가 해고되고 몇 년 뒤, 크롤은 메릴랜드에 본부를 둔 어떤 재단에 스탠퍼드의 상황을 긍정적으로 평가하는 보고서를 냈다. 스탠퍼드는 증권거래에서 공정한 관행을 유지하고 투자자들을 사기꾼들로부터 보호하기 위해 규칙과 규제를 강제하는 미국 증권업협회 NASD 의 회원사이기도 했다.

레일라도 이 사실을 알고 있었다. 그러나 그녀는 겉으로 보여지는 것 대신 자신의 직관적인 통찰을 믿었다. 친구인 윌리엄도 그녀에게 힘을 주었다. 윌리엄은 여러 해 전에 소규모 증권 중개회사를 세우고 레일라를 고용한 적이 있는 사람으로, 주의 깊은 태도와 부드러운 말투의 소유자였다. 레일라가 윌리엄의 회사를 그만둔 후에도 두 사람은 계속 연락을 하고 지냈는데, 레일라가 스탠퍼드에 입사한 뒤로는 예전보다 더 자주 만났다. 장소는 주로 윌리엄이 일하던 휴스턴 지역의 한 건물 14층이었다. 만날 때마다 레일라는 스탠퍼드의 재무제표 자료와 스탠퍼드 건물만큼이나 화려하게 번쩍거리는 브로슈어를 들고 나왔다. 그런데 윌리엄은 이것들을 바라보면서 데자뷰를 느꼈다. 윌리엄은 멕시코시티에 살다가 1980년대에 처음 휴스턴에 발을 들여놓았다. 수출입 업무를 하던 시절이었다. 그는 회사 일로 은행 계좌 하나를 개설하려고 휴스턴 도심에 있는 어떤 건물로 향했다. 엘리베이터를 타고 꼭대기층으로 가자 로버트 앨런 스탠퍼드라는 텍사스 사람이 윌리엄을 맞았다. 키가 크고 수염을 기른 남자였다. 악수를 나눈 뒤에 그는 윌리엄에게 번쩍거리는 브로슈어를 내밀었다. 그 안에는 은행 직원들의 단체 사진이 한 장 있었다. 거대한 고층건물을 배경으로 다들 활짝 미소를 짓고 있는 사진이었다. 그런데 묘하게도, 사진은 전체 직원이라고 해야 여섯 명밖에 되지 않고 초라한 사무실도 두 개밖에 쓰지 않는 그 은행이 그 고층건물 전체를 소유하고 있다는 느낌을 주었다. 푸른 눈동자의 텍사스 사람은 여러 가지 사업들을 설명했고, 윌리엄은 그가 하는 말에 귀를 기울였다. 그런데 그가 설명하는 사업들 중 은행업과 크게 관련이 있는 것은 아무것도 없었다. 아무튼, 윌리엄은 그 은행에서 계좌를 개설하지 않고 그냥 나왔다.

레일라가 펼쳐 보이는 보고서들은 오래전에 푸른 눈동자의 키가 큰 텍사스 사람이 보여주었던 브로슈어만큼이나 인상적이고 또 특이했다. 보고서 하나는 유로화가 공식적으로 도입되었던 1999년에 스탠퍼드가 유로화에 무척 많이 투자했음을 보여주었다. 다음해에 스탠퍼드는 유로화에서 투자 자금을 빼서 달러화로 갈아타면서 점점 커지는 손실을 만회하려 했다. 이미 유로화의 가치가 대폭 떨어진 뒤였다. 2000년 말에는 주식시장이 폭락하기 직전인 상황임에도 자산의 절반 이상을 증권으로 가지고 있었다. 그리고 그 다음해에도 계속 자산을 까먹었지만 서류상으로는 손해가 전혀 반영되어 있지 않았다. 오히려 해마다 회사의 자산은 계속 불어갔고 매출도 늘어났다. 시장에서의 실제 상황과는 무관하게.

그런 특이한 내용이 2003년 증권거래위원회로 발송된 익명의 편지 안의 몇몇 재무제표에도 상세하게 나와 있었다. 그 재무제표 사본들을 '내부자'라고 서명을 한 편지와 함께 휴스턴에 있는 여러 곳의 우편함에 집어넣은 사람이 다름 아닌 레일라였다. 그녀는 혹시라도 편지 봉투와 안에 넣은 내용물에 지문이 묻을까봐 고무장갑을 끼고 편지를 보냈다. 그 보고서들에 부도덕한 행위에 대한 증거는 아무것도 없었다. 보고서들만으로는 스탠퍼드 인터내셔널 뱅크가 고객 예탁금을 실제로 어떻게 투자했는지 상세한 내용을 알 길이 없었다. 문제의 금융상품을 직접 판매하는 직원들조차 예탁금의 상세한 투자 내용을 알지 못했다. 이 사실을 레일라도 모를 리 없었다. 그러나 레일라는 은행이 불법을 저지르고 있다는 심증을 가졌기 때문에 은행을 철저하게 조사할 필요를 느꼈다. 그녀가 쓴 편지는 스탠퍼드 인터내셔널 뱅크의 위험성을 강력하게 경고했다.

> 스탠퍼드 파이낸셜은 오랜 기간에 걸쳐 '대규모 금융 다단계 사기' 행각을 벌여왔습니다. 이 범죄 행위는 수많은 생명보험사들을 파산으로 이끌고, 관련 기업들의 명성에 손상을 가할 것이며, 은행 및 금융 당국을 웃음거리로 만들고 나아가 미국을 부끄럽게 만들 것입니다.

2009년 8월, 레일라 위들러는 스탠퍼드의 지점이 있는 루이지애나 배턴루지에서 열린 미국 상원 은행위원회 청문회에 증인으로 출석했다. 그녀가 투서를 한 지 거의 6년 가까운 시간이 흐른 뒤였다. 청문회가 열리고 있을 무렵 휴스턴에 있는 이 은행의 본사 건물에서는 연방 법원 직원들이 분주하게 움직였다. 잠깐 동안이긴 하지만 레일라가 사용했던 웨스트하이머로드 5050번지의 교차로에 있는 건물은, 월스트리트의 투자자문가 버나드 매도프가 저지른 650억 달러 규모의 금융 다단계 사기 사건 다음으로 큰 규모인, 70억 달러 규모의 금융 다단계 사기 사건의 증거를 연방 법원 직원들이 확보하는 동안 철저하게 차단되었다.

매도프 사건 때와 마찬가지로 스탠퍼드는 벌건 대낮에 사람들이 지켜보는 가운데 범죄를 저질렀다. 수많은 투자자와 직원, 감독자 그리고 기자들이 지켜보긴 했지만 의심을 가지고 구체적으로 파헤치지 못한 가운데 범죄는 이루어졌다. 처음에 약간 의구심을 품은 사람도 곧 그 의심을 거두어들였다. 그런데 어째서 레일라는 다른 사람들과 다르게 행동했을까? 그녀를 처음 만난 자리에서 이 의문에 대한 해답을 어렴풋이 찾을 수 있었다. 스탠퍼드 사기 사건이 처음 일반인들에게 알려졌을 때 나는 그녀가 일하던 휴스턴의 한 부동산 회사의 1층 회의실에서 그녀를 만났다. 그녀의 전화번호를 알아낸 나는 그녀에게 직접 만나서 얘기를 나누고 싶다고 했고, 내 요청을 받아들인 그녀는 그곳에서 보자고 했다. 레일라는 자리를 잡고 앉은 뒤에 스프링 노트를 꺼냈고, 곧 심문에 가까운 취재가 시작되었다. 그런데 심문을 받는 사람은 그녀가 아니라 나였다. 당신이 쓰려는 책의 주제는 무엇인가요? 거기에서 다룰 다른 사람들은 누구인가요? 그 사람들은 각각 어떤 일을 했나요? 당신은 왜 이 주제를 다룰 생각을 했나요? 나에 대해서 그렇게나 많은 걸 자세하게 알려고 하는 이유가 무엇인가요?

 하늘색 원피스에 헐렁한 슬랙스 바지를 입은 레일라는 은색 팔찌를 차고 있었고, 밝은색 립스틱을 발랐으며 아이라인 색깔은 짙었다. 적갈색 머리카락은 뒤로 모아서 감색 끈으로 질끈 묶고 있었다. 쉰 번째 생일을 얼마 전에 맞았다고 했지만 나이에 비해 열 살은 젊어 보였고 매력적이었다. 미소는 밝았고 입술은 도톰했으며 아몬드 모양의 검은색 눈에서는 용의주도함이 반짝였다. 미소는 따뜻했고 목소리 역시 그랬다. 그러나 그날 저녁에 그녀는 말은 별로 하지 않은 채 주로 내가 하는 말을 듣기만 했다. 자기 앞에 앉아서 대화를 나누는 상대방에 대해 단서를 추적하며 냄새를 맡는 용의주도한 기자 혹은 형사의 느낌마저 풍겼다. 내가 질문을 쏟아내자 그녀는 노트에 질문을 받아 적었다. 어쩌면, 그냥 그런 척하는지도 몰랐다. 흘낏 바라보았을 때 그녀의 손이 글자를 쓰는 것처럼 정확하게 움직이지는 않았기 때문이다. 그녀가 주의를 집중해서 보고 있던 것은 내 손의 움직임, 내 얼굴 표정, 내 눈 등이었다. 레일라는 마치 노련한 기자처럼 적절한 질문들을 해서 자기가 필요로 하는 정보를 빨아들였으며 내가 어떤 사람인지 파악했다. 내게 허락할 신뢰의 정도를 결정하기 위한 것임은 말할 필요도 없었다. 그녀에 대해 보다 많은 것을 알고자 만났던 나로서는 완전히 주객이 뒤바뀐 상황이었다. 그녀는 꼬치꼬치 캐묻기 좋아하는 성향이었다. 그래서 그녀는 본격적인 대화를 나누기 전에 먼저 나를 탐색했던 것이다.

나중에 알게 된 사실이지만, 꼬치꼬치 캐묻는 레일라의 성격은 자신을 인터뷰하기 위해 휴스턴에 불쑥 나타나는 기자들에 대비하려고 따로 연습한 결과물이 아니었다. 원래부터 가지고 있던 특성이었다. 그녀의 딸인 아드리아나는, 약혼하겠다는 말을 했을 때 레일라가 뭐라고 했는지 들려주었다.

"어머니는 이렇게 말했어요. '그래? 그렇다면 마티니나 마시러 가자'라고요."

축하하려고 술을 마시러 가자는 게 아니라, 결혼과 예비 신랑에 대해서 철저하게 검증할 자리를 가지자는 뜻이었다. 네가 지금 뭘 하려고 하는지 알고 있니? 앞으로 좋은 일만 일어나는 게 아니라 나쁜 일도 일어난다는 걸 알고 있니? 정말로 결혼할 준비가 되어 있다고 생각하니? 그 남자가 진짜 제대로 고른 남자 맞니? 이런 질문들이 꼬리에 꼬리를 물고 이어졌다.

"어머니는 쉽게 확신을 하는 사람이 아니에요."

아드리아나는 예전에도 그와 비슷한 확인 과정을 거친 적이 있다고 말했다.

"어머니는 자기가 던진 모든 질문에 반드시 대답을 들어야만 해요. 질문에 대한 시원한 대답을 얻는 걸 정말 좋아하죠."

고객에게 어떤 금융상품에 투자하라고 조언을 하기 전에 투자 대상 상품이나 기업에 대해서 정확하고 성실하게 조사하는 것은, 증권거래업에서 표준적인 절차였다. 금융 분야에서는 이런 기초 배경 조사를 자산실사資産實査라고 부른다. 물론 그녀가 전쟁 지대에 있거나 극단적인 상황에 처한 것은 아니었다. 잘못된 상황에 놓여 있긴 했지만 악에 저항하거나 고결하게 행동을 하는 데 굳이 영웅적인 용기가 필요하지는 않았다는 말이다. 저항하고자 하던 그녀에게 필요했던 행동은 호기심을 가지고 따지는 것, 신중하게 판단하는 것, 자기에게 주어진 임무를 다하는 것이 전부였다. 비록 일자리를 잃고 혹은 더 많은 것을 더 잃을 수 있다는 위험이 있긴 했지만. 레일라도 나중에 깨달았듯이 스탠퍼드에서 지나치게 많은 질문을 한 대가는 해고로 돌아왔다.

양도성예금증서 판매에 따른 수수료는 매출 1달러당 1센트에서 3센트였다. 이 일을 했던 그녀의 동료들은 실제로 그런 방식으로 돈을 많이 벌었다. 그녀가 최근에 입수한 보고서를 보면 확실히 그랬다. 스탠퍼드 파이낸셜 그룹의 법정관리인이 제출한 보고서에 따르면, 2007년에 회사의 직원 161명이 양도성예금증서 판매만으로 10만 달러 넘게 보너스를 받았다. 그중 29명은 100만 달러 이상을 받았다. 당시 각 지점의 팀들은 최고 매출을 달성하려고 치열하게 경쟁했다. '텍사스 테킬라 트위스터스'라고 불리던 휴스턴 팀은 당시 금융 컨설턴트 한 사람당 1년 양도성예금증서 예탁금 목표액을 200

만 달러로 설정했다. 그리고 목표액에서 100만 달러를 초과해 달성한 사람은 앤티가 섬 여행권을 선물로 받았다. 그 섬에는 스탠퍼드 인터내셔널 뱅크뿐만 아니라, 스탠퍼드가 소유한 비행기 격납고와 신문사, 요트 그리고 포도주 8,000병을 저장고에 마련해둔 '파빌리온'이라는 이름의 호화롭기 그지없는 식당이 있었다.[5]

인종·민족적 갈등이나 내전의 한가운데 있는 사람들이 집단의 견해를 거스르는 '국외자'가 되려면 그 집단 혹은 공동체의 이익보다 더 크고 넓은 어떤 것을 보아야 한다. 스탠퍼드 파이낸셜 그룹의 직원이 이런 '국외자'가 되려면, 오로지 개인적인 이익만을 생각하는 것이 가장 합리적인 인센티브 구조에서 필연적으로 나타나는 냉담한 이기주의를 넘어선 다른 무엇을 보아야 했다. 스탠퍼드에서는 엄청나게 많은 돈이 오갔고, 집단의 행동에 적당히 보조를 맞추기만 하면 그 돈의 일부가 자기 것이 될 수 있었다. '국외자'가 되기에 정말이지 어려운 환경이었다.

한바탕 질펀한 사기의 축제가 끝나고, 로버트 앨런 스탠퍼드가 억만장자가 아니라 우스꽝스러우면서도 거대한 사기 행각의 주인공으로 텔레비전에 얼굴을 비추었을 때, 기자들은 도대체 어떻게 그가 이런 일을 벌일 수 있었는지 놀라워했다. 그러나 과연 그 사건이 당시 시대정신에 비춰봤을 때 정말로 놀라운 것이었을까? 혹은 유별나게 독특한 사건이었을까? 그렇지 않다. 사기성이 농후한 양도성예금증서 판매를 통해 스탠퍼드가 추정 가치 500억 달러의 민간 금융사로 위세를 떨치던 바로 그 시기에, 월스트리트의 금융사들은 잘못된 정보를 가지고 있거나 아무것도 모르는 소비자들에게, 위험을 정교하게 숨긴 난해하기 짝이 없는 온갖 종류의 파생금융상품을 사라고 꼬드김으로써 수십억 달러를 벌어들였다. 이 경우의 속임수는 합법적이었다. 위험하기 짝이 없는 담보부채권에 안전하다는 딱지를 붙여주면서 엄청난 수수료 수입을 챙긴 신용평가사들의 도움을 받았기 때문이다. 월스트리트의 수익은 스탠퍼드와는 또 다른 종류의 사기 행각을 바탕으로 형성된 부동산 거품 속에서 이루어졌다. 중하층의 미국인에게 제공된 주택담보대출은 언뜻 보기에 최고의 금융상품이었다. 사람들은 낮은 금리로 돈을 빌려서 집을 장만할 수 있겠다고 생각했다. 하지만 이 상품의 금리는 처음 한두 해만 낮았다. 말하자면 낮은 금리는 미끼였다. 금리는 계속 높아졌고, 가여운 중하층 미국인들은 높은 금리 아래에서 집을 압류당하는 아픔을 당해야만 했다.

도저히 있어서는 안 되는 불량한 상품이라는 걸 많은 사람들이 알고 있었지만, 고객들은 줄지어 이 상품을 사고자 했다. '내가 알 게 뭐야?'라는 심리가 업계에 팽배했다. 2008년 금융위기 이전, 주식시장이 아무런 규제를 받지 않고 거품 속의 활황을 누리는 동안 월스트리트에 몸담고 있던 거의 대부분의 사람들이 그렇게 생각했다. 이런 이기적인 생각이 스탠퍼드에도 팽배했던 것은 놀라울 일이 아니다. 앞에서도 살펴봤듯이 인간은 자기가 한 행동이 일으킬 위해를 가까이서 목격할 때는 불의에 저항하고자 하는 도덕적 충동이 내면에서 일어난다. 그러나 금융 부문에서 일상적이 되어버린 무분별한 행위의 재앙 같은 결과는 자기와는 상관없는 그저 남의 일일 뿐이었다. 금융계에 종사하는 대부분의 사람들에게 이 재앙 혹은 재앙의 가능성은 전혀 고민거리가 되지 않았다. 게다가 수십 만 달러 혹은 수백 만 달러의 보너스가 왔다 갔다 하는 판이었으니…….

이런 집단적인 연대에서 작동하는 한 가지 요소가 있었다. 바로 옆자리에서 일하는 동료가 부채담보부증권CDO(회사채나 금융회사의 대출채권 등을 한데 묶어 유동화시킨 신용파생상품—옮긴이)을 열심히 팔고 있는데, '굳이 나만 그렇게 하지 말아야 할 이유가 있을까?', '굳이 흥을 깨는 말썽꾼이 되어야 할 이유가 있을까?'라는 생각이었다.

레일라는 스탠퍼드에서의 경험을 말했다.

"만일 어떤 직원이 다른 동료들과 달리 그런 파생상품을 팔지 않는다고 쳐요. 그럼 그는 그때부터 미운 오리 새끼가 되었다는 느낌을 받기 시작할걸요."

애쉬의 실험에서 피실험자들은 질문에 대한 명백한 정답이 있음에도 불구하고, 주변 사람들의 의견과 자신의 의견이 다를 때, 내

판단이 잘못되었을지 모른다고 생각해 주변 사람들의 의견을 좇는다. 명백한 정답 대신 터무니없는 오답을 선택하는 것이다. 이런 일은 금융권에서도 일어났다. 레일라가 해고된 지 5년 뒤인 2007년 12월, 스탠퍼드의 중개인이던 찰스 롤과 마크 티드웰이 회사에 사직서를 냈다. 이 두 사람도 레일라처럼 회사를 의심했다. 회사의 운영책임자가 갑자기 양도성예금증서 판매와 관련된 서류 가운데 공식적인 문서만 빼고 종이 서류든 컴퓨터 파일이든 모두 파기하라고 지시를 내리자 두 사람의 의심은 더욱 커졌다. 두 사람은 다른 동료들이 관리하던 고객들의 계좌를 면밀히 살펴보았다. 그런데 고객의 모든 계좌는 스탠퍼드의 브로슈어가 자랑스럽게 떠드는 내용과 달랐다. 고객들의 뮤추얼펀드는 예외 없이 모두 막대한 손실을 입고 있었다. 말이 안 되는 상황이었다. 그런데 롤이 이런 사실을 아내에게 말하며 마음에 걸려서 도저히 가만히 있을 수 없다고 스탠퍼드에서 나오겠다고 하자, 전직 교사였던 그의 아내가 맨 먼저 했던 말은 "당신이 정말 자랑스러워요."가 아니었다. 아내는 "당신 미쳤어요?"라고 말했다. 그렇게 연봉이 높은 회사를 왜 스스로 박차고 나오려 하느냐는 타박이었다. 티드웰도 같은 고민을 할 때, 동료들은 한결같이 "어딜 가나 완벽한 데는 없어, 그러니 그냥 눌러 붙어 있어."라고 충고했다. 괜히 사직서를 내고 나가면 바보가 될 뿐이라고 말이다.

많은 연봉을 포기하는 것, 확보한 고객을 잃어버릴 수도 있는 위험을 무릅쓰는 것, 동료들과 소원해지는 것, 가족을 위험하게 만드는 것, 그리고 수십억 달러 규모의 자산을 가진 회사에 싸움을 거는 것, 그 모든 것은 바보짓이었다. 특히 자기가 옳고 상대방이 잘못되었다는 확신을 가지지 않은 상황, 상대방이 어떤 잘못을 저질렀는지 구체적으로 알지도 못하는 상황에서는 더욱 그랬다. 회사 내의 꺼림칙한 조짐들에도 불구하고 롤과 티드웰은 회사가 최악의 부정사건을 저질렀을 거라고는 의심하지 않았다. 다음은 롤이 나에게 했던 말이다.

"그게 금융 다단계 사기 행각인 줄은 전혀 몰랐습니다. 우리가 바보라고 세상에 알리는 말이 될지도 모르겠습니다만, 그럴지도 모른다고 처음 생각한 것도 FBI가 나에게 혹시 금융 다단계 사기가 아니냐고 물었을 때였습니다. 그때가 2008년 8월이었는데, 그 질문에 내가 뭐라고 대답한 줄 압니까? '아뇨, 난 그렇게 생각하지 않습니다'라고 대답했습니다."

레일라도 처음 양도성예금증서에 관해 의심을 품었을 때 그게 사기라고는 전혀 생각하지 못했다. 그녀는 내게 '그저 안전하지 못할 수 있다, 즉 최악의 경우에 예탁금을 돌려받지 못하는 일이 생길지도 모른다고만 생각했다'고 털어놓았다. 레일라가 스탠퍼드에서 해고되고 난 뒤 자기가 품은 우려를 고객 몇 명에게 털어놓았을 때,

고객들은 대부분 스탠퍼드의 해외 자회사에 맡긴 돈을 인출하라는 그녀의 경고를 무시했다. 그들은 레일라가 엉뚱한 의심을 한다고 생각했다. 사실 레일라 본인도 자기 생각을 약간은 의심했다.

"스탠퍼드라는 회사가 그렇게 으리으리하고 번쩍거리는데, 그렇게 많은 자산을 가지고 있으며 전 세계에 직원을 두고 있는데, 한낱 개인에 지나지 않는 나 같은 사람이 알면 얼마나 안다고 의심을 할까 생각한 거죠."

미국적 가치

배턴루지의 상원 은행위원회 청문회에서 레일라가 보여준 모습에 아마 많은 사람들이 영웅의 모습을 떠올렸을 것이다. 이 청문회의 방청석에는 스탠퍼드에 투자했던 피해자 수백 명이 앉아 있었는데, 이들은 레일라의 연설에 기립박수를 보냈다. 피해자들이 레일라에게 고마움을 느끼고 또 이것을 열렬하게 표현한 것은 당연했다. 그러나 스탠퍼드의 사기 사건에 이해관계가 얽히지 않은 방청객들도 이 기립박수 대열에 합류했으리라. 적어도 미국이라는 조건 아래에서는.

레일라가 스탠퍼드에서 해고되었던 2002년에 〈타임〉과 CNN이 공동으로 여론조사를 실시했다. 자신의 일자리를 걸고 범죄 행위일지도 모른다는 사실을 고발하는 내부고발자에 대한 미국인의 의견을 묻기 위한 여론조사였다. 응답자 열 명 가운데 여섯 명 꼴로 그런 내부고발자는 영웅이라고 대답했다. 그리고 전체 응답자의 4분의 3에 가까운 사람들이 만일 자기가 몸담고 있는 직장에서 범죄 행위가 일어난다면 이 사실을 세상에 알리겠다고 대답했다.

이 결과는 〈타임〉의 연말 특집판에 게재되었다. 이 연말판의 표지에는 세 명의 내부고발자 사진이 실렸다. 신시아 쿠퍼와 셰론 왓킨스 그리고 콜린 롤리였다. 전화회사 월드컴의 내부감사 담당 이사였던 쿠퍼는 상관의 지시를 거부하고 38억 달러 규모의 회계 부정 비리를 조사해서 회사 이사회에 경고했다. 한편 회계사이자 엔론의 부사장이었던 왓킨스는 케네스 레이 엔론 회장에게 부적절한 회계 처리가 회사의 파산을 불러올 수 있다는 경고를 한 대가로 한직으로 밀려났다. FBI 요원이었던 롤리는 2001년 911 테러 사건에 앞서 이 위험에 대한 경고가 있었지만 본부가 이 경고를 무시해 결국 911 테러를 막지 못했다는 메모를 2002년에 로버트 뮬러 국장에게 제출했다. 〈타임〉 표지에서 팔짱을 낀 채 도전적인 표정으로 앞을 바라보는 이 세 사람은 그해 〈타임〉이 선정한 '올해의 인물'이었다. 〈타임〉의 편집자는 다음과 같이 썼다.

"이 세 사람은 모든 불이익을 감수하고 내부고발을 함으로써 우

리에게 미국적인 용기가 무엇인지 일깨워주었다."⁶

소비자보호 운동가인 랠프 네이더는 '내부고발자는 타고난 것이지 만들어진 것이 아니다'⁷라고 말한 바 있다. 내부고발자는 아예 피가 다르다는 것이다. 그러나 몇몇 학자들은 쿠퍼나 왓킨스 그리고 콜린과 같은 '국외자'들은 그들이 성장한 문화의 결과라고 파악한다. 즉, 널리 공유되는 특정한 규범이 형성하는 충동에 따라 국외자가 나타난다는 것이다. 지난 수십 년 동안의 사례를 놓고 보면, 내부고발자들 중 미국에서 태어난 사람이 다른 나라에서 태어나 성장한 사람에 비해 훨씬 많음을 알 수 있는데, 이런 사실도 그 주장을 뒷받침하는 근거이다. 학자인 로버타 앤 존슨은 '내부고발자'라는 용어가 미국에서 처음 만들어졌으며 이런 내부고발이 다른 나라보다 미국에서 더 일반적인 행동으로 나타난 이유는, 미국이 권위를 의심해야 한다는 믿음, 개인주의에 대한 경배, 자립적 주체성 등이 발달한 나라이기 때문이라고 주장했다. 집단 지향적 사회인 일본은, 회사의 직원은 회사에 무한 충성을 다해야 한다는 믿음을 당연하게 여기며, 따라서 내부고발이라는 말 자체가 최근까지도 존재하지 않았다. 즉 어떤 사람이 태어난 장소가 그 사람이 윤리적 저항을 얼마나 기꺼이 할 수 있는지 결정하는 데 상당한 역할을 할 수 있다. 미국과 대만의 노동자 252명을 비교 연구한 논문도 이런 주장을 뒷받침한다.

"이 연구 결과는 대만이라는 집단주의 문화권 출신의 노동자들은 조직에 이득이 되는 결정이라면 비윤리적이라도 따르는 경향이 상대적으로 높으며 조직이 저지르는 비윤리적인 관행에 공개적으로 문제를 제기할 가능성은 상대적으로 낮음을 보여준다."[8]

이런 점에 비추어보면 스탠퍼드 경영진의 조치에 반발하고 또 증권거래위원회에 투서를 했던 레일라의 행동은 전형적으로 미국적인 셈이다. 즉 노동자 특히 여성 노동자가 남자 상사에게 대드는 행위가 관습적으로 금지된 위계적인 사회였다면 레일라가 그런 행동을 취할 가능성이 매우 적었다는 말이다.

그러나 사실 레일라는 휴스턴에서 태어나고 자란 사람이 아니었다. 그녀는 엘살바도르에서 태어났으며, 마초적이고 가부장적인 사회의 전통적인 가톨릭 가정에서 태어난 다섯 남매의 막내였다. 두 번째 만난 어느 날 아침, 레일라가 커피를 마시면서 나에게 들려준 이야기였다. 집에서 아버지의 권위는 확고했다. 아버지는 엔지니어였고 나중에 엘살바도르의 농림부 장관이 되었으며 어디에서든 정직하고 공손해야 한다는 가르침으로 딸들을 키웠다. 가톨릭 학교에서 중등 교육을 받은 레일라는 보호자 역할을 하는 사람 없이는 외출도 하지 못했다. 이런 성장 배경만을 놓고 보자면 레일라가 자기 주장을 강하게 낼 만한 사람이라고 기대할 근거는 분명히 없었다.

그녀는 고등학교를 졸업하고 영국에 가서 1년 동안 영국해협이 바라보이는 방에서 살면서 영어를 배우고 비로소 처음으로 혼자 여기저기를 마음대로 돌아다녔다. 그때부터 레일라는 구속에서 어느 정도 해방되어 자유로운 공기를 호흡했다. 그녀는 그곳을 무척 좋아했지만, 언니들 가운데 한 명이 선택한 길을 자기도 따르기로 결심하고 미국의 휴스턴으로 갔다. 전혀 예상하지 못했다고는 할 수 없지만 그래도 대담한 선택이었음은 분명하다. 적어도 레일라의 어머니가 보기에는 그랬다. 그녀의 어머니는 휴스턴에서 서쪽으로 수백 킬로미터 떨어져 있으며 멕시코 국경이 멀지 않은 도시인 엘파소에서 태어나고 성장한 미국인이었다. 그녀의 아버지는 멕시코에서 공학 공부를 할 무렵 엘파소에 있는 한 시골 클럽에서 장차 아내가 될 사람을 처음 만나 결혼에 이르렀고, 두 사람은 함께 엘살바도르로 갔다. 레일라는 그곳에서 태어났다. 그리고 어머니가 미국에서 엘살바도르로 갔던 것과 정반대로 레일라는 엘살바도르에서 영국을 거쳐 미국으로 갔다. 젊은 엘살바도르 아가씨에게는 녹록치 않은 곳이었다. 하지만 그녀는 그 낯섦을 오히려 매력으로 느꼈다. 자기는 어린 시절부터 끊임없이 모험을 즐기는 성향이 있었다고 레일라는 말했다. 분명하진 않지만, 안전지대에서 벗어나고 싶은 열망에 사로잡혀 있었던 것 같다고 했다. 그래서 하늘을 찌르는 고층건물들이 즐비하고, 무한한 기회를 줄 것 같던 휴스턴에 결국 사로잡히고 말았다고 했다.

그러나 레일라는 자기 뿌리를 완전히 포기하지는 않았다. 그녀는 휴스턴에 온 직후, 잠깐 동안 엘살바도르로 돌아가서 고등학교 때부터 사귀었던 남자와 결혼을 했다. 그때 그녀는 열아홉 살이었고, 나중에 자기 딸에게 지겹도록 묻는 일련의 질문들을 자신에게는 묻지 않았다. 신혼부부는 휴스턴에 정착했고, 얼마 뒤 첫째 딸 아드리아나를 낳았다. 그리고 다시 얼마 뒤에는 아들 아르만도를 낳았다. 결혼도 했고 아이들도 낳았으니 그녀가 원했던 것은 모두 얻은 셈이었다. 그런데 한 가지 문제가 있었다. 그녀와 남편의 성격이 정반대라는 점이었다. 시간이 지날수록 결혼 생활을 계속 유지할 수 없다는 사실은 분명해졌다. 정숙한 여자는 이혼하지 않는다는 관념이 지배하던 문화권에서 성장한 레일라는 어떻게 해야 할지 몰랐다. 하지만 결국 그녀는 짐을 쌌고, 두 아이를 데리고 남편을 떠나 작은 아파트로 들어갔다.

그것은 그때까지 레일라가 살면서 경험한 일 중 가장 무서운 일이었다. 그러나 곧 이혼은 수많은 걱정거리들 중 가장 뒷자리에 놓인 것임을 깨달았다. 남편과 갈라서기 몇 달 전, 레일라의 가슴에는 이상한 혹이 만져졌다. 산부인과에 예약을 하고 진찰을 받았지만, 의사는 아무것도 아니니 걱정하지 말라고 했다. 하지만 혹시나 하는 마음에 다른 의사를 찾아갔다. 유방 엑스레이를 찍었고, 사진에는 악성 종양이 찍혀 나왔다. 왼쪽 가슴이었다. 레일라는 암 진단을 받고 병원 문을 나서면서 터져 나오는 울음을 참느라 입술을 깨물었다. 그리고 해가 질 때까지 계속 울기만 했다.

"울고, 또 울고, 또 울었어요. 대략 여섯 시간쯤 울었던 것 같네요. 이제 나는 어떻게 해야 하나, 그런 생각을 하면서요. 이혼을 결심했는데 암까지 걸렸으니⋯⋯ 수술도 받아야 하는데⋯⋯ 아이들은 어떻게 키우지? 어떻게 하면 좋을까? 이런 생각을 하면서 울었지요. 나중에는 눈물도 마르더군요."

결혼 생활 중 레일라는 휴스턴대학교를 다니며 재무학 학위를 땄다. 암에 걸렸다는 사실을 알기 전에 그녀는 은행에 취직 원서를 냈고 또 합격 통보도 받았다. 그런데 유방 절제 수술을 받고 퇴원을 하니 그 자리는 다른 사람에게 돌아가고 없었다. 이혼을 한 데다 실직 상태였고 마음도 우울하던 레일라는 혼자서 장을 보러 갈 힘도 없었다. 그렇게 몇 주를 더 보내고 나니 돈도 다 떨어져서 아이들에게 꼭 필요한 것들조차 사줄 수 없었다. 어떻게든 힘을 내서 일어서야 했다.

"어느새 통장에 딱 101달러만 남아 있더군요. 그런데 아들 녀석은 마리오 형제를 사달라고 얼마나 졸라대던지⋯⋯ 그래서 내가 그랬죠. '그래, 아르만도, 사러 가자!' 우리는 마트로 갔습니다. 그리고 저는 100달러를 주고 닌텐도와 마리오 형제를 아들에게 사줬지요."

거기까지 말하고 레일라는 깔깔 웃었다.

"아르만도가 얼마나 좋아했는지 몰라요."

그런 다음에는 한숨을 쉬었다. 그리고 들고 있던 커피 잔을 내려놓았다. 지금도 그때를 떠올리면 마음이 아프다고 했다. 그녀는 인생에서 겪는 고통이 언제나 따뜻한 보상을 가져다주지는 않는다고 했다. 지나온 힘든 날들을 이야기하는 레일라의 목소리에 자기연민의 느낌은 조금도 없었다. 드디어 이야기를 다 마친 뒤에 레일라는 시선을 들어서 방 전체를 주욱 한번 훑었다. 그러고는 나를 다시 바라보며 물었다.

"무엇이 사람의 성격을 결정하는지 알아요? 내가 가르쳐줄게요. 그건 바로 고통이에요, 고통······."

물론, 현실에서 고통이 언제나 성격을 보다 나은 방향으로 개선하지는 않는다. 자신이 고통을 겪고 나서 다른 사람이 겪는 고통에 무관심해질 수도 있다. 또 고통 때문에 독불장군이 될 수도 있고 원한을 품을 수도 있다. 그러나 레일라의 경우에 고통은 그녀를 강하게 만들었다. 유복하긴 했지만 은둔 생활을 해야 했던 어린 시절 동안 그녀의 내면에는 수동적인 기질이 생겼다. 그런데 고통이 그것을 말끔하게 털어냈다.

"나는 사랑을 듬뿍 받으면서 컸지요, 좋은 교육도 받았고요. 그러나 나에게는 부족한 어떤 것이 있었습니다. 아버지 때문에요. 아버지를 욕하려 하는 건 아니지만, 아버지는 무척 보수적이셨지요. 또 무척 억압적이셨고요. 나는 내 머릿속의 생각을 말하면 안 된다고 느꼈어요. 왜냐하면, 마초 문화에서 여자는 온순하게 복종만 해야 하잖아요. 나에게도 꿈이 있었고, 생각하는 게 있었고, 바라는 게 있었고 또 열정도 있었지만, 그 모든 걸 억눌러야 했지요."

여자가 꿈을 추구하기 좋은 사회에서, 레일라가 보다 더 단호한 사람이 되는 법을 배운 것은 확실히 그녀에게 도움이 되었다. 그녀가 열아홉 살에 했던 결혼은 다른 사람들이 그녀에게 걸었던 기대에 부응하는 마지막 중대 사건이자 미래의 또 다른 경력을 향한 도약대였다. 증권중개인 자격증을 따기 위한 강좌를 듣기 시작한 것도 혼자가 되고 난 뒤의 일이었다. 곧 그녀는 일자리를 얻었고, 그 자리에서 최선을 다했다. 그리고 몇 년 지나지 않아 4,000만 달러의 자산을 운용하며 수십만 달러의 연봉을 받는 위치까지 올라갔다. 이런 위치가 되었기에 스탠퍼드로부터 스카우트 제안도 받을 수 있었다.

그 뒤에 일어난 일에 대해, 미국 문화의 한 가지 측면, 즉 프랑스의 철학자 알렉시 드 토크빌이 미국적인 삶의 특성이라고 했던 '재산에 대한 사랑'[9]을 레일라가 미처 취득하지 못한 게 아닐까 생각해볼 수도 있다. 사실 레일라는 다른 동료들과는 달리 금융 전문가가 되는 일을 순전히 개인적으로 돈을 많이 벌기 위한 수단으로만 바라보지는 않았다. 미국이 아닌 다른 나라들의 금융시장은 부패에 찌들었지만 미국의 금융시장은 그렇지 않다고 그녀는 믿었다. 레일라의 고객들 중 많은 수가 라틴아메리카 출신이었는데, 그녀는 그 고객들을 돕는 게 자기에게 주어진 소명이라고 생각했다. 그런 생각은 착각일 뿐이라고, 특히 규제가 느슨해지고 투기에 대한 제한 규정이 폐기되는 시점에서는 더욱 그렇다고 회의주의적인 사람들이 그녀에게 경고했다. 그럼에도 레일라는 자기가 착각하는 게 아니라고 생각했다. 여러 가지 이유가 있었지만 그중 하나로는, 아메리칸 드림을 꿈꾸며 미국 땅에 발을 들여놓은 다른 많은 외국 출신자들이 그랬듯 레일라 역시 미국식 자본주의를 이상적으로 바라보았다는 점을 꼽을 수 있다. 레일라가 일을 시작했을 때, 그녀는 금융 분야에서만큼은 범죄가 판을 치지 않으리라 생각했다. 오히려 그녀는, 자기 그리고 자기를 전적으로 신뢰하는 고객들이 이런 염려를 할 필요는 전혀 없다고 확신했다.

"금융업계에서 범죄 행위가 있으리라고는 전혀 생각하지 않았죠. 규제와 감독이 철저하게 이루어지니까 어떤 부정도 일어날 수 없다고 믿었거든요. 관련 법규만 하더라도 얼마나 많아요? 책으로도 몇 권씩이나 될 정도잖아요. 고객을 잘 파악할 것, 그리고 나에게 주어진 의무를 잘 이해할 것, 이것만 내 머릿속에 있었어요."

이런 인식은 내부고발자만이 가질 수 있는 특이할 정도로 순진한 발상이라고, 적어도 이 주제에 관한 책을 본격적으로 파고들기 전만 해도 나는 그렇게 생각했다. 마이런 페레츠 글레이저와 페니나 미그달 글레이저가 함께 쓴 《내부고발자들 The Whistleblowers》은 자신이 다니던 직장에서 벌어진 비리를 세상에 알리려 했던 64명의 미국인을 인터뷰한 내용을 담고 있다. 레일라와 마찬가지로 대부분의 내부고발자들은, 자기가 속한 업계의 사람들 가운데 다수가 정직하지 않다고 의심해서가 아니라 반대로 정직하지 않은 사람은 아무도 없다고 순진하게 믿었기 때문에 '내부고발'이라는 행동을 했다. 저자들은 말했다.

"내부고발자들은 자기 직무와 또 자기가 속한 조직에 헌신적인, 보수적인 사람들이다. 이 사람들은 거의 예외 없이, 자기들이 불법적인 관행에 저항함으로써 자기가 속한 조직의 진정한 과제를 지킨다고 믿었으며, 상사들이 불량품을 생산함으로써 회사의 신뢰에 금이 가게 한다거나, 환자를 무시하고 학대함으로써 자기가 속한 병원의 명성에 먹칠을 한다거나, 혹은 안전성 평가보고서를 왜곡하는 걸 눈감음으로써 자기가 속한 기관의 성실성을 망가뜨린다는 사실을 도저히 받아들이지 못했다."[10]

필립 조스, 마크 톰킨스 그리고 스티븐 헤이스가 공동으로 발표한 논문은 전체 내부고발자 중 4분의 3이 '사회적 책임성'이라는 항목에서 높은 점수를 기록한다고 분석했다.[11] '사회적 책임성'이란 직업상의 의무를 다하기 위해 노력하는 것, 팀과 조직의 이익을 위해서 일하는 것 등을 얼마나 중요시하는지 평가하는 항목이다. 논문의 저자들은 이렇게 결론을 내렸다.

"내부고발자들은 부정한 행위를 접한 다음에도, 정치적인 활동에 흔히 동조하는 냉소주의와 환멸의 태도는 거의 보이지 않는다. 이들은 조직이 자기들의 관심과 걱정에 기꺼이 반응하리라고 지나칠 정도로 믿는다."

하지만 스탠퍼드는 레일라의 관심과 걱정을 저버렸다. 결국 레일라는 스탠퍼드에서 쫓겨나야 했고, 또 휴스턴의 기업계를 흔들어놓았던 거대 기업 엔론의 부정이 밝혀지고 나서야 비로소 미국식 자본주의의 어두운 이면을 보았다. 문제의 사건을 일으킨 엔론은 〈포춘〉이 1990년대에 무려 여섯 차례에 걸쳐 미국에서 가장 혁신적인 기업이라고 치켜세웠던 에너지 업계의 거물이었다. 그 기간 동안 엔론의 주가가 가파르게 올라갔음은 말할 것도 없다. 눈이 어지러울 정도로 빠르게 돌아가는 정보화 시대의 축소판이라고 할 수 있는 그 회사가 마땅히 경계해야 할 대상이며, 따라서 될 수 있으면 그 회사에 대한 투자를 자제해야 한다고 말한 금융 전문가는 거의 없었다. 레일라도 그런 회의주의적인 전망을 가진 사람들에 속하지 않았다. 엔론의 주식을 가진 사람들은 꾸준히 수익을 얻었고, 불평을 내보이는 사람은 아무도 없었다. 그러다가 엔론이 거두는 수익의 원천에 대한 의구심과 의문이 제기되자, 그 여파로 엔론의 주가가 폭락하기 시작했다. 2001년 초만 해도 80달러이던 주가는 그해 10월에는 13.81달러까지 떨어졌다. 그리고 한 달 뒤 엔론은 파산을 선언했다. 엔론의 CEO이던 케네스 레이와 사장 제프리 스킬링은 사기와 내부자거래 등의 혐의로 기소되었다. 극적이긴 하지만 흔하디흔해서 특별할 게 없는, 영광에서 구렁텅이로의 추락이었다. 이와 비슷한 스캔들이 월드컴, 타이코, 아델피아 등의 기업에서 잇달아 터졌다.

   그 일련의 사건들은 레일라에게 충격이었다.

   "나는 충격을 받았습니다. 엄청난 충격이었지요. 그런 일이 일어날 수 있다는 걸 도저히 믿을 수가 없었어요. 그런 일들이 멕시코나 다른 나라에서만 일어나는 게 아니라 바로 미국에서도 일어난다는 사실을 깨닫기 시작했을 때, 나는…… 세상에!"

   그녀의 사무실에서 대화가 이루어졌다. 사무실은 깔끔하게 정돈되어 있었고 'U'자형의 커다란 책상이 대부분의 공간을 차지하고 있었다. 책상은 서류 파일들로 가득한 다른 방으로 이어졌다. 레일라는 의자에서 일어나더니 책장에서 회계책 한 권을 빼내어 내게 쑥 내밀었다.

   "내가 싱글맘으로 어린아이 둘을 키우면서 어떻게 증권중개인 자격증을 땄는지 아세요? 그러면서 어떤 대가를 치렀는지 아세요?"

자수성가한 정직한 전문 직업인이라는 자부심을 가지고 있던 레일라는 크나큰 당혹감을 느꼈다고 했다. 그녀의 고객들 가운데 카라카스, 키토, 멕시코시티, 보고타 출신 사람들이 많다는 사실이 그제야 눈에 들어왔다. 스탠퍼드가 이런 도시들에 지점을 개설하고 미국 은행의 평균적인 금리에 2퍼센트 포인트를 더 얹은 수익률로 되돌려주겠다며 광고한 것은 회사의 철저한 전략에 따른 것이지 결코 우연이 아니었다. 광고에서 의심스러운 구석은 아무것도 없었다. 스탠퍼드 인터내셔널 뱅크가 미국 휴스턴에 본사를 두고 있으며 형식적으로는 베어스턴스와 손을 잡고 있는 미국 금융사의 자회사임을, 그리고 이 회사의 상징이 독수리임을 알고 있던 라틴아메리카 사람들에게는 더더욱 그랬다. 레일라는 어째서 이런 장치들이 투자자를 안심시키는지를 이해하기 위해 굳이 상상력을 더 발휘할 필요도 없었다. 엔론 사건이 터졌을 때 그녀는 금융업계를 떠날까 하는 생각도 잠시 했었다고 했다. 아무튼 그 사건 이후 그녀는, 아무리 규제가 철저한 제도라고 해도 의심스러운 일들이 자기 주변에 벌어질 때 이런 사실을 당국에 큰 소리로 알리고 주의를 촉구하는 사람들이 없다면 얼마든지 오염되고 썩을 수 있음을 배웠다고 했다.

그러나 그때까지도 그녀의 머릿속에는, 본질적인 이 미국적인 권리를 앞장서서 수고스럽게 행사한다 해도 아무것도 달라지지 않을지 모른다는 생각은 들어 있지 않았다.

용기의 대가

1970년에 경제학자 앨버트 허쉬먼은 대형 공공기관이나 일반 기업 안에 있는 불만세력을 가리키는 신조어를 하나 만들었다. 바로 '목소리voice'였다. 그는 세상에 큰 영향을 끼쳤던 계몽적인 저서 《출구, 목소리, 그리고 충성심Exit, Voice, and Loyalty》에서 다음과 같이 썼다.

"여기서 내가 말하는 목소리를 정의하자면, 도피하기보다는 바꾸려고 하는 모든 시도라고 할 수 있다. 경영진에게 개인적이든 집단적이든 이의를 제기하는 것, 그리고 경영의 변화를 위해 보다 높은 차원의 책임자 혹은 당국에 청원을 하는 것, 혹은 여론을 동원할 목적을 가진 여러 수단을 포함한 다양한 유형의 행동과 저항을 동원하는 것을 모두 아우른다."[12]

이 책에서 허쉬먼은 실제로 미국인은 다른 나라 사람들에 비해 이런 식으로 자기 목소리를 드러내는 경향이 적은데, 미국인은 부당한 상황에 대처할 때 부담이 적은 방식, 즉 출구를 선택하는 데 익숙하기 때문이라고 주장했다. 드넓은 땅으로 축복을 받은 개척자 사회frontier society에서 뿌리가 없는 개척민들은 자기가 속한 공동체나 직장 혹은 교회에서 일어나는 문제들을 다른 지역, 다른 직장 혹은 다른 종교를 선택해서 옮김으로써 해결하곤 했다. 이렇게 하면 불만을 굳이 말로 표현하지 않아도 되었기 때문이다. 허쉬먼은 이런 맥락에서 썼다.

"토크빌 이후로 많은 관찰자들이 언급했던 미국인의 체제 순응 태도 역시 이런 방식으로 설명할 수 있다. 주어진 환경이 마음에 들지 않는다면 다른 환경을 찾아서 얼마든지 떠날 수 있는데 굳이 목소리를 높여서 다른 사람과 갈등을 만들고 난처한 상황에 놓일 까닭이 어디에 있겠는가 하는 관념이 지배했던 것이다."[13]

이런 지적에는 분명히 어떤 중요한 사실이 담겨 있었다. 하지만 허쉬먼의 책은 수많은 미국인이 권위에 저항해 목소리를 냄으로써 스스로를 곤란한 처지로 몰아넣었던 소란스러운 시기 이후에 나왔다. 적어도 거대한 관료 기관들 안에서 벌어지는 잘못된 행위들을 기꺼이 세상에 폭로하고자 하는 의지와 관련해서는, 그의 발언은 시기가 맞지 않았다. 출구와 목소리를 주제로 한 그의 책이 발간된 바로 그해에 프랭크 서피코 형사가 뉴욕 경찰청의 비리를 〈뉴욕타임스〉에 제보했으며[14] 한 해 뒤에는 미국의 군사 전문가 대니얼 엘스버그가 국방부의 일급기밀 문건인 〈국방부 비밀보고서 Pentagon Papers〉 사본을 언론에 넘겼다. 미국이 베트남전에 개입하게 된 구체적인 정황과 이런 사실을 행정부가 네 차례나 바뀌는 동안 줄곧 숨겨왔던 정황을 담은 문건이었다(엘스버그는 그 문건을 작성한 사람들 가운데 한 사람이었다).

이런 상황에 대해 리처드 닉슨(37대 미국 대통령. 워터게이트 사건으로 불명예스럽게 사임했다—옮긴이)은 불만스럽게 말했다.

"기밀문건을 훔쳐서 신문에 공개하는 사람들을 국가적인 영웅으로 떠받드는 행태를 이 나라에서 없애야 할 때라고 나는 생각한다."[15]

그러나 닉슨과 같은 부정직한 정치인들에게 속았던 미국인들은 엘스버그 같은 사람들을 영웅으로 떠받드는 행동을 멈추지 않았다. 베트남전쟁과 워터게이트 사건으로 촉발된 권위에 대한 불신, 핵 원자로나 화학 공장과 관련된 건강 및 안전에 대한 문제 의식의 확대, 대기업과 정부 기관을 감시하는 역할을 하는 공리적 기관들의 출현, 이 모든 것들이 엘스버그나 서피코 같은 내부고발자들을 진실을 말하는 용기 있는 인물로 부각하는 데 일조했다. 이 영웅들은 저항적인 시대정신의 표상으로 자리 잡으며 문필가와 영화 제작자들의 관심을 사로잡았다. 1973년에 시드니 루멧 감독은 서피코 사건을 다룬 영화 〈형사 서피코 Serpico〉를 만들었고, 알 파치노가 서피코 역을 맡아 연기했다. 메릴 스트립은 방사선 노출의 위험성에 항의해 노조 활동을 하다가 기자를 만나러 가던 길에 의문의 자동차 사고로 사망한 카렌 실크우드의 이야기를 다룬 〈실크우드 Silkwood〉에 주인공으로 출연했다. 담배 회사의 내부고발자 제프리 위갠드의 이야기를 다룬 〈인사이더 Insider〉라는 영화에서는 러셀 크로우가 위갠드를 연기했으며, 캘리포니아 힝클리에서 수질 오염 사건을 일으킨 '퍼시픽 가스 앤 일렉트릭 컴퍼니'의 비리를 폭로한 싱글맘 에린 브로코비치의 이야기를 다룬 〈에린 브로코비치Erin Brockovich〉라는 영화에는 줄리아 로버츠가 주인공을 연기했다.

출구를 찾아 도피하지 않고 자기 목소리를 내며 권위에 저항한다는 주제는 분명 할리우드의 사랑을 얻는 데 효과적이긴 했지만 그것이 과연 미국인의 사랑을 얻는 데도 좋은 방법인지는 분명하지 않았다. 많은 미국인은 까다로운 개인주의자들에게 찬사를 보냈음에도 불구하고 국가 기밀을 지켜야 하는 위치에 있으면서 이 기밀을 언론에 흘린 국가 안보 자문위원을 비겁한 배신자로 바라보았고, 또 동료 경찰의 추잡한 행동을 세상에 알린 경찰을 비열한 변절자로 바라보았다. 많은 사람들이 1960년대의 저항정신이 파괴적이라고 느꼈다. 어떤 비평가들은 프랭크 서피코가 〈뉴욕타임스〉에 자기가 목격한 경찰관의 비리를 폭로함으로써 뉴욕 경찰국 전체의 명성에 먹칠을 하는 공개 청문회의 빌미를 제공했다고 비난했다. 신시아 쿠퍼는 월드컴의 회계를 독단적으로 조사함으로써 비리의 존재 여부를 알지 못했던 동료 직원들 및 주주들, 그리고 주변 사람들을 위험에 노출시켰다. 쿠퍼가 발견한 사실을 세상에 알린 지 한 달도 되지 않아 월드컴은 파산 신청을 했고, 수천 명의 목숨이 위태로워졌다. 이처럼 누군가에게는, 성스럽지 못한 '문제아'들의 행동이 용서할 수 없는 잘못으로 비춰졌다.

로버타 앤 존슨이 지적했듯이 '미국은 다른 어떤 나라보다 많은 내부고발자들이 낭비, 사기 그리고 학대와 관련된 고발을 한다'.[16] 그러나 한편으로 미국인이 충성심을 고결한 덕성으로 여긴다는 것과 또 많은 미국인이 신이나 국가 혹은 법에 대한 복종을 신성불가침으로 여긴다는 점도 엄연한 사실이다.

사회학자 클로드 피셔는 장기간에 걸친 '세계 가치 조사' 및 그 밖의 여러 통계 자료를 바탕으로, 미국인이 실제로 얼마나 집단의 논리를 따르지 않고 법을 부정할 수 있는지 측정하는 작업에 나섰다. 2006년에 국제사회 조사 프로그램은 세계 9개국의 시민들에게 다음과 같은 질문을 했다.

"일반적으로 당신은 사람이 무조건 법에 복종해야 한다고 봅니까, 아니면 설령 법을 어긴다고 하더라도 때로는 자기가 가진 양심에 따라야 한다고 생각합니까?"[17]

이 질문에 미국인의 45퍼센트가 때로는 양심에 따라야 할 필요가 있다고 대답했는데, 이것은 조사대상 국가 가운데 꼴찌 수준으로 스웨덴이나 프랑스보다 낮았다. 그리고 '옳고 그름은 개인의 양심에 따라서 갈리는 문제이다'라는 명제에 대해서 미국인이 동의한 비율도 전체 조사대상 국가 가운데 6위에 그쳤다. 미국인은 유럽인에 비해서 '개인보다 집단을 우선시하는 방향으로 일관되게 대답한다'는 사실을 피셔는 확인했다. 이는 강력한 획일성의 문화가 미국인의 삶을 관통하고 있다는 토크빌의 통찰과 일치하는 것이었다.

피셔에 따르면, '설령 사장이 틀렸다고 하더라도 직원은 사장의 지시를 따라야 한다고 말하는 미국인이 유럽인에 비해서 훨씬 많으며, 교회 지도자의 말을 따르고 법을 지켜야 한다고 말하는 비율이나 집단 속의 개인은 집단과 함께 가야 한다고 말하는 비율도 미국인이 유럽인에 비해서 높다'.

소로의 '시민 불복종의 의무에 대해서'를 고등학생에게 읽히며 자유와 불복종에 대한 전통을 자랑스럽게 여기는 미국 같은 나라에서 어떻게 이런 결과가 나올 수 있을까? 아이러니하게도 미국의 공기가 너무도 자유롭고 또 공개적이라는 바로 그 이유에서 대답을 찾을 수 있다. 많은 미국인은 불만을 표현하는 것을 도를 넘어선 행위라고, 더 나쁘게 말하면 무책임한 행위, 즉 시민이 당연히 고맙게 여겨야 할 관용과 자유를 남용하는 행위라고 바라보는 것이다. 피셔가 인용했던 조사 결과가 말하듯이 '설령 정부가 나쁜 짓을 저지른다 하더라도 국민은 정부를 지지해야 한다'는 데 동의하는 미국 시민의 비율이 그렇지 않은 시민의 비율보다 높다. 그리고 이 비율은 다른 나라들의 경우에 비해서도 높다. 그렇기 때문에 많은 미국인은 대니얼 엘스버그나 브래들리 매닝과 같은 사람들에게 공감을 거의 느끼지 못한다.

매닝은 2010년에 국가 기밀 문건을 위키리크스(정부나 기업 등의 비윤리적 행위와 관련된 비밀 문서를 폭로하는 걸 목적으로 하는 웹사이트—옮긴이)에 제공한 일로 기소된 미 육군 소속 정보분석병이다. 매닝이 유출한 문건들에는 이라크전쟁과 관련된 현장보고서들이 포함되어 있었다. 매닝은 이라크에 파견되어 전쟁의 현장을 경험하면서 미국의 정책에 대해 깊은 혐오감을 느꼈던 걸로 알려졌다. 그는 미국의 외교 정책 담당 공무원들이 '범죄적인 정치적 부정거래'[18]를 저질렀다고 판단했으며, 이를 입증한다고 생각한 다수의 외교 전문도 위키리크스에 넘겼다. 매닝은 이적 행위를 저지른 혐의로 체포되어 군 구치소에 수감되었다. 그리고 거기에서 거의 아홉 달 동안 독방에 갇힌 채 감시를 받았다. 그가 어떤 행위를 했는지 아는 많은 미국인들은 그가 조국에 끼친 영향을 고려하면 적절한 징벌을 받는게 당연하다고 생각할 것이다(검찰 측에서는 사형 구형까지는 하지 않을 것이라고 말했지만, 매닝 자신은 종신형을 선고받을 것이라고 예상했다).

정부 차원에서 내부고발자를 보호하려고 만든 기관인 정부 책임성 확보 프로젝트 GAP의 법무 담당 책임자인 톰 디바인은 나에게 이렇게 말했다.

"내부고발자들은 대부분의 문화권에 깊이 스며들어 있는, 유효하지만 갈등에 휩싸여 있는 여러 가치들이 상징적으로 구체화된 존재입니다. 우리는 모두 다른 사람들과 협력하며 살아야 한다는 가르침을 받고 성장했습니다. 우리는 툭하면 저 혼자 따로 놀고 집단과 다른 목소리를 내는 '삐딱이'나 문제아를 좋아하지 않습니다. 쓸

데없이 말을 많이 하는 사람이나 고자질쟁이, 비열한 변절자도 좋아하지 않고요. 그런 부류의 사람들에게 본능적으로 혐오감을 느끼죠. 그러나 다른 한편으로는, 관료주의에 푹 절어 있는 사람이나 '그 일을 한다고 아무런 이익도 생기지 않으니까 나는 그 일에 관여하지 않겠어'라고 말하는 사람도 존경하지 않습니다."

　　　　　　　　　　🍃🍃🍃

레일라가 스탠퍼드에서 해고되던 날, 아무도 그녀를 '삐딱이'라고 부르지 않았다. 그녀가 사무실에 있던 자기 짐을 챙겨서 건물 밖으로 나갈 때 한 동료는 다가와서 따뜻한 작별의 포옹을 했다. 동료는 이렇게 말했다.

"레일라, 내가 당신을 사랑하는 거 잘 알죠? 걱정하지 말아요, 내가 도와줄게요."

그러나 얼마 뒤에 스탠퍼드는 레일라의 베어스턴스 계좌를 압수했고, 레일라가 관리하던 고객들을 다른 직원들에게 돌렸다. 그리고 미국 증권업협회 NASD에 레일라가 스탠퍼드에 입사할 때 주었던 선지급 보너스 15만 달러 가운데 일부를 돌려받을 수 있도록 해달라고 요청했다. 레일라가 회사와 체결한 계약서에는, 5년이 지나기 전까지는 회사가 보너스의 일부를 돌려받을 수 있다는 문구가 쓰여 있었다.

당시 레일라의 딸 아드리아나는 텍사스대학교 2학년에 재학 중이었고 아들 아르만도는 고등학교 졸업을 앞두고 있었다. 게다가 집을 사면서 대출받은 돈도 갚아야 했다. 소나무들이 그늘을 만들어주는, 도시 근교에 있던 2층짜리 붉은 벽돌집을 구입하면서 빌린 대출금이었다. 갑자기 오랫동안 잊고 있었던, 어떻게 두 아이를 부양하며 살아가나 하는 절망적인 공포가 다시금 밀려왔다. 그녀가 이런 공포에 휩싸여 있을 때, 스탠퍼드에서 쫓겨날 때 포옹을 해주며 도와주겠다던 동료를 포함해 그 누구도 연락을 하거나 도움의 손길을 내민 사람은 없었다. 레일라는 고객이었던 사람들에게 전화를 해서 왜 자기가 스탠퍼드를 떠나야 했으며 또 왜 더는 그들의 투자를 중개해줄 수 없는지 설명을 하던 중에, 스탠퍼드의 동료들이 자기 고객들을 상대로 양도성예금증서를 파느라 자기에게 도움의 손길을 내밀 틈이 없을 정도로 바쁘다는 걸 깨달았다. 레일라는 깊은 배신감을 느꼈다. 하지만 희망의 끈을 놓지는 않았다. 변호사에게 자문을 얻어서 미국 증권업협회에 부당한 해고를 철회하고 복직을 시켜달라고 요청했다. 그리고 비슷한 시기에 언론사와 증권거래위원회에 익명으로 편지를 보내 불법이 의심되는 스탠퍼드의 상품의 위험성을 알렸다.

"그래 좋다, 난 이걸로 한판 싸움을 벌이겠다, 그런 생각을 했죠."

사실만 제대로 밝혀진다면, 제도라는 것이 엄연히 살아서 작동하니 분명 이기리라고 확신했다고 했다.

그리고 얼마 뒤, 레일라는 자동차를 몰고 한 건물로 갔다. 스탠퍼드 본사에서 그다지 멀지 않은, 미국 증권업협회가 입주한 건물이었다. 그녀는 곧장 회의실로 들어갔다. 그리고 미국 증권업협회의 중재위원회 위원 세 명 앞에서 모든 것을 상세하게 설명했다. 양도성예금증서 판매를 무자비하게 강요받은 일이며, 스탠퍼드 인터내셔널 뱅크의 투자 포트폴리오 분석 자료를 요구했지만 거절당한 일이며, 투자자들이 스탠퍼드에 속고 있을지도 모른다는 우려 등을 설명했다. 레일라는 그 자리를 위해 많은 준비를 했었다. 그런데 이상했다. 중재위원들이 질문을 거의 하지 않았다. 그저 그녀가 하는 말을 멍한 얼굴로 바라볼 뿐이었다. 아무래도 그런 모습이 마음에 걸렸지만, 레일라는 준비했던 모든 것을 다 말했기에 홀가분한 마음으로 승리를 예상하며 돌아갔다. 몇 주가 지났다. 그리고 2004년 9월 15일, 미국 증권업협회가 최종 판결을 내렸다. 레일라가 제기한 반대 요구를 기각하며, 스탠퍼드에 보상적 손해배상액 107,782달러를 반환하라는 내용이었다. 하지만 그만한 돈이 레일라에게 있을 리 없었다. 그들은 30일 이내에 명령을 실행하지 않으면 증권거래 중개인 면허가 정지된다고 말했다.

미국적인 용기와 가치를 실현하고자 한 노력의 대가로는 너무도 가혹했다. 스탠퍼드에서 집단의 획일성을 거부하고 개인주의를 주장한 대가로 레일라는 그동안 몸담았던 금융업계에서 완전히 쫓겨나게 되었다. 미국 증권업협회의 결정이 내려진 뒤 그녀는 자기가 '아무것도 아닌 부스러기' 정도밖에 되지 않는다는 느낌에 사로잡혔다. 그녀가 하는 말을 누구도 귀담아 들으려고 하지 않았고, 스탠퍼드는 여전히 위험한 상품으로 고객들을 유혹하며 최고의 실적을 거둔 직원들에게는 카리브 해로 떠나는 포상 휴가를 안겼다.

"내 중재 요청을 미국 증권업협회 사람들은 아마도 이렇게 처리했겠죠."

레일라는 그렇게 말하면서 책상에 놓여 있던 소책자 하나를 집어 들어 휴지통에 던져 넣었다. 그녀는 쓴웃음을 지었다.

"그런 일을 당하니 정말 화가 나더군요. 온몸이 덜덜 떨릴 만큼요."

레일라가 나중에야 안 사실이지만, 미국 증권업협회의 중재위원들은 비록 감독 기관에 몸을 담고 있었지만 감독만 하는 사람들이 아니었다. 감독을 받는 기업에 몸담고 있던 사람이 감독 기관으로, 혹은 서로 반대 방향으로 자리를 옮기는 일은 정기적이고 일상적으로 이루어지고 있었다. 실제로 버니 영이라는 사람은 미국 증권업협회에서 1984년부터 2003년까지 댈러스 지구 책임자로 일했고, 그 뒤에는 스탠퍼드에서 특별감사 책임자로 일하며 회전문 인사의 특권을 누렸다.

다윗과 골리앗의 싸움, 진실을 밝히려는 측과 그 진실을 덮으려는 측의 싸움에서 정의가 끝내 승리했다. 그러나 레일라의 이야기는 할리우드가 원하는 내부고발자 이야기 구성과 딱 들어맞지는 않았다. 영화〈에린 브로코비치〉에서 거대 기업 '퍼시픽 가스 앤 엘렉트릭'은 희생자들에 대한 배상금으로 수억 달러를 내놓아야 할 뿐만 아니라, 희생자들을 대신해서 나선 주인공은 수백만 달러를 챙긴다.

"그녀는 작은 마을을 일으켜 세웠고, 거대 기업을 무릎 꿇게 했다."

영화의 DVD 재킷에 인쇄된 이 문구는 내부고발자를 다룬 이야기가 영화에서 전형적으로 어떤 식으로 진행되는지 보여준다. 하지만 실제와 영화는 조금 다르다. '깨져버린 삶과 조직의 힘'이라는 부제가 붙은 C. 프레드 앨퍼드의 저서 《내부고발자들 Whiltleblowers》도 이 점을 지적한다. 이 책에서 앨퍼드는 이렇게 썼다.

"내가 만나본 내부고발자들 가운데 3분의 2가 넘는 사람들이 일자리를 잃었다. 그리고 거의 대부분이 집을 잃었고, 또 많은 수가 가족을 잃었다."[19]

우울증과 알코올중독은 다반사였다. 개인 파산도 마찬가지였다. 고위직 내부고발자의 경우에는 사정이 다르리라고 생각하는 사람들도 있겠지만, 조사 결과를 보면 그렇지도 않다. 연방 법원에서 자기주장을 할 수 있었던 보다 덜 극단적인 상황의 공무원들도, 내부고발자가 앙갚음을 당하지 않도록 보호하는 법률이 버젓이 존재함에도 불구하고 마찬가지의 상황을 겪었다.

"내부고발자 보호법이 1989년에 제정되었지만, 관련 재판이 용케 연방 법원까지 나아갔다 해도 재판에서 내부고발자가 이긴 판결은 전체 약 1만 건 중 겨우 네 건에 불과했다."

앨퍼드는 자기가 당한 일을 연방 판사에게 말하는 데만 10만 달러를 써야 했던 여성 노동자 한 명의 이야기를 소개했다. 그 노동자는 말했다.

"법정에서 내 이야기를 할 수 있었지만, 그 시간은 겨우 몇 분밖에 되지 않았습니다. 판사는 내가 원고가 될 수 없다고 말했고, 나는 다시 거리로 내몰렸습니다. 수십만 달러의 돈만 허비하고요."

앨퍼드의 책은 2001년에 출간되었다. 다음해에 데이비드 웰치라는 사람이 샤롯데빌에서 열린 회의에 참석했다. 버지니아 은행협회가 후원하는 행사였다. 당시 웰치는 버지니아 주 남서쪽에 자리 잡은 플로이드라는 마을에서 작은 은행의 재무담당책임자CFO로 있었다. 전체 주민이 400명이고 마을을 통틀어 교통신호등이 하나밖에 없을 정도로 작은 마을이었다. 그는 아내의 조부모가 구입한 농장에서 살았고, 독실한 기독교인이었으며 또 못 말리는 직설가였다. 그의 아내가 '남편의 솔직한 의견을 듣고 싶지 않다면 차라리 아무것도 묻지 않는 게 낫다'고 할 정도였다. 그 회의에서 웰치는, 엔론과 월드컴의 스캔들이 사회에 커다란 물의를 일으킨 가운데 더 이상 기업 차원의 사기 사건이 일어나지 않도록 예방하기 위해 만든 사베인-옥슬리법에 대한 설명을 들었다. 웰치는 조지 W. 부시 대통령이 얼마 전에 서명을 한 이 새로운 법 아래에서는 부도덕한 재무제표를 보증하는 행위를 할 경우 500만 달러의 벌금을 물 수 있고 또 최대 20년 징역형을 선고받을 수 있다는 사실을 알았다.

회의에 참석하고 두 주가 지난 뒤 웰치는 자기가 결재해야 하는 재무제표에 서명하기를 거부했다. 몇 가지 잘못된 내용들이 있었기 때문이다. 예를 들면 잡손실로 처리되었다가 되살려낸 대출이 수익으로 계상되었다든가 하는 것들이었다. 결과적으로 그 재무제표는 은행이 실제보다 영업 활동을 잘한 것처럼 보이게 만들었다. 2003년 9월 20일, 웰치는 은행 회의에서 사베인-옥슬리법의 조항을 설명하고 자기에게 주어진 당연한 의무라고 여기는 내용을 말했다. 그는 회의장에 녹음기를 들고 갔는데, 은행의 CEO는 녹음기를 끄라고 했지만 웰치는 계속 녹음을 했다. 그날 오후 동료 한 사람이 웰치의 집에 메모를 남겼다. '회사 내부 문제'를 논의하기 위한 회의에 웰치를 소환하며, 외부 인사의 동반 참석은 허용하지 않는다는 내용이었다. 법률적인 조언을 받을 시간이 없었던 웰치는 회의를 연기해줄 것을 요청했다. 그리고 그 직후 웰치는 무기한 직무정지 명령을 받았다.

웰치의 고용주인 카디널 뱅크쉐어스 측은 웰치가 회의에 참석하지 않았기 때문에 직무정지 명령을 내렸다고 말했다. 또한 그의 주장에는 실제적인 근거가 전혀 없다고 말했다. 하지만 웰치는 그렇지 않다며 노동청에 제소했다. 기업의 내부고발자가 부당한 보복을 당할 경우 기업의 고용주를 상대로 소송을 제기할 권리를 보장한 사베인-옥슬리법의 대표 조항을 활용한 것이었다. 이 사건은 행정법원 판사에게 배정되었고, 판사는 제출된 증거를 확인한 뒤에 '피고용자에게 불리한 차별적인 고용 행위'[20]가 이루어졌다며 웰치의 복직을 명령했다.

의회와 부시 대통령 덕분에 직원들이 입바른 소리를 하고도 보호를 받을 수 있게 되었다고 웰치는 믿었다. 적어도 은행 측의 항소로 이런 종류의 사건을 최종 판결하는 행정심의위원회ARB에 사건이 올라가기 전까지는 그랬다. 엔론과 월드컴 사건 이후 몇 년 동안 수없이 쏟아져 나온 기업 내부고발자 사건을 다룬 재판들 가운데 압도적으로 많은 경우가 그랬듯, 행정심의의원회는 웰치에게 패소 판정을 내렸다. 은행이 재무 상황을 잘못 기재하는 행위에서 특정 법률을 위반했다고 '합리적으로 믿을 수 있는' 근거를 웰치가 적시하지 못했으며 또한 웰치의 주장 안에 연방증권법률 위반 사항이 포함되어 있지 않다는 것이 이유였다. 이 최종 판결은 첫 번째 판결이 나온 뒤 3년도 더 지난 2007년 5월에 내려졌다. 이처럼 최종 판결이 지연되는 동안 미국 은행협회ABA와 버지니아 은행업자협회는 카디널의 편을 드는 법정 조언자 의견서(관련 분야의 전문가가 법정에 제시하는 전문가 의견—옮긴이)를 제출했다. 웰치는 은행업 분야에서 더는 일자리를 구할 수 없었다. 자기 이름이 블랙리스트에 올랐다고 확신한 웰치는 오하이오로 이주해서 학생들에게 회계를 가르쳤다. 웰치는 나에게 말했다.

"나는 회계 처리를 할 때나 사회 생활을 할 때나 항상 보수적인 사람입니다. 투표를 할 때도 줄곧 공화당 후보에게만 표를 던졌고요. 하지만 나는 부시 정부 동안에 일어난 많은 것들을 보고 매우 매우 매우 실망했습니다."

웰치를 실망시킨 것 중 하나가, 기업의 부정을 고발한 내부고발자를 보호하는(정확하게 표현하면, 내부고발자를 보호한다고 웰치가 믿었던) 법률을 배짱 좋게 무시할 것 같은 판사들로 행정심의위원회가 채워졌으며, 또한 이것이 부시의 비호 아래 이루어졌다는 사실이었다. 〈월스트리트저널〉에 따르면 2001년부터 2008년 사이에 이 위원회가 처리했던 1,273명의 내부고발 사건 가운데 정부가 내부고발자의 손을 들어준 사례는 17건밖에 되지 않았다. 841건은 접수만 되었을 뿐 내부고발자에게 설명할 기회도 주어지지 않은 채 기각되었다. 사소한 기술적인 문제를 빌미로 기각되기도 했고, 민원을 제기한 주체가 상장사의 미상장 자회사에서 일하는 직원이라는 이유로 기각되기도 했다. 그런 민원인은 그 법의 적용 대상에서 제외된다고 노동부가 결정했기 때문이다.

침묵 속의 외침

2010년 4월 20일 밤, 10시 직전이었다. 루이지애나 해변에서 약 64킬로미터 떨어진 석유굴착시설에서 거대한 폭발이 일어나면서 엄청난 불기둥이 하늘로 치솟았다. 열한 명의 노동자가 화염에 휩싸여 목숨을 잃었고 해안은 시커먼 기름으로 뒤덮였으며, 해양 생물들이 오염되었고, 기름띠가 퍼져나간 멕시코 만 일대의 어업과 관광산업은 초토화되었다. 버락 오바마 대통령은 이 사건을 '미국 역사상 최악의 환경 재앙'[21]이라고 명명했다. 텔레비전을 통해 현장 상황을 바라보던 미국인은 원유를 뒤집어쓴 펠리컨의 모습과 해저에서 끊임없이 솟아나오는 기름으로 시커멓게 오염된 바다와 해안을 보고는 충격에 휩싸였다.

그런데 폭발 사고에서 살아남은 노동자들 중 많은 수가 그다지 크게 놀란 것 같지 않았다. 사고가 있기 한 달 전에 위험 관리를 전문 회사인 '로이즈 리지스터 그룹'의 조사요원들이 장차 악명 높은 굴착 시설로 역사에 기록될 '딥워터 호라이즌'을 대상으로 안전 검사를 실시했다. 딥워터 호라이즌은 이런 사고와 관련해 파란만장한 이력을 가지고 있는 브리티시 페트롤리움BP이 임차한 시설이었다. 조사요원들은 40명의 노동자를 대상으로 면담을 진행했는데, 조사를 받은 사람들 가운데 일부는 '안전하지 못한 행동들을 자주 목격했지만'[22] 불이익을 받을까봐 당시 그런 진술을 조사요원들에게 하지 못했다. 〈뉴욕타임스〉는 이 조사 내용을 다룬 기사에서 다음과 같이 보도했다.

"면담을 했던 노동자의 절반은 '위험한' 상황을 조사요원들에게 말했을 때, 그 일로 나중에 보복을 당하리라고는 생각하지 않았다고 밝혔다."

딥워터 호라이즌에서 일하던 노동자들로서는 자기들이 염려하는 내용을 입 밖으로 내는 것이 관련 분야에서 계속 일을 하는 데 불이익을 가져다줄 수도 있었다. 하지만 보다 많은 사람들이 사실을 말했더라면, 멕시코 만에서 새우를 잡는 어부나 굴 양식업자 그리고 그 해변에서 해수욕을 하던 사람들이 말로 다 할 수 없는 고통을 당하지 않아도 되었을 것이다. 이런 점에서 법학자 캐스 선스타인이 《사회에는 왜 이견이 필요한가 Why Societies need dissent》에서 지적했던 아이러니는 무척 중요한 점을 시사한다. 선스타인은 이렇게 썼다.

"사람들은 흔히 순응주의자들이 집단의 이익을 위해 침묵을 지

킴으로써 공익을 보호한다고 생각한다. 이에 비해서 집단의 일반적인 의견보다는 개인의 의견을 주장하는 거부자(반대자)들은 자기만 생각하는 이기주의자로 사람들에게 비치는 경향이 있다. 하지만 오히려 정반대의 인식이 더 진실에 가깝다. 대부분의 경우 거부자들이 다른 사람들에게 이익을 준 반면 순응주의자들은 자기들만 이득을 챙겼다."[23]

거부자들이 사회에 주는 가장 큰 이익은 재앙을 예방할 수 있는 정보를 세상에 공개한다는 점이다. 선스타인은 1961년에 있었던 피그만 침공사건을 사례로 들었다. 1961년 4월 16일 쿠바 혁명정권 카스트로가 사회주의 국가 선언을 하자 다음 날인 4월 17일 미 중앙정보국CIA은 쿠바 망명자 1,500명을 주축으로 '2506 공격여단'을 창설해 쿠바를 침공했다. 당시 존 F. 케네디 대통령의 자문위원들 중 상당수가 이 기습 공격이 잘못되었다고 믿었음에도 불구하고, 그렇게 직언한 사람은 아무도 없었다. 대통령 자문위원이었던 아서 슐레진저 주니어는 그때를 회고하며 이렇게 말했다.

"자문위원 가운데 누구 한 사람이라도 그 작전에 반대한다고 의견을 밝혔더라면, 아마도 케네디는 작전을 취소했을 것이다. 피그만 침공작전 뒤 몇 달 동안 나는 그 중요한 논의에서 침묵을 지켰던 나 자신을 용서하기 힘들었다."

이 일화는 한 사람이라도 용기를 내어 다른 사람이 말하지 않는 사실을 말할 때 결과가 얼마나 크게 달라질 수 있는지 보여주는 좋은 사례이다. 그러나 이 판단은, 케네디가 논의 과정에서 전체와 다른 의견을 내는 사람의 목소리에 주의를 기울였으리라는 점을 전제로 한다. 만일 케네디가 반대 의견을 정중하게 묵살하고 애초의 계획을 밀고 나갔다면? 딥워터 호라이즌에서 일하던 노동자들은 불이익을 당할지도 모른다는 두려움을 떨쳐내고 안전과 관련해 자기들이 가지고 있는 우려를 조사요원들에게 밝힐 수도 있었다. 더 나아가, 노동자들은 기자회견을 하거나 신문에 광고를 낼 수도 있었다. 그런데 거의 아무도 이들의 경고를 진지하게 받아들이지 않았다면?

독재국가나 경찰국가에서 반대의 목소리를 가진 개인들은 아무도 자기 말에 귀를 기울이지 않으리라는 예상을 쉽게 할 수 있다. 체코의 한 노동자가 누가 보더라도 양조장을 망치고 있는 게 분명한 양조장 책임자를 당국에 고발했다. 그 노동자는 용기 있게 목소리를 냈지만 돌아온 것은 '정치적인 파괴분자'라는 딱지였다. 그는 결국 다른 공장으로 쫓겨났고, 그 뒤로 사람들은 그의 용기 있는 목소리를 다시는 듣지 못했다. 양조장 책임자가 공산당 지구당위원회 위원과 친한 사이였기에 이 결과는 당연한 것이었다. 바츨라프 하벨은 《힘없는 사람들의 힘 Power of the Powerless》이라는 책에서 이렇게 썼다.

"그 노동자는 진실을 말함으로써 정해진 선을 넘어버렸고, 규칙을 어겼으며, 스스로를 버렸다. 그는 결국 이류 시민으로 살아갈 수밖에 없었다."[24]

그러나 민주국가에서는 이처럼 강압적으로 반대의 목소리를 막을 수는 없다. '진실 속에 사는 것'이 범죄는 아니기 때문이다. 그러나 진실을 말하는 목소리는 얼마든지 무시당할 수는 있다. 버나드 매도프의 금융 다단계 사기 사건의 전모가 고객들에게 드러나기 8년 전, 해리 마코폴로스라는 금융 전문가가 '매도프 시큐리티즈'가 창출하는 놀라운 수익이 수학적으로 있을 수 없는 결과라는 보고서를 증권거래위원회에 보내기 시작했다.[25] 그는 여러 차례에 걸쳐 보고서를 보냈지만 증권거래위원회의 반응은 심드렁했다. 침묵을 지키거나 아니면 하품만 해댔다. 그는 또한 내용 일부를 언론에 흘리기도 했지만 아무 소용이 없었다. 그는 나중에, 자기가 얼마나 많은 노력을 들여 역사상 가장 규모가 큰 그 다단계 사기 사건을 조사하고 여기저기 제보했는지, 그리고 제보가 얼마나 허무하게 무시당했는지를 책으로 펴냈다. 그 책이 바로 《아무도 들으려 하지 않는다 No One Would Listen》이다.

증권거래위원회에 보낸 자신의 편지가 아무런 반향도 일으키지 않았을 때 레일라도 마코폴로스가 느꼈던 것과 똑같은 상실감을 느꼈다. 그들은 레일라의 말에 관심을 기울이지 않았다. 그녀의 말을 철저하게 무시했던 것이다. 미국 증권업협회가 레일라의 요청을 기각하고 사건을 종결한 지 한 달이 조금 지난 2004년 10월 27일, 그녀는 좀 더 나아가야겠다는 결심을 했다. 증권거래위원회의 포트워스 지점 심사과에 있는 한 검사에게 전화해서, 자기가 알고 있고 또 당했던 일을 상세하게 전달한 것이다. 대규모 사기를 벌이고 있다고 확신하는 회사에 10만 달러가 넘는 돈을 물어주지 않으면 증권거래 중개인 면허가 정지될 처지라는 말까지 모두 전했다. 익명으로 투서를 하는 것과 스탠퍼드 본사가 있는 주에서 실질적으로 규제와 감독 활동을 하는 사람에게 범죄 가능성이 높은 일을 직접 진술하는 것은 차원이 다른 문제였다. 두 달 뒤인 12월에 그녀는 증권거래위원회 심사과의 특별수석위원인 빅토리아 프레스콧이 건 전화를 받았다. 그녀에게도 레일라는 똑같은 이야기를 반복했고, 수집한 보고서들을 택배로 부쳤다.

다시 몇 달이 지났다. 아무 일도 일어나지 않았다. 만일 증권거래위원회의 누군가가 레일라의 제보를 스탠퍼드에 그대로 전달하면, 레일라는 닭 쫓던 개 지붕 쳐다보는 처지가 될 수밖에 없었다. 그러던 차에 레일라가 고용한 변호사가 스탠퍼드 측의 제안을 알려왔다. 스탠퍼드는 레일라에게 5만 달러를 지급하고 증권거래 중개인 면허를 그대로 가지고 취직을 할 수 있도록 해줄 테니 협상을 하자고 했다. 자존심은 땅에 떨어졌고 통장 잔고는 바닥을 드러내는 상황이었다. 레일라는 갈등했지만 그 제안을 받아들이지는 않았다. 그리고 다시 4년이 지난 2009년 1월, 마침내 증권거래위원회에서 전화가 걸려왔다. 증권거래위원회 소속 수사관이었다.

"그 사람이 그러더군요. '당신이 예전에 다니던 직장에 대해 이야기를 듣고 싶은데요.' 내가 대답했죠. '글쎄요, 어디요…… 스탠퍼드 말인가요?'라고요. 그 사람은 큰 소리로 웃더군요."

하지만 레일라는 웃지 않았다.

"나는 비명을 지르고 싶었어요. 누구에게든 말이죠."

캐스 선스타인은 말했다.

"자유로운 발언을 보장하는 법률 제도는 정부로 하여금 거부자들의 입을 막지 못하게 보장한다. 이것은 놀랄 만한 성취이다."[26]

그러나, 그가 이어서 지적하듯 누구나 자유롭게 발언할 수 있는 법률적인 권리라고 하더라도 그 권리를 행사하는 개인이 사회에 의미 있는 충격을 발휘하도록 보장하는 것은 아니다. 심지어 개인들은 저항의 방식으로 고함을 지를 수밖에 없다.

"민주국가에서조차 힘의 불균형은 거부자들의 입을 막는 데 커다란 역할을 한다. 때로 힘은 강제력을 동원해 거부자들이 입을 다물도록 만든다. 하지만 보다 교활한 방법이 있다. 거부자들의 목소리가 다른 사람들에게 들리지 않도록 하는 것이다. 민주주의 절차가 적절하게 작동하는 민주국가에서는 자유로운 발언을 보장하는 문화가 존재한다. 이 문화는 용기 있는 거부자의 발언을 듣는 사람들에게서 어떤 특정한 태도를 자극하고 촉구한다. 바로 집단의 일반적인 견해를 따르지 않는 사람들의 말도 존중하고 귀를 기울이는 태도이다. 자유로운 발언을 할 수 있는 문화에서는 그 발언을 듣는 사람들의 태도 역시 발언하는 사람의 태도만큼이나 중요하다."

물론 민주주의가 제대로 작동하는 사회라고 해도 다른 사람의 말에 귀를 기울이는 태도의 질은 말하는 사람이 누구인가에 따라서 달라진다. 이것을 반드시 나쁘다고만 할 수는 없다. 사악한 음모가 자신이 속한 조직 안에서 진행되고 있다고 확신하고서 연방 기관에 제보를 하는 내부고발자 모두의 말을 사람들이 경청하리라는 보장은 없다. 또한 내부고발자들이 모두 그런 자격을 가지고 있다고 할 수도 없다. 연방 기관은 한정된 자원을 가지고 있기 때문이며, 또한 합당한 불만을 품은 양심적인 내부고발자의 수에 비해 말만 그럴듯한 괴짜나 정신 나간 사람의 수는 몇 배나 더 많기 때문이다. C. 알프레드 앨퍼드는 자신의 책에서, 심지어 어떤 내부고발자들은 내부고발자의 고통에 대해 조언을 해주려고 모인 지지자들의 말에도 쉽게 귀를 기울이지 않는다고 말했다. 정부 기관의 회계 감사관이었던 메리라는 내부고발자는 다른 사람들이 하는 말에 귀를 기울이기보다는 숫자와 관련된 신기한 우연의 일치들을 수도 없이 설명해댔다. 예를 들면, '해고된 지 7년 뒤에 아파트 7층에서 일곱 개의 자물쇠를 채우고 살았는데, 그 아파트에 누군가가 침입했다.'[27] 같은 발언이었다. 앨퍼드는 이처럼 종종 내부고발자들이 음모론에 빠진다고 지적했다. 자기가 겪는 이런저런 수난을 음모론으로 설명한다는 것이다. 그는 말했다.

"이유 없이 일어나는 일은 없다. 모든 것이 우연 속에서 연결되어 있다. 이때 내부고발자 자신이 이 우연적인 연결의 가장 근본적인 동인이다."

나는 휴스턴에 한 주 동안 머물며 레일라를 만나고 취재했다. 하지만 그녀의 말에 음모론이 깃들어 있다고 느낀 적은 단 한 번도 없었다. 집착에 가까운 의심과 음모론에의 탐닉은 전혀 별개다. 레일라는 다만 나에게 이렇게 말했다.

"당신에게 거짓말을 하고 싶지 않아서 하는 말인데, 이따금씩 '저 사람이 스파이면 어떡하지' 하고 생각할 때도 있어요."

'저 사람'은 나를 지칭하는 말 같았다. 레일라가 말을 이었다.

"솔직히, 난 아주 민감해요. 앨런 스탠퍼드가 '저 사람'을 고용했고, 나한테 보내 나에 관한 모든 것을 알려고 하는 게 아닐까 하는 생각을 하는 거예요. '저 사람'이 나를 죽이려고 할지도 모르죠. 누가 알겠어요? 가족 모두 스탠퍼드가 그렇게 하지는 않을까 하는 생각에 시달려왔어요. 실제로 그 비슷한 상황을 겪기도 했지요. 앨런 스탠퍼드는 워낙 강력한 존재니까요. 정말 힘이 센 사람이죠. 정계에도 영향력을 행사했고, 각 분야의 사람들을 고용하고 있었지요. 막강한 제국을 가지고 있었던 셈이에요. 그 사람이 제국을 움직이는 거예요. 정부까지 그의 입김에 따라 움직이는데, 또 뭐가 있을지 누가 알겠어요, 아무도 모르죠. 아무튼 그 사람의 정치계 인맥은 막강했어요."

다음 날 레일라와 나는 그녀가 일하던 사무실에서 몇 블록 떨어진 테오티우와칸이라는 멕시코 음식점에서 점심을 함께 먹었다. 식사를 마친 뒤 레일라는 담배를 피웠다. 곧 다가올 일에 스트레스를 받았기 때문이다. 우리는 차를 타고 그녀의 신경을 그토록 예민하게 만든 장소인 스탠퍼드 본사 건물로 향했다. 꼭 한번 가보고 싶다는 나의 부탁을 레일라가 들어준 것이었다. 레일라는 스탠퍼드에서 해고된 뒤 다시 복직하지 못했다. 자동차가 건물로 다가서자 경비원이 앞을 막았다. 나는 안전띠를 풀고 몸을 내밀어 경비원에게 안으로 들어가게 해달라고 부탁했다. 레일라가 한때 주인으로 있으면서 고객들을 응대했다는 널찍한 사무실이 지금은 어떻게 변했는지 보고 싶었다. 처음에는 레일라도 그러고 싶다고 했지만, 어느새 그녀의 얼굴은 창백해져 있었다. 긴장하고 불편한 기색이 역력했다. 그녀는 그냥 차에 남아 있겠다고 했다.

"그리고, 나하고 같이 왔다는 이야기는 하지 마세요. 난 내부고발자잖아요."

당시 앨런 스탠퍼드는 텍사스 콘로에 있는 조 콜리 구치소에 수감되어 재판을 기다리던 신세였기 때문에 굳이 그렇게 몸을 사릴 필요는 없었다. 그러나 스탠퍼드 본사 건물을 바라보는 것만으로도 레일라는 잔뜩 겁을 먹고 있었다. 누군가가 불쑥 나타나 자기를 잡아챌 것만 같은 두려움이 그녀를 덮쳤던 것이다.

다음 날 나는 도심 상업지구에서 마크 티드웰과 찰스 롤을 만났다. 그들은 레일라의 스탠퍼드 동료이자 레일라가 해고된 지 5년 뒤인 2007년에 스탠퍼드에 사직서를 내고 나온 사람들이었다. 자기들이 알고 있던 스탠퍼드의 몇몇 의심스러운 사실을 증권거래위원회에 제보하고 두 사람이 회사를 떠날 무렵, 증권거래위원회는 스탠퍼드의 양도성예금증서 판매에 대한 조사에 막 착수한 참이었다. 두 사람도 레일라와 마찬가지로 회사로부터 선지급 보너스를 반환하라는 소송을 당했다. 나는 엘리베이터를 타고 올라가서, 열대어 세공품이 가득 진열된 유리장이 있는 시원한 회의실로 안내받았다. 그 회의실에서 나는 몇 시간에 걸쳐 이야기를 들으며 롤과 티드웰이 스탠퍼드에서 나온 뒤 얼마나 큰 공포 속에서 떨었는지 알게 되었다.

"난 이래뵈도 제법 강인한 놈입니다. 만만하지 않죠. 그렇지만 그 일은 나에게도 대단한 시련이었습니다."

 어깨가 딱 벌어진 단단한 체구의 남자가 말했다. 티드웰이었다. 그는 단정하게 손질한 염소수염을 길렀고, 검은색 머리카락 사이로는 백발이 희끗희끗했다. '대단한 시련'이란 그와 롤 앞으로 일주일에 한 번씩 날아들던 편지였다. 그 편지는 명예훼손을 비롯한 온갖 혐의로 두 사람을 압박했다. 한번은 가족이 크리스마스파티를 열기 직전에 현관 입구에서 편지를 발견한 적이 있다고 롤이 말했다. 롤은 모랫빛 금발에 키가 크고, 퉁방울눈을 가진 앳된 얼굴의 남자였다. 그때를 회상하는 그의 파란색 눈동자가 불안하게 흔들렸다. 편지에 죽여버리겠다는 협박 같은 건 없었다. 물리적인 폭력을 경고하는 내용도 없었다. 그러나 수십억 달러의 자산을 가진 회사가 자기를 '적'으로 여기고 있다는 것, 그들로부터 도망쳐 숨기란 불가능하다는 것이 끔찍한 공포를 만들어냈다.

 "집에서 전등을 켜려고 스위치를 눌렀는데 불이 안 들어오면 보통은 전구가 고장 났구나 생각을 하잖아요. 하지만 당시 우리는 그렇지 않았습니다."

 밤에 자동차를 몰고 집으로 돌아갈 때는 혹시 누가 따라오지는 않나 싶어서 백미러를 수도 없이 봤다고 했다. 잠도 하루에 너댓 시간밖에 자지 못했다. 스탠퍼드가 판사와 자기 측 변호사까지 전부 매수해서 재판을 끝내버리고, 가능한 모든 수단을 동원해서 자기들을 파멸시킬 것이라는 악몽에 시달렸다. 티드웰이 말했다.

"도로 포장 공사를 할 때 땅을 고르는 롤러 있잖아요. 나는 그 롤러에 납작하게 깔리는 것 같다는 생각을 자주 했습니다. 그들은 우리를 맥Mack 트럭으로, 또 롤러로 깔아뭉개려고 했지요. 우리는 완전히 세상에서 지워질 판이었습니다."

롤과 티드웰이 함께 쓰는 사무실에서 나오면서 나는, 전쟁으로 황폐한 부코바르 같은 도시에 비해 휴스턴 같은 부유하고 평화로운 도시에서 누군가가 자기를 죽이려 한다고 느끼는 건 어떤 기분일까, 사회적으로 더 고립감을 느끼고 심리적으로 더 혼란스럽지 않을까 하는 생각을 했다. 만일 한 해 전인 2008년에, 즉 스탠퍼드라는 금융사가 휴스턴에서 여전히 신뢰와 명성을 자랑하던 때에 두 사람이 나에게 스탠퍼드가 음험한 음모로 자신들을 위협하고 있다는 얘기를 했다면, 과연 내가 둘의 말을 곧이곧대로 받아들일 수 있었을까 하는 생각도 했다. 아마 나는 그들을 음모론에 사로잡힌 불평분자라고 생각했을 것이다. 아니면, 두 사람의 동료들이나 롤의 아내가 그랬던 것처럼 정신이 나갔다는 결론을 내렸을지도 모른다.

대화가 끝날 무렵 나는 두 사람에게 그런 가혹한 시간을 지내면서 어떻게 미치지 않을 수 있었는지 물었다. 롤이 내 쪽으로 몸을 숙이며 말했다.

"신앙이 큰 역할을 하지 않았나 싶습니다. 그 일이 있고 난 뒤 신앙심이 부쩍 깊어졌거든요."

그러고는 티드웰을 한번 바라본 다음 다시 말을 이었다.

"친구와 동료, 그리고 신앙심이 아니었다면 아마 나는 지금 이 자리에 없겠죠."

사실 두 사람은 스탠퍼드를 떠나면서 많은 친구를 잃었다. 그러나 그 덕분에 두 사람의 유대감은 한층 단단해졌다. 이는 스탠리 밀그램과 솔로몬 애쉬가 실험을 통해 발견한 사실들을 입증한다.

레일라는 그런 지지를 다른 곳에서 얻었다. 함께 일하는 동료가 아니라 맨 처음 의문이 생겼을 때 회사의 재무제표를 들고 가서 상담했던 윌리엄에게서였다. 레일라가 해고된 뒤에도 두 사람은 만남을 이어갔고, 그러다가 둘 사이에 사랑이 싹텄다. 내가 레일라를 만났을 때 그들은 부부 사이였다. 또한 동업자이기도 했다. 레일라의 사무실 한 층 아래에 윌리엄의 사무실을 마련하고 두 사람은 '카사 밀라그로'라는 부동산 회사를 함께 시작했다. 막 머리가 벗겨지기 시작한 윌리엄은 부드러운 인상과 상냥한 태도를 가진 조용한 사람이었다. 그는 레일라의 이야기 속에서 자기가 차지하는 역할의 비중을 최소한으로 줄였다. 즉, 레일라가 내부고발을 실행한 것은 자기가 레일라에게 어떤 말을 했기 때문이 아니라 레일라가 자기 고객들이 맡긴 투자금이 회수되지 못할 수도 있다는 걱정을 워낙 깊이 했기 때문이라고 겸손하게 설명했다. 그러나 그 시련이 그녀에게 주었던 정서적인 충격은 축소하려 하지 않았다.

"레일라의 자존심이 짓밟혔지요. 사람들은 레일라를 존경하긴 했지만 그녀가 말하는 것에는 의심을 품었고, 시선에는 물음표를 달았습니다. 어떤 사람들은 레일라가 거짓말을 한다고까지 생각했고요."

레일라에게 위안을 준 사람이 두 명 더 있었다. 딸 아드리아나와 아들 아르만도였다. 나는 우연히 레일라의 사무실에서 위트 넘치는 스물네 살 청년 아르만도를 만나 대화를 나눌 수 있었다.

"어머니가 스탠퍼드의 스카우트 제안을 받아들이고 계약서에 서명을 하던 때를 지금도 기억합니다. 굉장한 일이었죠, 엄청난 축복이었고요. 모든 문제가 한꺼번에 해결될 것 같았습니다. 어머니가 푸짐한 보너스를 받고, 대학교 등록금도 낼 수 있고, 빚도 갚을 수 있고, 주택 할부금도 갚아나갈 수 있겠다고 생각했으니까요."

그러나 회사로부터 양도성예금증서를 팔라는 압박을 받으면서부터 시련이 시작되었다. 아들은 어머니가 하는 말 한 마디 한 마디뿐만 아니라 어머니의 마음속에서 진행되는 갈등에서도 시련의 시기가 시작되었음을 느낄 수 있었다. 아들은 어머니의 내면적인 갈등을 인지했다.

"그것은 한 사람 대 자아의······."

아르만도는 자기 말을 곧바로 수정했다.

"아니, 한 사람의 여자 대 자아의 갈등이었습니다. 어머니는 엄청나게 고민하셨습니다. 상상해보세요. 일자리를 잃고 싶지 않으셨지만 그렇다고 범죄자 패거리가 되고 싶지도 않으셨죠. 무슨 뜻인지 아시겠죠?"

나는 아르만도에게 레일라가 해고되던 날을 기억하는지 물었다. 그가 대답했다.

"정말······ 정말 떠올리고 싶지 않은 날입니다. 누군가가 내 뺨을 세게 후려치는 것 같았습니다. 이제 우리는 어떻게 하나, 그런 막막한 심정이었죠. 스탠퍼드가 요구한 돈을 주지 않으려면 법정 투쟁을 벌여야 했습니다. 변호사를 고용해야 했지요. 그러면 우리 집은 파산의 늪에 빠져버리고 말 거라고 생각했습니다. 정말 무서웠어요. 정말 끔찍한 시간이었습니다."

아르만도는 자기는 그때 너무 어려서 스탠퍼드가 정확하게 어떤 범죄를 저질렀는지 알아듣지 못했다고 했다. 그래서 나는, 지금 돌이켜볼 때 혹시 레일라가 상황을 잘못 판단했다고 생각하지는 않는지 물었다. 그러자 그는 고개를 강하게 저었다.

"아뇨, 한번도 그런 생각을 해본 적은 없습니다."

그래서 이번에는 다른 질문을 했다. 만일 본인이 어머니의 처지에 놓였더라면 어떻게 했을지 말이다.

"좋은 질문입니다. 예, 좋은 질문이네요……."

그는 손가락으로 자기 턱을 톡톡 치면서 한동안 발끝만 바라보았다.

"잘 모르겠습니다. 아마도 어머니와는 다르게 생각하지 않을까 싶네요. 왜냐하면, 80억 달러를 소유한 사람을 비웃을 때 얼마나 혹독한 시련을 대가로 치러야 하는지 나는 지금 정확하게 아니까요. 게다가 두 아이의 양육을 전적으로 책임져야 하는데 일자리도 구할 수 없을 테고요. 만일 내가 직업을 가지고 있다면 직업도 날아가고 보너스도 토해내야 하고……."

그의 목소리는 점점 작아졌다. 그는 이렇게 덧붙였다.

"그렇게 된다면 어머니는 나를 미워하시겠죠."

그의 말에서 두려움이 느껴졌다. 하지만 그 두려움은 적절한 게 아니었다. 내 질문에 대한 그의 대답은 어머니의 고통이 자기 마음속에 일으킨 번민을 그대로 반영한 것이기 때문이다. 아르만도는 분명 자기 어머니를 찬양했다. '내가 아는 한 세상에서 가장 강인한 사람'이라고 했다. 하지만 그와 동시에 어머니처럼 살아야 한다는 것이 뜻하는 무거운 부담감을 느꼈다. 그는 어머니가 원칙을 지키느라 감내해야 했던 뼈저린 대가를 생생하게 지켜보았다. 어쩌면 그는, 자기는 그런 대가를 기꺼이 치를 수 있을 만큼 강인한 사람이 못 된다고 생각했는지 몰랐다. 또, 어머니가 조금만 원칙에 덜 충실해서 자기 가족이 궁핍을 당하지 않았더라면 좋았을 거라고 생각했는지도 몰랐다. 그런 생각에 빠진 나에게 마치 내 마음을 읽기라도 한 것처럼 아르만도가 불쑥 물었다.

"나는 어머니가 그때 눈 딱 감고 스탠퍼드에 남아서 계속 돈을 벌었다면 좋았겠다고 생각하는 걸까요?"

✦ ✦ ✦

휴스턴에는, 비록 이유는 각기 다르지만, 아르만도가 느낀 것과 똑같은 감정을 느낀 사람들이 많았다. 2002년의 〈뉴욕타임스〉 기사로 판단하건대, 내부고발자들은 자신의 주장이 틀리지 않았음이 증명되기 전까지 욕을 먹고 괴롭힘을 당해야 했다. 그들은 자신이 한 말이 옳았다고 증명되고 나서야 비로소 영웅 대접을 받았다. 그런데 실제로는 내부고발의 내용이 진실로 판명될 때 사태가 악화되는 일도 종종 일어난다. 내부고발자가 옳았다는 사실이 입증되면, 잘못을 고발하지 않고 침묵을 지킨 사람들에 대해서는 뭐라고 말해야 될까? 집단의 논리에 순응해서 침묵을 지키며 두둑한 보너스를 챙긴, 같은 팀 내의 다른 사람들을 두고는 뭐라고 해야 할까? 이 사람들은 어떻게 될까? 찰리 롤은 나에게 이런 말을 했다.

"그게 바로 동료들이 우리를 미워하는 이유 중 하나입니다. 그 사람들은 우리가 참석했던 회의에 똑같이 참석했었습니다. 그들이 마땅히 했어야 하는 일을 하지 않았다는 걸 우리가 증명한 꼴이 되어버렸지요."

레일라도 그런 존재가 되었다. 그녀는 스탠퍼드에 대한 상원 은행위원회 청문회에서 증언을 한 뒤 갈채를 받았다. 하지만 레일라는 청문회에 참석하기 전, 그곳에 나가서 증언해야 할지를 두고 무척 속을 끓이며 고민했었다. 함께 스탠퍼드 본사를 다녀온 다음 날이자 내가 휴스턴에 머물던 마지막 날 아침, 레일라는 말했다.

"윌리엄이 당신에게 얘기했는지 모르겠네요. 나는 증인으로 청문회에 출석하기 일주일 전부터 거의 아무것도 먹지 못하고 과호흡증후군에 시달렸어요. 완전히 신경쇠약 상태였지요. 위장도 그랬고, 온몸이 엉망이었어요. 그 상황이 나를 완전히 쥐어짰거든요."

무의식중에 레일라는 손바닥에 손톱자국이 나도록 두 주먹을 불끈 쥐었다.

"하루 종일, 스물네 시간 내내……"

레일라를 그처럼 불안하게 만들었던 것은, 금융산업규제기구 FINRA나 증권위원회에서 나온 사람들이 자기 말에 귀를 닫을지도 모른다는 두려움이 아니었다. 오히려 그들은 레일라의 말에 귀를 쫑긋 세울 터였고, 또한 동시에 자기들을 당황스럽게 만든 레일라에게 앙심을 품을 터였다. 그것이 바로 레일라가 느낀 불편함과 두려움의 원천이었다. 청문회에 참석해달라는 통지를 받았을 때, 그녀는 여전히 증권업계에 등록된 투자자문가였으며, 한 독립 증권사에서 일하고 있었다. 청문회 일정이 잡히기 한 달 전인 2009년 7월에 레일라는 〈폭스뉴스〉의 인터뷰에서 스탠퍼드에서 겪었던 일을 처음으로 공개적으로 말했다. 그런데 이 인터뷰가 방송되고 얼마 지나지 않아, 그녀가 일하는 증권사의 사장이 전화를 해서 인터뷰를 봤다면서 그녀를 해고하겠다고 말했다.

"사장이 말하더군요. '당신은 금융 감독기관의 감독자들을 헐뜯었소'라고요."

사장은 또한 금융산업규제기구로부터 익명의 투서를 전해 받고는 그 내용에도 단단히 화가 나 있었다. 그 투서에는 레일라가 스탠퍼드의 피해자들을 위해 이미 대책위원회를 만들어놓은 상태이며 이것을 통해 그녀가 거금을 벌어들일 것이라고 쓰여 있었다.

레일라는 소스라치게 놀랐다. 여러 해 전에 자기가 다단계 금융 사기 사건의 가능성을 의심하며 익명으로 편지를 보냈을 때는 눈길 한 번 주지 않았던 바로 그 기관이, 이번에는 누군가가 보낸 투서에 즉각적으로 반응했기 때문이다. 그들은 레일라가 금융 사기 사건의 피해자들이 손실을 조금이라도 만회할 수 있도록 돕는 건 증권중개인이 지켜야 하는 윤리 규정을 어긴 것이라고 칼을 들이댔다.

"그때는 정말, 그래 알았다, 다들 잘 먹고 잘 살아라 하고 훌훌 털고 싶었어요. 더는 그 세계에 발을 디디고 있기 싫었죠. 정말 질려버렸거든요."

엔론 사건이 터졌을 때와 마찬가지로 레일라는 직업에 대한 회의가 들었다. 그녀는 자신이 다니던 회사의 사장에게 다시 전화해, 〈폭스뉴스〉가 최근에 인터뷰를 했던 스탠퍼드의 내부고발자가, 그 인터뷰 때문에 현재 다니는 회사로부터 해고를 당했다는 후속 보도를 내보내면 회사에 어떤 일이 일어나겠느냐고 차분하게 설명했다. 그러자 사장은 곧바로 태도를 바꾸었다. 레일라가 상원 은행위원회 청문회에 참석할 것이라는 사실을 그녀의 변호사가 통고했을 때도 사장은 아무런 이의를 제기하지 않았다.

회사 사장과의 문제는 해결되었지만 청문회 증언대에 서야 한다는 사실에는 여전히 마음이 불편했다. 그 일로 곤욕을 치를지도 몰라서가 아니라, 그녀가 소속된 증권업계가 매순간 그녀를 실망스럽게 만들었기 때문이었다.

"나는 증권 감독 당국자들과 상원의원들 앞에 섰습니다. 사람들 앞에서 그렇게 발가벗겨진 느낌이 들었던 적은 한 번도 없었지요. 나는 투자자문가였습니다. 그런데…… 그토록 오랜 세월 동안 깊이 사랑했던 내 일의 추악한 모습을 까발림으로써 나는 내가 속한 업계를 배신한다는 느낌이 들었습니다."

그 청문회를 제안한 사람은 공화당 출신 상원의원 데이비드 비터였다. 루이지애나 주 상원의원이던 그는 청문회가 끝난 뒤에 앨라배마 주 상원의원 리처드 셸비와 함께 증권거래위원회의 감찰실에 증권거래위원회가 스탠퍼드를 철저하게 조사했었는지 '포괄적이고 완벽하게'[28] 수사할 것을 요구하는 편지를 보냈다. 스탠퍼드에 돈을 맡겼다가 낭패를 본 투자자들을 위해서 분노한 두 의원이 할 수 있는 것 중 최소한의 행동이었다. 하지만 그 시도가 실제로 증권거래위원회에 대한 조사로는 이어지지 않았다. 민주주의 사회라고 해서 모든 사람의 발언이 존중되는 것은 아니다. 어떤 사람의 발언은 존중되고 어떤 사람의 발언은 무시된다. 1999년과 2008년에 스탠퍼드가 그랬듯이 정치인들에게 230만 달러를 쓰고, 추가로 국회의원들에게 5만 달러를 로비 자금으로 썼다면, 그 기업의 발언은 분명 존중될 것이고 원하는 결과를 얻을 것이다. 스탠퍼드는 '캐러비안 코커스'에 속한 의원들에게 돈을 물 쓰듯이 썼다. 캐러비안 코커스란 의회의 대표단으로, 여기 속한 의원들은 앨런 스탠퍼드와 함께 스탠퍼드의 전용 제트기를 타고 앤티가 섬으로 날아가서 최고급 호텔에 머물면서 바닷가재와 캐비어 대접을 받고 섬 관광을 하며 즐겁게 술을 마셨다. 뉴욕의 하원의원이자 그 모임의 회원이었던 존 스위니는 그 외유 기간 동안 〈앤티가 선 The Antigua Sun〉과의 인터뷰에서 이렇게 말했다.

"만일 앨런이 없었더라면 아마 나는 오늘 이 자리에 없었을 겁니다. 사람들은 워싱턴 정계에 확실한 입지를 굳힌 그를 먼저 알아보고 대접합니다."[29]

과연 그들은 그를 알아보고 대접했다. 2001년에 스탠퍼드는 상원위원회에 상정되는 어떤 법안이 폐기되도록 전국 규모의 집단에 10만 달러의 로비자금을 제공했다. 사기 사건 조사와 관련된 정보를 연방 금융 당국과 주 금융 당국이 공유하도록 허용하는 내용의 그 법안은 안건으로 상정되지도 못했다. 또한 상원위원회가 해외 자회사에 대한 연방 금융 당국 차원의 감독 강화를 골자로 한 법안을 마련하고 있던 2000년에, 스탠퍼드는 상원 공화당 선거위원회에 4만 달러를 건네고 조지 W. 부시의 취임식 준비위원회에 10만 달러를 건넸다. 아울러 민주당 인사들에게도 따로 50만 달러를 건넸다. 그렇게 그 법안 역시 소리 없이 사라졌다.

"나는 당신을 사랑하고 또 믿습니다."

2009년 2월 17일 연방 금융 당국의 직원들이 스탠퍼드 본사를 압수 수색한 직후, 미국 공화당 전국위원회 의장이자 앨런 스탠퍼드 및 그의 직원들로부터 44,375달러를 선거후원금으로 받았던 하원의원 피트 세션스가 앨런 스탠퍼드에게 보낸 이메일 문구 중 일부이다.

비터와 셀비가 요구했던 수사는 스탠퍼드가 직원들을 매수하고 입막음을 했는지 여부까지는 밝히지 못했다. 수사는 증권거래위원회에 한정되었고, 결과는 2010년 4월 16일에 보도자료를 통해 언론에 제공되었다. 그런데 이 날은 골드만삭스가 서브프라임 모기지와 연동된 부채담보부증권을 부정하게 팔았다고 증권거래위원회가 사기 혐의로 민사소송을 제기한 바로 그날이었다. 증권거래위원회로서는 타이밍이 기가 막히게 좋았다. 골드만삭스 관련 기사가 언론의 머리기사로 도배되었기 때문이다. 이에 비해 감찰실이 폭로한 증권거래위원회의 지독한 비행은 언론에 거의 노출되지 않았다. 감찰실이 확인한 바로는 증권거래위원회는 이미 1997년에 스탠퍼드를 조사했다. 레일라가 스탠퍼드에 입사하기 3년 전이었다. 당시 증권거래위원회의 포트워스(미국 텍사스 주 북부에 있는 도시—옮긴이) 사무소 조사단은 스탠퍼드가 판매한 양도성예금증서의 놀라운 수익률이 '말이 안 된다'[30]며 '허위 진술의 가능성과 금융 다단계 사기의 가능성이 있다'고 결론을 내렸다. 증권거래위원회 포트워스 사무소 집행단은 이 놀라운 보고를 받고 조사에 착수했지만 석 달 만에 갑작스럽게 조사를 중단했다. 그 기간 동안 집행단이 한 일이라곤 스탠퍼드에 관련 문서를 자발적으로 제출해달라고 요구한 것이 유일했고, 그나마 이 요구도 스탠퍼드는 이행하지 않았다. 4년이 지난 뒤 조사단은 다시 보고서를 제출했다. 스탠퍼드가 판매하는 양도성예금증서가 금융 사기의 가능성이 높다는 지적이 또 나왔다. 그러나 그때도 후속 조치는 전혀 없었다. 세 번째 보고서는 2002년에 완성되었고, 그 직후 증권거래위원회는 몇몇 외부 관련자들로부터 의견을 청취하기 시작했다. 관련자들 가운데는 75세의 노모가 전 재산을 스탠퍼드의 양도성예금증서에 투자했다는 멕시코의 어떤 회계사도 포함되어 있었다. 이 회계사는 증권거래위원회에 2002년 10월 28일자로 편지를 보냈다.

"많은 투자자들이 사기 피해를 입지 않도록 스탠퍼드를 잘 살펴봐주시기를 간청합니다. 투자자들은 소박한 사람들이며…… 미국의 금융 제도가 건실하다는 믿음을 가지고 있습니다."

이 편지에 대해 증권거래위원회의 한 조사관이 보인 반응은 놀라웠다.

"대단하네요, 그 양도성예금증서에 대해서 불만을 가진 사람이 다 있다니요."

그러면서 조사관은, 허락만 한다면 그 편지를 스탠퍼드에 전달해서 왜 양도성예금증서가 멕시코에 사는 할머니에게 적당한 투자인지 설명하도록 해주겠노라고 회계사에게 답장을 했다.

"스탠퍼드의 설명은 우리가 생각하는 염려를 말끔하게 지워줄 겁니다."

그러나 실제로는 오히려 염려를 키우는 쪽으로 일이 진행되었다. 증권거래위원회의 집행단이 기이하게도 멕시코의 회계사가 쓴 그 편지를 '텍사스 주州 증권위원회' 앞으로 보냈던 것이다. 그 기관은 그런 문제를 다루는 곳이 아니었다. 그러니 거기 있는 사람들이 편지를 받고 도대체 무엇을 할 수 있었겠는가? 후속 조치는 아무것도 없었다. 증권위원회 감찰실은 그 편지가 도착한 후의 기록은 찾을 수 없었다.

레일라가 보낸 편지는 멕시코의 회계사가 보낸 편지처럼 엉뚱한 곳으로 보내지지는 않았다. 증권거래위원회에 소속된 여러 사람들이 레일라의 편지를 놓고 실제로 논의를 했다. 하지만 그 사람들은 레일라의 우려를 '그냥 괜히 집적 대보는 것'[31]으로만, 즉 하찮은 것으로만 여겼다. 증권거래위원회 집행단에 속해 있던 한 사람은 말했다.

"우리가 감당할 수 없는 문제로 발전할 수도 있는 사안에 지나치게 집착하기보다는, 우선 기다리면서 다른 일이 새롭게 일어나는지 살펴보자는 쪽으로 결론이 내려졌다."

입이 딱 벌어질 정도로 놀라운 이 대응에 대해 감찰실의 보고서는 다음과 같이 썼다.

증권거래위원회가 세 차례에 걸쳐 스탠퍼드 그룹 컴퍼니를 조사해서 스탠퍼드 인터내셔널 뱅크의 양도성예금증서가 금융 다단계 사기일지도 모른다는 사실을 이미 확인한 상황에서, 어떤 투자자의 친척이 그 양도성예금증서의 적법성 여부를 우려하며 보낸 편지를 받아놓은 상황에서, 그리고 이 회사가 '대규모 금융 다단계 사기' 행위를 진행하고 있다는 내용의 편지를 스탠퍼드의 내부자로부터 받아놓은 상황에서, 집행단의 사람들이 '기다리면서 다른 일이 새롭게 일어나는지 살펴봄'으로써 무엇을 얻고자 했는지 명확하지 않다.

증권거래위원회가 구체적인 행동에 나서지 않은 핑계 중 하나가 관할권 문제였다. 레일라의 편지는 스탠퍼드 인터내셔널 뱅크에 미국인 투자자가 관련되어 있는지 조사할 수 있는가, 그리고 증권거래위원회가 스탠퍼드 인터내셔널 뱅크와 관련된 외국의 자료를 손에 넣을 수 있는가를 따지는 논쟁을 촉발했다. 하지만 증권거래위원회 소속 조사관들이 국내법을 수없이 많이 어긴다고 보고했던 텍사스 소재의 스탠퍼드 파이낸셜 그룹 컴퍼니를 손대지 않고 가만뒀다는 사실은 도무지 설명이 되지 않는다. 왜냐하면 자기 회사 소속 투자자문가들이 회사의 투자 포트폴리오에 대한 적절한 조사와 평가를 하지 못하도록 막은 것은 스탠퍼드가 명백하게 투자자문가법 206조를 어긴 것이기 때문이다. 그런데도 아무런 조치가 이루어지지 않았다. 이런 결과가 빚어진 실제 이유는 증권거래위원회 내부에 그다지 시간이 걸리지 않는 사건을 선호하는 분위기가 있었기 때문이며, 그리고 감독 대상이긴 하지만 금융계의 거인이기도 한 스탠퍼드와 각을 세우고 싶지 않다는 증권거래위원회 내부 분위기도 작용을 했다고 감찰실은 결론 내렸다.

❦❦❦

나는 휴스턴에 머물 때 루이스라는 사람과 통화를 했다. 멕시코에서 가족과 함께 타이어 회사를 운영하는 그는, 레일라가 스탠퍼드에서 일을 하기 전부터 그녀의 고객이었고 또한 나와 통화를 하던 그때도 여전히 그녀에게 투자 운용을 위탁하고 있었다. 레일라는 스탠퍼드에서 해고되었을 때 루이스와 그 양도성예금증서에 대해 이야기를 나눴고, 그는 레일라가 경고했음에도 불구하고 거기에 투자했던 자산 가운데 3분의 2는 그대로 묻어두었다. 나는 그에게 왜 그랬느냐고 물었다.

"스탠퍼드 사람들의 말이 진짜 전문가가 하는 말 같았거든요. 그 사람들이 그랬습니다, 자기 은행은 빠르게 성장하는 은행이라고, 수익률은 앞으로 더욱 좋아질 것이라고요. 그 말을 들으니 신뢰가 확 가더군요."

이에 비해 레일라가 하는 말은 믿기 어려웠다고 했다. 루이스가 레일라의 경고를 무시한 또 한 가지 이유는 미국 금융제도에 대한 높은 신뢰였다. 물론 과도한 신뢰였음이 나중에 드러나긴 했지만.

"예전에는 다른 어떤 나라보다 미국의 금융기관들이 건전하게 작동되고, 또 정부 및 신용평가사들이 그 기관들을 잘 이끈다고 생각했습니다. 미국의 금융기관에 예치된 돈은 철저하게 보호가 된다고 생각했던 거죠."

지금은 어떤지 물었다.

"지금? 지금은 다르죠. 사기꾼처럼 모든 수단과 방법을 동원해서 사람들에게 돈을 뺏으려 한다고 생각합니다."

레일라가 어떻게 루이스와 같은 착각에 빠지지 않았는지, 그리고 자기가 그런 착각에 빠지지 않고 멀쩡하다는 사실을 어떻게 깨닫게 되었는지 궁금했다.

"나는 진짜로 월스트리트가 정직하다고, 선하다고 생각했어요. 감독 당국은 감독을 잘 하고 정부는 자기가 할 일을 잘 하고, 그러니 잘못될 게 없다고 생각했죠. 내가 지난 10년 동안 목격했던 일들이 일어나리라고는 전혀 생각해보지 않았어요. 제도를 그만큼 철저하게 믿었던 거죠. 난 정말로 그랬었어요."

잠시 말을 멈춘 레일라는 빙그레 웃었다. 그리고 한 마디 덧붙였다.

"지금은 안 그래요."

나는 정말 궁금한 게 하나 있었다. 레일라가 금융거래위원회 감찰실 보고서를 읽고, 해고당하고, 배신당하고, 죽음의 공포를 느낀 모든 과정을 거친 뒤, 다시 또 예전과 같은 상황을 맞는다면, 다시 말해 당국자들이 관료적인 태도로 모든 잘못을 뭉개고 없는 일처럼 은근슬쩍 넘어가려 한다는 것을 안다면, 과연 기꺼이 예전과 똑같이 행동할까 하는 것이었다. 나는 전화로 레일라에게 물었다. 한동안 아무 말도 하지 않던 레일라는 마침내 이렇게 말했다.

"아마도 그럴 것 같네요. 예, 그럴 겁니다. 똑같이 그렇게 할 겁니다. 왜냐하면……."

다시 레일라는 한동안 말을 멈췄다.

"왜냐하면 옳은 일이니까요. 그건 그러니까…… 잘 모르겠어요, 그렇게 해야 할 것 같아요. 옳은 일이니까요. 내가 하는 행동이나 내가 마음속에 품는 의도들은, 어떤 의미를 지녀야 한다고 생각하거든요, 내가 살아가는 삶 속에서."

더듬거리는 말과 긴 침묵으로 보건대 레일라가 깊이 생각해보지 않은 질문인 것 같았다. 어쩌면 그런 상상을 해보는 것조차 그녀에게는 너무나 힘든 일일지 모른다. 아르만도가 그랬던 것처럼, 그녀도 어떤 신념을 굳게 지키고 살아간다는 것이 정말로 가치 있는 것인지 은밀하게 의심을 품었을지도 모른다. 그러나 나는 레일라에 대해서 알면 알수록, 그녀가 쉽게 채워지는 것들에서 큰 만족을 느끼지는 않는다는 사실을 확실히 알 수 있었다. 레일라는 인생행로에서 불쑥불쑥 나타나는 예상치 못한 장애물들을 극복하는 과정에서 만족을 얻었다. 어린 두 아이를 부양해야 하는 싱글맘이자 유방암 판정을 받은 환자로, 가진 돈은 바닥이 난 상황에서 해고라는 또 하나의 무서운 현실의 파도를 만났을 때 그녀는 일어서서 싸웠다. 배턴루지에서 열린 청문회 자리에서도 그랬다. 청문회 청중석에는 스탠퍼드에 투자를 했다가 막대한 손실을 입은 투자자들이 자리를 잡고 앉아 있었다. 그들 가운데 많은 사람들이 머리가 새하얗고 걸을 때는 지팡이에 의지해야 하는 노인들이었다. 그들을 바라보면서 레일라는 불의에 대한 분노로 가슴이 찢어지는 고통을 느꼈다. 청문회 자리에 불려나온 감독 기관 관련자들에게는 치밀어 오르는 분노를 느꼈다. 금융산업규제기구에 소속되어 있던 사람 중 한 명은 청문회가 진행되는 내내 레일라를 경멸의 눈으로 노려보았다.

"그 사람은 내 눈을 똑바로 바라보면서, '넌 왜 그따위 짓을 하고 있니?'라고 말하는 듯했어요. '너는 우리를 배신했어, 어떻게 그럴 수가 있어?' 이것이 바로 그 사람이 눈으로 나에게 하던 말이었어요."

바로 그 순간 그녀는 발언을 시작했다. 예전에 큰 두려움에 맞닥뜨릴 때마다 그랬던 것처럼 마음을 차분하게 가라앉히고 용기를 냈다.

"증언대에서 증언을 하는 순간, 두려움은 흔적도 없이 사라졌어요. 마치 어떤 빛 하나가 내 안으로 들어오는 것 같았어요. 목소리는 점점 커졌고, 발음은 점점 명확해졌고, 말투는 점점 더 단호해졌죠. 모든 것이 완벽하게 느껴졌습니다. 완벽하게요."

에필로그
양심에 따라 행동하며
스스로를 구원한 사람들

유제푸프의 숲을 방문하는 것으로 시작되었던 나의 길고 긴 여정은 펜실베이니아 이리Erie에 있는 한 호숫가에서 끝이 났다. 3월의 따뜻하고 맑은 날, 나는 대럴 밴더빌트를 만나기 위해 차를 몰고 그곳으로 갔다. 밴더빌트가 관타나모에 있는 군사위원회에서 부장 검찰관으로 일을 시작한지 4년 정도 흐른 때였다. 그는 이라크에서 13개월 동안 군인으로 복무했는데, 당시 그의 부대는 도로에 매설된 폭탄과 폭도의 공격으로 심각한 타격을 입었다. 그는 무공훈장인 브론즈 스타 메달을 받았고, 돌아와서는 관타나모에서 일하게 되었다. 부대 내 전우들 사이의 유대감은 각별했고, 그런 전우애는 될 수 있으면 많은 적에게 정의의 심판을 내리고야 말겠다는 투지를 더욱 견고하게 만들었다.

"나는 관타나모 수용소에 수감된 적들은 최악 중에 최악이라고 믿었죠. 미국뿐만 아니라 서구 문명 자체를 말살하려 하는 가장 사악한 인간들이라고 믿었습니다. 내 임무는 전투 현장에서 잃어야 했던 전우들의 복수를 하는 것이었습니다. 가능하다면 말입니다."

관타나모로 간 밴더빌트는 전체 사건에서 세 건 당 한 건 정도를 처리했다. 그가 맡은 사건들 가운데는 '미국 정부 대 모하메드 자와드' 사건도 있었다. 자와드는 2002년 12월 17일 아프가니스탄의 수도 카불의 혼잡한 한 시장에서 수류탄으로 미 육군 차량을 공격해 특수부대 대원 두 명과 아프간 통역관 한 명을 중태에 빠트리게 한 혐의를 받고 있었다. 자와드가 저지른 범행에 밴더빌트는 처음부터 큰 관심을 보였다. 이라크에 있는 동안 특수부대 대원들에게 무한한 존경심을 가지게 되었기 때문이다. 그는 증거를 검토한 뒤 자와드의 유죄를 입증하는 데 아무런 문제가 없다고 판단했다. 도덕적인 판단의 모호함이 개입할 여지도 전혀 없을 것 같았다.

예비 심리 때 자와드가 미군 병사들로부터 부당한 대우를 받고 있다고 장황하게 이야기하자 밴더빌트는 콧방귀를 뀌었다. 그는 피고가 알 카에다의 교본이 가르치는 대로 그럴듯하게 거짓말을 꾸며대고 있다고 군사법정 판사에게 증언했다.

그때까지만 해도 그는 자와드의 감옥 기록을 검토하지 않았다. 그런데 재판이 진행되는 도중 피고의 변호인으로 선임된 미 공군

예비군 소속 장교 데이비드 프랙트가 문서 하나를 건네주었다. 프랙트는 그 기록을 살펴봐달라고 했다. 자와드가 관타나모에 수감되어 있던 2주 동안 감방을 무려 백열두 차례나 옮겼다고 쓰여 있었다. 수감자가 잠들지 못하게 하려고 일부러 감방을 자주 옮기는 이른바 '상용고객 우대 프로그램 frequent flyer program'(원래는 비행기를 자주 이용하는 고객을 우대하기 위한 항공사의 마일리지 제도를 가리키는 용어이다—옮긴이)이었다. 그리고 얼마 뒤 밴더빌트는, 동료의 책장에 꽂혀 있던 바인더를 무심코 펼쳤다가 어떤 문서 하나를 보게 되었다. 그 문서는 아프가니스탄에 주둔하는 미군 심문자들이 수감자에게 두건을 씌워 얼굴을 가리고, 수갑을 채운 뒤 수감자를 계단 아래로 밀고 구타한 정황을 묘사하고 있었다. 작성자는 육군범죄수사국 특수요원이었고, 수감자는 바로 모하메드 자와드였다. 자와드의 변호인들은 이 기록을 공람하지 못했고, 자와드가 벌였다고 하는 폭탄 공격의 진범이라고 자백한 또 다른 용의자들에 대한 정부 보고서 역시 마찬가지였다. 밴더빌트는 신문 기사들을 뒤져본 끝에 그 공격이 있던 날, 인근에서 다른 세 명의 용의자가 체포된 사실이 있다는 것을 알게 되었다. 그러나 그 세 명의 용의자는 아프간 경찰에게 뇌물을 먹인 뒤 모두 석방되었다. 밴더빌트는 또 자와드가 체포될 당시 그의 나이가 열여섯 살밖에 되지 않았다는 사실도 새롭게 알았다. 제네바협정에 따르면 자와드는 처벌을 받는 게 아니라 소년병으로서 사회 복귀 훈련을 받았어야 했다.

밴더빌트는 검사로서의 의무와 자와드 사건에 대한 의구심 사이에서 고민을 거듭하며 양자를 원만하게 만족할 수 있는 길을 모색한 끝에, 피고가 유죄를 시인하는 대가로 검찰 측이 형량을 낮추어서 구형하는 협상 제도를 활용하기로 마음먹었다. 자와드가 유죄를 인정할 경우 1년만 수감했다가 석방시키겠다는 것이었다. 그러나 밴더빌트의 상관은 고개를 저었다. 독실한 가톨릭 신자였던 밴더빌트는 그 길로 워싱턴 D.C.에 있는 수도원으로 달려가 거기서 사흘 동안 꼬박 기도만 했다. 그리고 더 이상 자와드 사건의 검사 역할을 맡을 수 없다는 결심을 한 채 수도원을 나왔고, 그 결심을 실행에 옮겼다. 그는 자와드의 재판에 증인으로 출석하라는 소환장을 받았다. 소환장을 보낸 사람은 자와드의 변호인 데이비드 프랫트였다. 법정에서 밴더빌트는 처음 자와드의 유죄를 확신했던 자기가 어떻게 자와드에게 덮어씌워진 그 혐의를 의심하게 되었는지 상세하게 설명했다. 그리고 마지막으로 이렇게 말했다.

"어떤 신빙성 있는 증거로도, 그리고 2005년의 수감자처우법의 어떤 조항으로도, 국제법이나 우리나라의 성스러운 헌법으로도, 자와드를 계속 감옥에 잡아둘 명분은 없습니다."[1]

판사는 자와드의 자백은 고문에서 나온 것이며, 그러므로 자백으로는 자와드가 유죄라고 인정할 수 없으니 자와드를 석방한다고 판

결했다. 이로써 7년 가까운 세월 동안 감옥에 갇혀 있던 자와드는 석방되었다.[2]

⚜

"우리의 도덕적 의무는 모든 형태의 사악함에 저항하는 것이다."

조지 W. 부시 대통령이 1994년 르완다에서 진정한 용기를 보여준 폴 루세사바기나에게 미국 자유훈장을 수여하며 한 말이다. 그러나 대럴 밴더빌트가 깨달았듯이, 그 '의무'가 정부를 당혹스럽게 하는 경우에는 거의 예외 없이 환영받지 못한다. 밴더빌트가 상관에게 윤리적으로 잘못되었다고 호소하자 상관은 그에게 심리 상담을 받는 것이 좋겠다고 말했다. 밴더빌트는 검사직을 사직한 후 이라크나 아프가니스탄으로 파견되길 바랐지만 군은 그에게 현장 근무의 임무를 주지 않았다. 합참 우수부대 표창장과 브론즈 스타 메달을 받은 용감하고 애국적인 군인이었음에도 그는 조국의 명예를 더럽힌 반역자가 된 듯한 굴욕감을 느껴야 했다. 한편 관타나모 기지의 수석 검사인 로렌스 모리스는 밴더빌트의 판단과 행동에 '아무런 근거도 없다'[3]고 언론에 말했다. 자기들이 세운 원칙을 놓고, 타협하길 거부하는 사람들이 그 거부의 대가로 받는 시련과 비교하면 밴더빌트가 받은 처우는 작은 것이라고 할 수도 있다. 하지만 그렇다고 해서 그 처우 혹은 부당한 대우가 결코 유쾌하지는 않다. 밴더빌트는 나에게 말했다.

"오랜 세월 내가 고뇌를 거듭하면서도 지켜왔던 신념이 공격받는 건 정말 참기 어려운 일이었습니다. 내가 무엇보다도 긍지를 가지고 있는 것, 즉 의무를 위해 헌신해야 한다는 신념과 옳은 일을 하고 싶다는 소망에 대한 개인적인 공격 말입니다. 그런 상황을 어떻게 이해하고 또 받아들여야 할지 도무지 모르겠더군요. 처음 겪는 일이었거든요."

도대체 왜 어떤 사람들은 시련 속으로 자신을 몰고 갈까? 그 행위에 과연 그만 한 가치가 있을까? 여러 곳을 다니면서 신념을 지키려다 시련을 자초한 사람들을 만나 그들이 감당해야 했던 고통을 들을 때면, 나는 항상 이런 질문이 떠올랐다. 그들이 그렇게 시련을 당하며 저항했지만 별로 달라진 것이 없는 경우에는 특히 더 그랬다. 대럴 밴더빌트도 나와 비슷한 의심을 품었던 것이 분명했다. 밴더빌트가 관타나모에서 자행된 인권 탄압의 현장을 고발한 지 거의 3년이 지났지만, 그리고 그 뒤로 그의 인생은 완전히 바뀌고 말았지만, 관타나모 수용소는 여전히 예전과 다름없이 돌아가고 있었다. 밴더빌트는 나와 만나기 얼마 전에 하버드대학교 로스쿨에서 열린 '칼날 위에 서기―원칙을 지키고 과감하게 경력 쌓기'라는 강연에 참석했다고 말했다. 그리고 그곳에서 거부와 반대를 주제로 한 책을 쓴 정치학자의 말을 들었는데, 가슴에 절실히 와닿았다고 했다.

"그분이 그러더군요. 거부자 개개인이 사회에 어떤 영향력을 행사할 수 있다는 발상은 잘못된 것이라고요. 썩 내키지는 않지만 나도 같은 결론에 도달했습니다. 그런다고 변화가 일어나는 건 아닙니다. 혼자만 고통을 당할 뿐이죠."

경험에서 우러나온 진솔한 발언이었다. 그 말을 듣고 나는, 과연 그 강연회에 참석했던 로스쿨 학생들이 어떤 깨달음을 얻고 돌아갔을지 궁금했다. 자기 경력을 망치지 않으려면 칼날 근처에는 얼씬도 말아야 한다는 깨달음을 얻었을까? 기자들은 보통, 원칙에 입각하여 도덕적 용기를 가지고 저항하는 사람들을 다룬 이야기가 저항 정신을 확산시키는 데 기여할 것이라고 생각한다. 하지만 만약 거부자의 저항과 그 과정을 있는 그대로 정확하게 들려준다면, 오히려 반대 결과가 초래되지 않을까? 즉, 원칙을 지키기 위해서라면 평온한 삶과 성공이 보장된 경력을 기꺼이 버릴 수 있다는 사람의 수가 오히려 줄어들지 않을까?

적어도 대럴 밴더빌트는 이런 의심을 하는 듯했다. 하지만 그에게 본인이 한 행동을 후회하느냐고 묻자 고개를 저었다.

"물론, 그 일로 빚어진 결과들 중 어떤 점에 대해서는 아쉽고, 후회가 되기도 합니다. 그런 사실조차 부정한다면 인간도 아니겠죠. 그러나 기본적인 큰 결정에 대해서는 후회하지 않습니다."

밴더빌트가 이렇게 말할 수 있었던 또 한 가지 이유는 그가 관타나모의 유일한 거부자가 아니라는 데 있었다. 밴더빌트 외에 관타나모에 있던 장교 여섯 명이 밴더빌트와 비슷한 윤리적 혼란스러움을 겪은 뒤 직위에서 물러나거나, 하소연을 하거나, 혹은 군복을 벗었다. 이 대열의 시작을 알린 사람은 미 육군예비군 소속 장교이던 스티븐 에이브러햄이었다. 그는 '보메딘 대 부시' 재판에 진술서를 제출했고, 이 진술서는 대법원까지 올라갔다. 그 결과 마침내 관타나모의 수용자들도 구속적부심사를 받을 권리를 보장받게 되었다. 모하메드 자와드 재판도 몇몇 전향적인 조치들을 이끌어냈다. 이런 결과가 나온 데는 몇몇 장교들의 용기 있는 발언뿐만 아니라 이런 발언에 호응하여 응원을 보내주고 압력을 행사한 군대 바깥의 시민단체들이 있었기 때문이라고 밴더빌트는 말했다.

"요즘 군사 재판은 과거에 비해서 훨씬 공정해졌습니다. 강요된 증언이나 자백이 증거로 채택될 여지도 한층 줄어들었습니다. 수감자들에게 훨씬 많은 인권을 보장해주고, 그것을 지키지 않는 행위를 범죄로 규정하기도 합니다. 이런 것들을 모두 내가 이루어냈다고 말하면 사람들은 날 칠푼이라고 부르겠죠. 그래요, 내가 '아니'라고 말했던 덕분만은 아니죠. 미국자유인권협회ACLU나 헌법수호센터CCR를 포함한 여러 인권단체들이 힘을 써준 덕분입니다."

사람들이 그들이 설정한 목표에는 도달하지 못했을지라도, 그들의 양심적인 행동은 사회에 영향을 끼쳤다. 이스라엘에서 점령지 근무를 거부했던 최초의 군인은 그저 자기 손에 피를 묻히고 싶지 않다는 마음뿐이었을지도 모르지만, 그 이후 수십 년 동안 수백 명의 거부자들이 최초의 거부자가 했던 것과 똑같은 행동을 해왔다는 사실이 중요하다. 1938년 파울 그뤼닝거가 명령을 거부했을 때 그의 목표가, 스위스가 과거에 있었던 일을 재조사하고 자기반성을 하는 것이 아니었음은 분명하다. 그러나 그가 법을 거부하고 자신의 원칙을 지켰던 행위는 스위스가 나중에 자기반성을 하는 데 일정한 역할을 했다. 소로는 자신의 목표가 '아무리 거대한 악이라고 하더라도 그 모든 악을 근절하기 위해 헌신하는 것'이라고 했다. 인두세를 내지 않겠다는 주장을 담은 그의 에세이는 결국 양심적인 반대자들을 고무하기에 이르렀고, 마틴 루터 킹 주니어도 그런 사람들 가운데 하나였다. 그는 소로의 에세이를 학창 시절에 읽고 깊은 감명을 받았다. 마틴 루터 킹의 자서전에는 이런 대목이 나온다.

"사악함과 타협하지 않는 것이 선함과 협력하는 것만큼이나 중요한 도덕적 의무임을 확신하게 되었다. 이런 사실을 사람들에게 설득하는 데 헨리 데이비드 소로만큼 유창하고 또 열정적인 사람은 지금까지 없었다. 소로가 많을 글을 쓰고 또 개인적으로 증언한 덕분에 우리는 창조적인 저항이라는 유산을 상속받았다."[4]

법정의 판결문에 흔히 등장하는 말처럼 양심은 '단순히 개인적인 차원의 도덕률'[5], 즉 내 의견이 다른 사람들의 의견과 다를 때 참조할 수 있는 어떤 정신기능일 뿐이다. 그럼에도 불구하고 어째서 이런 파급효과가 나타나는 걸까? 그 이유의 하나로는, 철학자 마이클 왈저의 설득력 있는 주장처럼, 굳이 정확하게 따지자면 양심에 관한 그 진술이 사실이 아니기 때문이다. 왈저는 '양심'이라는 단어는 '선악에 대한 공통된 지식'[6]이 존재하는 데서 생겨난다고 말한다. 이 '선악에 대한 공통된 지식'은 독자적으로 형성되는 것이 아니라 다른 사람들과의 상호작용, 또한 어떤 집단이나 종파, 정당, 노동조합, 직업 조직, 군부대 등에서의 약속을 통해 형성되고 존재한다. 이런 맥락에서 왈저는 다음과 같이 썼다.

"개인적인 차원의 '결단'과 이런 결단의 토대인 '도덕률'은 다르다. 결단은 사람들이 혼자서 내리는 것이지만, 도덕률은 거의 모든 사람들이 공유하는 것이다."

어느 사회에나 대부분의 사람들이 공유하는 도덕률을 공유하지 않는 거부자 혹은 우상파괴자가 있게 마련이다. 이들은 사회의 권위체가 권위를 부여하는 것에 콧방귀를 뀌며 기쁨을 찾는다.

그러나 지금까지 우리가 살펴본 거부자들은 이 범주에 속하지 않는다. 이들은 자기들이 속한 사회나 조직의 가치관과 이상을 거만하게 내팽개치는 게 아니라, 반대로 그것들을 거역할 수 없는 신성불가침의 어떤 것으로 여긴다. 파울 그뤼닝거에게 신성불가침의 이상은 스위스의 모든 시민이 자기만큼이나 마음에 깊이 새기고 있다고 생각했던 전통, 즉 이방인을 반갑게 맞이하는 전통이었다. 알렉산데르 제브티치에게 그 이상은 자기 어머니에게서 배웠으며 또한 티토 치하의 유고슬라비아의 공식적인 구호였던 '형제애와 통일성'이라는 관용의 정신이었다. 그리고 아브네르 위시니체르에게 그것은 이스라엘 군대는 '세계에서 가장 도덕적인 군대'라는 믿음이었고, 레일라 위들러에게 그것은 그녀를 포함해서 모든 증권중개인이 고객에게 가져야 하는 의무, 즉 고객이 맡긴 돈을 투자할 대상의 자산을 철저하게 평가할 의무였다. 그들은 모두, 너무도 순진하게 자기들이 생각했던 신성불가침의 이상을, 조금이라도 세상에 닳은 사람이라면 당연히 비웃고 말았을 그런 이상을 믿었다. 만일 그들이 조금만 더 냉소적이었거나 세상의 이득에 닳았었다면, 자기들의 삶을 이끌어줄 지침이라고 생각하며 의지했던 각자의 원칙을 철저하게 지켜야겠다는 마음이 들지 않았을 것이다. 그 원칙이 훼손되고 무시되는 것에 혐오감을 느끼지도 않았을 것이다.

"나는 확신에 차 있던 사람에서, 확실하게 속았다고 느끼는 사람으로 바뀌었습니다."

대럴 밴더빌트가 나에게 한 말이다. 내가 만났던 다른 거부자들과 마찬가지로, 대럴을 행동으로 이끈 것은 훼손되고 있다고 생각한 이상적인 가치를 위한 헌신이었다. 아울러 그 못지않게 중요한 역할을 수행한 것은, 바로 도덕적 상상력을 기꺼이 펼치려는 그의 마음가짐이었다. 비록 그것이 그가 사회적으로 주어진 직무를 수행하는 데는 여러 가지로 방해가 되긴 했지만.

애덤 스미스는 거부자들이 발휘하는 이런 능력이 보편적인 것이라고 주장했다. 스미스의 말은 옳다. 우리의 침묵이나 묵인 때문에 피해를 입을지도 모르는 사람들에게 연민을 느끼는 데는 특별한 기술 혹은 성인聖人이나 가지고 있을 법한 고결한 덕성은 필요하지 않다. 그러나 우리 행동의 결과로부터 스스로를 멀리 떼어놓음으로써, 어떤 이념을 핑계로 행동을 정당화함으로써, 혹은 우리가 야기할 수도 있는 위해에 대한 책임을 명령 계통상 우리 위나 아래에 있는 사람에게 떠넘김으로써 그런 도덕적 상상력을 차단하는 경향 역시 보편적이다. 오늘날의 사회는 큰 힘에 의해 통치되며, 원인과 결과 사이의 연결은 한층 모호해졌다. 이런 세상에서 음험한 타협의 온갖 상황에 던져진 개인들은, 극단적인 모순이나 갈등이 있을 때뿐만 아니라 그런 것들이 있는 듯 마는 듯할 때조차도, 위에서 언급한 식으로 도덕적 의무를 거부할 기회가 없어서 난처할 일은 거의 없다. 아부그라이브 교도소에서 후세인에게 충성을 다했던 군인이나, 제2차 세계대전 때 터무니없는 일이 자기 눈앞에서 벌어질 때 용기 있게 저항하지 못했던 방관자들을 판단하기란 쉽다. 그러나 날마다 일상에서, 비록 잠깐 동안이긴 하지만 양심에 걸리는 일들을 제도나 환경 혹은 직장 상사의 탓으로 돌림으로써, 자기에게 불이익을 초래할 수도 있는 선택을 회피하는 일이 얼마나 자주 일어나는지 인정하기란 쉽지 않다. 심지어 그런 일이 일어나는지 인식하는 것조차 쉽지 않을 수 있다. 터무니없는 일들이 일어날 때, 우리 몸에 배어버린 수동성과 순종이 어떤 역할을 하는지 곰곰이 생각해보는 사람이 얼마나 될까? 우리는 얼마나 자주 그에 대한 성찰을 할까? 이런 성찰 역시 제2차 세계대전 때의 방관자들을 판단하는 것보다 쉽지 않다.

◆ ◆ ◆

르완다에서 '악과 맞닥뜨린' 사람들에게 바쳐진 경건한 찬사나 미국에서 벌어지는 회계 부정을 폭로한 내부고발자들에게 바쳐진 〈뉴욕타임스〉의 달콤한 찬사로 판단하자면, 압도적인 수의 사람들이 수동성과 순종을 바람직한 덕목으로 여기며 살고 있다. 실제 현실에서 우리는 내부고발과 같은 행위는 위험하기 짝이 없다는 걸 모두 잘 알고 있다. 의무와 양심 사이의 경계선을 어디에다 그어야 할지 합의가 끝나지 않아서만은 아니다. 전 세계 많은 나라가 수백 년 전에 공식적으로 금지한 고문이라는 행위에 대해서는 어떨까? 부시 정부 시절, 폭력적인 심문 정책에 의문을 제기하고 반발한 소수의 거부자들을 이해하지 못하는 사람들의 관점으로는, 이것은 결코 합의된 사항이 아니다. 사람들의 저축을 교묘한 사기 수법으로 강탈하는 행위는 어떨까? 2008년 금융위기 이전에 바로 그런 짓으로 막대한 돈을 벌었으면서 전혀 사과하지 않았던(그들에게 대가를 받으면서 금융계의 규제와 감독을 무력화시켰던 정치인들이 사과 명령을 내리지 않았으므로 그들은 압박에 시달리지도 않았다) 월스트리트의 금융인들 관점으로는, 이 또한 결코 합의된 사항이 아니다. 그렇다면 다른 사람의 땅을 훔친 행위는 어떨까? 서안 지역에 자기들이 정착하는 것이야말로 하나님의 계획을 완성하는 일이라고 여기는 유대인 정착민들로서는 당연히 합의된 사항이 아니다. 그런데 위에서 말한 모든 행위를 부당하고 터무니없는 것이라고 여기는 사람들조차 군인, 공무원 혹은 직장 동료가 어떤 문제에 관해 혼자 비타협적인 태도를 보이면 불안해하고 걱정한다. 명백하게 잘못된 어떤 일이 일어날 때, 우리는 비타협적인 태도를 보이면 안 되는 걸까? 우리는 정말로 우리가 공유했던 어떤 합의나 약속을 떠올리길 바라는 걸까?

 누군가 도덕적인 용기를 발휘할 때, 필연적으로 불일치의 알력이 발생하고 많은 사람들이 불편해진다. 아마 이 가운데 대부분은 '아니오'라고 말하길 결코 원하지 않았고 또 자기가 그러리라고 예상도 하지 않았던 사람들, 즉 집단 전체의 대표적이고 획일적인 믿음을 철저하게 믿던 사람들일 것이다. 집단에 속한 다수의 감정을 상하게 해서 분노를 촉발하면서까지 '자신이 속한 집단에서 떨어져 나오기'는 결코 쉬운 일이 아니라고 수전 손택은 썼다.[7] 이 말은 사실이다. 그런 '결별'이 고통스럽지 않다고 말할 사람은 아무도 없다. 이런 결별은, 전체 집단의 생각과는 다른 생각과 행동을 하는 데 익숙하며 또한 그런 뜻을 가진 동료들을 옆에 둔 거부자들보다는, 집단의 다수가 소중하게 여기는 가치를 신뢰하면서 맹렬하게 살아왔던 내부자들에게 훨씬 더 어렵다. 대럴 밴더빌트는 가장 무서웠던 것이 일자리를 잃는 게 아니라 '관타나모에서 함께 싸우면서 때로는 죽음까지 불사했던 동료 군인들을 자기가 배신하는 게 아닐까' 하는 생각이 들 때였다고 말했다.

"내가 겪은 내면적인 갈등의 가장 큰 원인은 내가 전우들, 특히 전투 현장에서 목숨을 잃은 동료들과 공유했던 믿음을 깨고 있는 건 아닐까 하는 걱정이었습니다. 내가 그 사람들을 배신한 겁니까? 그렇다면, 내가 적의 편에 선 것입니까?"

그러나 나중에 확인된 사실이지만 그는 그런 고민과 걱정을 할 필요가 없었다. 같은 부대에서 함께 근무했던 군인들 중 누구도 밴더빌트의 충성심을 의심하지 않았다. 이 사실에 밴더빌트는 크게 안도했다. 동료들은 밴더빌트의 편이 되어주었고, 또 많은 사람들이 그에게 위로의 편지를 보냈다.

"대럴, 우리는 뭐가 문제인지는 잘 모르지만 대럴이라는 사람은 잘 안다. 뭐든 필요한 게 있으면 연락해라."

동료들과 자기 사이에는 결코 끊어지지 않는 강력한 유대감이 있다고 대럴은 말했다. 그러나 설령 오랜 시간이 흘러 이런 유대감이 약해진다고 해도, 밴더빌트는 자기가 한 행동을 결코 후회하지 않을 것임을 나는 느낄 수 있었다. 왜냐하면 그는 결코 벗어날 수 없는 단 한 사람인 자기 자신의 판단을 배신할 수 없기 때문이다. 밴더빌트의 이야기를 실은 신문들은 그가 군대로부터 받은 비난에 초점을 맞추었다. 신문들은 계량화할 수는 없지만 그가 얻은 어떤 것, 자기 경험을 이야기할 때마다 그의 목소리에 배어 나오는 어떤 고마움, 그리고 그의 과거 동료들이 부럽다고 여길 수도 있는 어떤 것에는 관심을 두지 않았다. 대럴 밴더빌트는 분명한 어조로 힘주어 말했다.

"나는 임무를 띠고 관타나모에 갔었지요. 그리고 내가 그곳에서 달성한 임무는 어쩌면 나 자신을 구원하는 것이었을지도 모릅니다."

감사의 말

이 책을 쓰면서 나는 많은 사람들에게 많은 빚을 졌다. 특히 나에게 자기 이야기를 털어놓아준 분들에게 빚을 졌다. 나에게 시간을 내주고 또 마음 깊은 곳에 담아두었던 이야기를 들려준 그 분들에게 깊이 감사를 드린다.

알렉산다르 오파치치와 이르판 레드조비치에게 깊은 감사를 드린다. 두 사람은 내가 발칸 지역을 여행할 때 언어와 관련된 문제에서부터 생필품과 관련된 문제에 이르기까지 두루 도움을 주었다. 또 내가 스위스에서 제대로 취재원을 만날 수 있도록 다리를 놓아준 러스 드레퓌스에게도 고맙다는 인사를 전하고 싶다. 또 뛰어난 통역가인 사라 스기하라는 1장의 원고를 완성하는 데 결정적인 도움을 주었으며, 일급 연구자인 네이마 자흐로미는 원고의 사실 관계를 꼼꼼하게 점검했다.

고인이 된 위대한 역사학자 토니 주트에게도 많은 빚을 졌다. 이분은 내가 처음 이 주제를 얘기했을 때 적극적인 격려와 소중한 조언을 아끼지 않았다. 그리고 스티븐 루크스는 내가 원고를 쓰는 과정에서 결정적인 피드백을 해주었다. 또한 나의 대리인인 사라 챌펀트에게도 고마운 마음을 가지고 있다. 그녀는 이 책이 모습을 드러내기 훨씬 전에 이 책의 가능성을 발견하고 이 책이 올바로 완성될 수 있도록 이끌어주었다.

출판사 FSG의 편집자인 에릭 친스키에게도 특별히 고맙다는 인사를 하고 싶다. 열정과 통찰력 그리고 박식함을 갖춘 그와 함께 일을 했다는 사실은 나로서는 영광이다. 아울러 이 책이 결실을 맺을 수 있도록 고생한 가브리엘라 두브, 케이티 프리먼, 수전 골드파브 및 그 밖의 FSG 식구들도 모두 고맙다.

원고를 쓰는 과정에서 여러 기관들로부터 결정적인 지원을 받았다. 이 가운데 특히 센트럴 유러피언 대학교CEU의 '오픈 센트리 프로젝트'를 들 수 있는데, 여기에서 나는 소중한 몇 달을 보냈다. 또한 뉴욕 대학교의 레마르크 연구소와 관련이 있는 이보나 말바시치, 이반 크라스테브, 자일 케슬러에게도 고맙다는 인사를 전한다. 내가 지금까지 펠로우로 몸담고 있는 활기찬 연구소인 뉴 아메리카 재단 그리고 특히 앙드레 마르티네즈, 셜리 슈베닝거, 스티브 콜에게서 많은 도움을 받았음을 밝힌다. 또 고맙게도 작업 공간을 내어준 네이션 인스티튜트에 감사하며, 특히 카트리나 반덴 휴벨, 애덤 샤츠, 로라 세코, 사샤 아브람스키, 타네히시 코츠, 스콧 셔먼, 존 팔라텔라, 에릭 클리넨버그, 커크 셈플, 스티브 더들리, 데이비드 가트너, 조니 템플, 토비 비치, 벤저민 요스트, 아리 버먼, 크리스티안 파렌티 그리로 라일라 아잼 장가네 등에게도 고맙다는 말을 전한다.

언제나 사랑과 지지를 보내주는 부모님과 누이 샤론에게도 고맙다는 인사를 하고 싶다. 그리고 가까운 친척들인 숙모인 탈마, 사촌인 리오와 애론, 그리고 어니스트 애블린, 그라시엘라 애블린-사스로즈 및 길버트 로즈 등도 모두 고맙다. 그리고 누구보다 고마운 사람은 미레이유 애블린이다. 그녀의 사랑이 나를 지탱해주며 그녀의 지혜와 용기와 열정에 나는 힘을 얻는다.

옮긴이의 글
아름다운 영혼들의 목소리

1956년에 한 심리학자가 장차 유명한 실험으로 남을 어떤 실험을 진행했다.

그는 피실험자들에게 두 개의 카드를 나눠주었다. 하나의 카드에는 수직 선분 하나가 그려져 있었고, 또 다른 카드에는 세 개의 수직 선분이 그려져 있었는데, 그 가운데 하나가 첫 번째 카드의 수직 선분과 길이가 똑같았다. 이 세 선분의 길이가 워낙 뚜렷하게 다르기 때문에 어린아이라고 하더라도 쉽게 알아볼 수 있었다. 그런데 피실험자와 함께 실험에 참가하는 다른 사람들은 모두 애쉬 박사와 사전에 입을 맞춘 사람들이었고, 첫 번째 카드의 선분과 같은 길이의 선분을 두 번째 카드에서 찾으라는 질문에 모두 동일하게 엉뚱한 선분을 가리켰다. 실험에서는 참가자들이 차례로 큰 소리로 대답을 하도록 했고 또 피실험자가 맨 나중에 대답을 하도록 설정했는데, 다른 사람들이 모두 엉뚱한 선분을 가리키는 상황에서 피실험자는 어떤 선택을 했을까?(*본문 중에서)

놀랍게도 열여덟 개의 비교 실험을 하는 동안 다른 사람들의 오답에 휘둘리지 않고 자기가 믿는 그대로 정답을 말한 사람은 전체 피실험자 가운데 4분의 1밖에 되지 않았다. 나머지 4분의 3을 대상으로 왜 그랬는지 묻자, 다른 사람들에게 '이단자'나 '멍청이'로 비치는 게 두려워서, 다른 사람들이 내린 잘못된 선택을 따라갔었다고 그들은 설명했다.

이 책은 사람들의 이런 심리를 추적한다. 특히 생명의 위협을 느껴야 하고 집단에서 축출되며 이제껏 살아온 모든 경력을 잃어버릴 수도 있는 상황에서도, 자기가 옳다고 믿는 원칙을 지키기 위해서 '아니오'라고 말한 사람들의 심리를 추적한다.

저자의 관심은, 자기가 속한 집단의 압력 속에서도 부당한 지시에 용감하게 '아니오'라고 말하는 사람들의 용기는 과연 어디에서 나올까 하는 데 있다. 그 사람들은 보통 사람들과는 차원이 다를 정도로 특별한 자질을 갖춘 '영웅'이기 때문일까? 저자는 그렇지 않다고 주장한다. 긴박한 판단을 해야 할 상황에서 가장 평범한 사람이 양심이라는 가장 보편적인 기준에 입각해서 자기가 속한 집단이 지향하는 근본적인 가치를 가장 평범하게 고수할 때, 이 사람의 행동은 종종 '아니오'라고 말하는 것으로 드러나고, 이때 이 사람은 '배신자'나 '괴짜'라는 낙인을 받거나 '영웅'이라는 찬사를 받는다. 그래서, 어떻게 보면, 이 책에 '영웅의 조건'이라는 역설적인 부제를 달아도 어울릴 것 같다.

이 책은 이런 내용을 깊이 파고든다. 뿐만 아니라 넓게 펼쳐서 살펴보기도 한다. 시간적으로는 20세기 초부터 21세기 초까지를 배경으로 하고 공간적으로는 스위스, 발칸 반도, 이스라엘 그리고 미국을 배경으로 하는 네 개의 이야기를 다루기 때문이다.

이 책은 네 가지의 독립적인 이야기를 장별로 하나씩 다룬다. 1장, 제2차 세계대전 발발 직전, 오스트리아와의 국경 경비를 책임지는 스위스의 경찰서장이 비자 없는 유대인 입국을 저지하라는 당국의 지시와 법률을 어기면서, 서류를 조작해서 유대인 난민의 입국을 도운 뒤에 고초를 당하는 이야기. 2장, 1991년 발칸반도, 오랜 세월 서로를 철천지원수로 여기던 크로아티아인과 세르비아인 사이에 벌어진 전쟁으로 폐허가 된 도시 부코바르에서 크로아티아인들의 목숨을 살리려고 자기 목숨을 건 어떤 평범한(심지어 게으르고 또 이기적이기도 한) 세르비아인 이야기. 3장, 2000년 이스라엘과 팔레스타인 사이의 긴장이 고조되던 시점에 점령지에서 팔레스타인인을 축출하라는 명령을 거부한 이스라엘의 최정예 부대인 사이렛 마트칼의 대원들의 항명 이야기. 그리고 마지막으로 4장, 파생상품을 매개로 해서 펼쳐지는 미국 금융계의 부도덕한 실상을 폭로한 뒤에 완강한 부패 고리에 맞서서 싸웠던 한 내부고발자의 이야기. 하나하나의 이야기는 모두 한 편의 영화처럼 흥미진진하게 펼쳐진다.

그런데, 이 책의 서술과 구성이 좀 특이하다.

우선, 각 장의 이야기들이 독립적으로 존재하지 않고, 이야기가 하나씩 펼쳐질 때마다 차곡차곡 쌓이면서 다음 장의 이야기 속으로 녹아든다. 그렇기 때문에 저자가 소개하는 이야기 속에 담긴 갖가지 에피소드의 의미는 저자가 말하고자 하는 주제와 버무려져서 점점 더 확장된다. 인종 청소, 양심적인 행동, 감동, 따돌림의 공포, 외로운 싸움 혹은 정의로운 싸움, 집단 속의 개인 혹은 개인 속의 집단, 사회적 책임, 권력 집단…… 인간이란 무엇인가 혹은 인간은 무엇을 위해서 사는가?

또 한 가지 특이한 점은 저자 이얼 프레스가 각각의 이야기 전개 속에 적극적으로 개입하고 있다는 점이다. 저자는 네 개의 이야기를 취재하면서 수많은 사람들을 만나는데, 각각의 이야기와 얽힌 사람들을 만나서 이야기를 나누고 그들과 관계를 맺어가는 과정까지도 생생하게 이야기 속에서 녹여낸다. 즉, 멀리 다른 곳에서 일어난 다른 사람들의 이야기로만 객관적이고 건조하게 소개하지 않고, 그 이야기들을 현재의 자기 이야기(혹은, 우리의 이야기)처럼 그 이야기들 속으로 육박해 들어가서 풀어낸다. 우리가 사는 사회를 조금이라도 더 살 만하도록 만들어준 '아름다운 영혼'들의 목소리, 그 울림을 보다 생생하게 전하고 싶은, 그렇게 해서 우리가 사는 사회를 지금보다 조금이라도 더 살 만하도록 만들고 싶은 저자의 마음 혹은 집필 동기가 이런 구성으로 나타난 것 같다.

'아니오'라고 말할 수 있는 양심적인 용기나 '내부고발'의 문제는 멀리 남의 나라 문제만은 아니다. 우리나라에도 수많은 내부고발자들이 있었고, 지금도 많은 사람들이 자기가 속한 집단의 비리와 자기 양심 사이에서 괴로워하고 있을 것이다. 이런 사람들의 고통을 조금이나마 덜 수 있는 사회 분위기를 조성하는 데, 그리고 궁극적으로 우리 사회가 조금 더 정의로워지고 인류의 보편적인 가치에 부합할 수 있도록 변화하는 데 이 책이 기여할 수 있으면 좋겠다. 아울러, 당연한 말이지만, 이 책이 담고 있는 이 책만의 '책 읽는 재미'를, 거의 한 세기 가까운 세월에 걸친 네 개의 이야기를 소개하면서 저자가 만나는 다양한 사람들과 독자들이 만나 인간에 대한 애정을 온전하게 누릴 수 있으면 좋겠다.

— 이경식

참고문헌

프롤로그

1. 유제푸프에서 자행된 학살에 대한 자세한 내용은 다음을 참조, Christopher browning Ordinary Men(HarperCollins, 1992), chapters 1 and 7.
2. George W. Bush, "Citations for Recipients of the 2005 Presidential Medal of Freedom," accessed May 11, 2001, georgewbush-whitehouse.archives.gov/news/releases2005/11/20051109-10.html.
3. 다비의 폭로 및 그 뒤에 일어난 일에 대해서는 다음을 참조, Anderson Cooper "The Abu Ghraib Whistleblower," 60 Minute, June 25, 2007, accessed May 11, 2011, www.cbsnews.com/video/watch/?id=2972689n&tag=related;photovideo.
4. S. Yizhar, khirbet khizeh, trans. Nicholas de Lange and Yaacob Dweck (Ibis Editions, 2008), p. 82.
5. A Report on the Banality of Evil (Penguin, 1994), p. 276.
6. Browning, Ordinary Men, p. 188.

chapter 1. 법에 따르지 않기

1. 크리스탈나흐트에 대한 자세한 설명은 다음을 참조, Martin Gilbert, Kristallnacht: Prelude to Destruction (HarperCollins, 2006), and U.S Holocausst Memorial Museum website, "Vienna," accessed May 5, 2011, www.ushmm.org/wlc/en/article.php?ModuleId=10005452.
2. 에비앙회담에 대한 간략한 설명은 다음을 참조, Ronnie S. Landau, The nazi Holocaust (Ivan R. Dee, 19940, pp. 137-40, and U.S. Holocaust Memorial Museum Website, "The Evian Conference," accessed May 11, 2011, www.ushmm.org/outreach/en/article.php?ModuleId=10007698.
3. 제2차 세계대전 발발 때까지 스위스 비자를 발급받을 수 있는 요건에 대해서는 다음을 참조, Stefan Keller, Delit d'humanite: l'afaire Gruninger (D'en bas, 1994).
4. Independent Comnission of Experts, Switzerland and Refugees in the Nazi Era (Bern, 1999), p. 45.
5. Richard Dindo, dir., Gruninger's Fall (film), 0:09.

6. Keller, Delit
7. Switzerland and Refugees, p. 66. For description of J stamp see p.80.
8. Keller, Delit, p. 51.
9. 그뤼닝거의 초년 시절에 관한 정보는 다음을 참조, Keller, Delit.
10. ibid., p. 13.
11. ibid., p. 164.
12. Gruninger's Fall, 1:24
13. Gruninger's Fall, 1:07.
14. Mordecai Paldiel, Diplomat Heroes of the Holocaust (Ktav, 2007), pp. xi-xii.
15. 멘데스의 이야기에 대해서는 다음을 참조, Diplomat Heroes, pp. 71-88
16. Keller, Delit, p. 121.
17. Gruninger's Fall, 1:17.
18. Zygmunt Bauman, Modernity and the Holocaust (Cornell, 1989), p. 151.
19. ibid., p. 166.
20. 밀그램이 맨 처음 했던 이 실험을 묘사한 내용은 다음을 참조, Stanley Milgram, Obedience to Authority (Harper and Row, 1974), pp. 13-26.
21. ibid., pp. 73-77.
22. ibid., pp. 121,133.
23. Bauman, Modernity, p. 163.
24. ibid., pp. 155-56.
25. 인용 및 친밀성과 관련된 밀그램 실험에 대한 묘사는 다음을 참조, Milgram, Obedience, pp.33-38.
26. Eva Fogelman, Conscience and Courage (Doubleday, 1994), p. xiv.
27. 그 사건 및 펄라스카에 대한 묘사는 다음을 참조, ibid., pp. 52-55.
28. ibid., pp. 52-54.
29. Diplomat Heroes, p. 83.
30. Gruninger's Fall, 1:05.
31. Diplomat Heroes, p. 124.
32. Gilbert Harman, "Moral Philosophy Meets Social Psychology: Virtue Ethics and the Fundamental Attribution Error," Proceedings of the Aristotelian Society, 1999, pp. 315-31.
33. Bibb Latane and John Darely, The Unresponsive Bystander: Why Doesn't He Help? (Meredith, 1970), pp. 93-101.
34. Diplomat Heroes, p. 124.
35. David Cesarani, Becoming Eichmann (Da Capo, 20040, P. 106.
36. Browning Ordinary Men, pp. 153, 175-76, 184. 골드하겐의 이론에 대한 비판은 다음을 참조, pp.191-223. '유대인 학살'에 대해서는 14장을 참조.
37. S.L.A. Marshall, Men Against Fire: The Problem of Battle Command (Wiliam

Morrow, 1947), p. 79.
38. 미 육군의 훈련 내용 변화에 대해서는 다음을 참조, Dave Grossman, On Killing: The Psychological Cost of Learning to Kill in War and Society (Back Bay, 1995), pp. 160-64. 발사율에 대해서는 35쪽 참조. 인용된 여러 용어들에 대해서는 73쪽과 146쪽 참조.
39. Diplomat Heroes, p. 82.
40. Gruninger's Fall, 0:42.
41. Keller, Delit, p.82
42. ibid.
43. Milgram, Obedience, p. 121.
44. Keller, Delit.
45. ibid. 인용 부분의 출처는 에리히 빌리그가 필자에게 제공한 자료들이다.
46. ibid., pp. 219-20
47. Francois Rochat and Andre Modiigliani, The Oridinary Quality of Resistance: From Milgram's Laboratory to the Village of LeChambon (The Society of the Psychological Study of Social Issues, 1995), p. 197. 저자들은 다음 글에서 이 이론을 그뤼닝거에게 직접 적용한다. "Captain Paul Gruninger," in the book Obedience Authority (Laerence Erlbaum Associates, 2000), edited by Thomas Blass.
48. Diplomat Heroes, p. 82.

chapter 2. 우리가 속한 집단에 대한 저항

1. 부코바르 포위 공격에 대해서는 다음을 참조, Death of a Nation (Penguin, 1997), pp. 175-82
2. Slavenka Drakulic, The Balkan Express: Fragments from the Other Side of War (Norton, 1993), pp. 52.
3. Mishan Glenny, The Fall of Yugoslavia (Penguin, 1992), pp. 85-86.
4. 박물관에 전시된 이런 흔적과 관련된 내용은 다음을 참조, Michael Ignatieff, Blood and Belonging: Journeys into the New Nationalism (Noonday, 1995), pp. 31-35.
5. Gordon W. Allport, The Nature oof Prejudice; 25th Anniversary Edition (Perseus, 1979), xv. xvii.
6. Peter Maass, Love Thy Neighbor: A Story War (Vintage, 1996), pp. 20-21.
7. Matthew Lippman, "Humanitarian Law: The Development and Scope of the Superior Orders," Penn Srare International Law Review, Fall 2011, pp. 233-44
8. Immanuel Kant, foundations of the Metaphysics of Morals, 2nd ed., trans. Lewis Beck (Prentice Hall, 1989), p. 83.

9. 다음에서 인용, Jonathan Haidt, "The Emotional Dog and Its Rational Tail," Psychological Review vol 108. no. 4, October 2001, p. 816 콜버그의 이론에 대한 보다 자세한 내용은 다음을 참조, Charles Bailey, "Kohlberg on Morality And Feeling," in Lawrence Kohlberg: Conseneue and Controversy, ed. Sohan Modgil and Celia Modgil (Farmer, 1986), chapter 12.
10. 다마시오의 분석에 대해서는 다음을 참조, Antonio Damasio, Descartes' Error (Vintage, 206), pp. 34-51.
11. Joshua Greene and Jonathan Hadit, "How (and Where) Dose Moral Judgment Work?, TRENDS in Cognitive Science, vol. 6, no. 12, 2002, p. 519. 원본 실험 연구에 대해서는 다음을 참조, Joshua Greene et L., "An fMRI Investigation of Emotional Engagement in Moral Judgement," Science, vol. 293, Sept. 14, 2001, pp. 2105-2108.
12. A Leading Primatologist Describes Why We Are Who We Are (New York, Penguin, 2005), p. 2.
13. Quoted in Haidt, "The Emotional Dog," p. 816.
14. Adam Smith, The Theory of Moral Sentiments (Book Jungle, 2007), pp. 1-2.
15. 이 2009년 연구에 대해서는 다음을 참조, Sarina Rodrigues et al., "Oxytocin Receptor Genetic Variation Relates to Empathy and Stress Reactivity in Humans." Proceedings of the Nationsl Academy of Sciences, Now. 23, 2009, accessed May 6, 2011, www.pnas.org/content/early/2009/11/18/0909579106. full.pdf+html
16. ASTM, pp. 1-2. 공감에 대한 흄의 설명과 스미스의 설명 사이의 차이점에 대해서는 다음을 참조, Samuel Fleischacker, "Hume and Smith on Sympathy: A Contrast, Critique and Reconstrauction." 이 논문을 나와 공유해준 스티븐 루크스를 고맙게 생각하고 있음을 밝혀둔다.
17. Philip Gouraevitch, We Wish to Inform You That Tomorrow We Will Be Killed with Our Families: Stories from Rwanda (Farrar, Straus and Giroux, 1998) pp. 95-96.
18. Philip Gortevitch, "The Life After," The New Yorker, May a, 2009, pp. 40-41.
19. Erich Fromm, e scape from Freedom (Owl, 19940, PP. 18, 208.
20. Solomon Asch, " Studies of Independence and Conformity: I. A Minority of One Against a Unanimous Majority," Psychological Monographs, Vol 70, no. 9, 1956, PP. 31, 70.
21. 기능적 자기공명영상 결과와 다수의 의견에 대한 동조 현상을 확인하는 실험에 대에서는 다음을 참조, Biological Psychiatry, no 58, 2005, pp. 245-53. 인용된 번즈의 발언은 개인적인 인터뷰를 통해서 확보한 것임.
22. David Homel, The Speaking Cure (Douglas and McIntyre, 2003), p. 6.

23. Benedict Anderson, Imagined Communities (Verso, 1991), p. 9. 정치적인 이념이 아닌 것으로서의 민족주의에 대한 논의는 다음을 참조, pp. 5-6.
24. Glenny, The Fall of Yugoslavia, p. 90.
25. Svetlana Broz, Good People in an Evil Time, trans. Ellen Elias-Bursac (Other, 2005), p. 1xvii. 제차르의 이야기는 pp. 119-22.
26. Lynn Hunt, Inventing Human Rights: A History (Norton, 2007), pp. 32, 39.

chapter 3. 선택적 명령 거부자

1. Walter Harding, The Days of Henry Thoreau (Princeton University Press, 1993), p. 199.
2. Henry David Thoreau, Collected Works (Biblio Bazzar, 2008), PP. 30, 32, 35, 39, 45.
3. 소로에 대한 아렌트의 의견에 대해서는 다음을 참조, Hannah Arendt, Crises of the Republic (Mariner, 1972), PP. 58-68.
4. Trudy Rubin, "The Siege of Beirut and the Reluctant Israeli Colonel," Christian Science Monitor, July 29, 1982.
5. Mark Osiel, Obeying Orders (Transaction, 1999), p. 23.
6. Robert J. Lifton, Home from the War: Vietnam Veterans; Neither Victims nor Executioners (Simon & Schuster, 1973, p. 58.
7. Hugo Adam Bed, Civil Disobedience in Focus (Routledge, 1911), P. 7.
8. Arendt, Crises of the Republic, pp. 60-62.
9. Lass Oppenheim, International Law: A Treatise, 3rd ed., vol. 1 (Lawbooks Exchange, 2005), p. 342.
10. Matthew Lippman, "Humanitarian Law: The Developement ad Scope of the Superior Orders Deense," Penn State International Law Review, Fall 2001, pp. 174-75.
11. Osiel, Obeying, p. 58.
12. United Nations, Principles of International Law Recognized in the Charter of the Nurnberg Tribunal and in the Judgement of the Tribunal: 1950, accessed May 10, 2011, untreaty.un.org/ilc/texts/instruments/english/draft%20articles/7_1_1950.pdf
13. 카프르 카심 학살 사건에 대한 상세한 내용은 다음을 참조, Dalia Karple, "Do the Right Thing," Ha'aretz, Oct. 17, 2008.
14. ibid.
15. ibid.
16. Osiel, Obeying, p. 77. 아울러 이 책의 주-13도 참조할 것. 이것을 보면 아이히만

법정이 카프르 카심 판결문을 인용함을 알 수 있다.
17. Harding, Days of Henry Thoreau, p. 302
18. Michael Walzer,Obligations: Essays on Disobedience, War, and Citizenship (Harvard University Press, 1970), p. 122; Madison quoted on p. 125.
19. John Lockem, A Letter Concerning Toleration (Classic, 2009), p. 41.
20. Yariv Oppenheimer, "Ma'ariv 'Solders Don't Issue Ultimatums' by Yariv Oppenheimer, Peace Now Secretary General," trans. Noam Shelef, Americans for Peace Now, Nov. 11, 2009.
21. Ruth Linn, Not Shooting and Not Crying: Psychological Inquiry into Moral Disobedience (Greenwood, 1998), p.57.
22. Ari Shavit, "The Big Freeze," Ha'aretzz, Oct. 8, 2004.
23. Yagil Levy, "The Embedded Military: Why Did the ID Perform Efectively in Executing the Disengagement Plan?," Security Studies, vol. 16, no. 3, pp. 382-408.
24. Eyal Press, "Isreal's Holy Warriors," The New York Review of BBooks, April 29, 2010.
25. Refunsenik! Israel's Soldiers of Conscience, ed. Peretz Kidron (Zed, 2004), pp. xii-xiii.
26. Arendt, Crises of the Repulbic, pp. 62-63.
27. Peter Braaksma, Nine Lives: Making the Impossible Possible (New Internationalist, 2009),p. 53.
28. Chaim Levinson, "Court Holds State Responsible for Shooting of Palestinian Girl,' Ha'retz, Aug. 16, 2010.
29. Tamar Yarom, To see If I'm Smiling (First Hand Flims, 2007), 0:47.

chapter 4. 저항의 가치

1. 이 편지를 포함해서 레일라 위들러 사건과 관련된 문건들은 필자가 직접 입수했다.
2. Monica Perin, "International Investment," Houston Business Journal, vol. 30, no. 22, Oct 22, 1999,p. 14.
3. '스탠퍼드 인터내셔널 뱅크'와 양도성예금증서(CD) 발행 사이의 연관성에 대해서는 다음을 참조, U.S. Securities and Exchange Commission, Office of Inspector Generl, Investigtion of the SEC's Response to Concern Regarding Robert Allen Stanford's Alleged Ponzi Scheme, Case No. OIG-526, March 31, 2010,pp. 29-31.
4. 크롤과 윌리엄 피네건 사이의 관계에 대해서는 다음을 참조, William Finnegan, "The Secret Keeper: Jules Kroll and the World of Corporate Intelligence," The New Yorker, Oct. 19, 2009, and Matthew Goldstein, "Kroll's Roll in the

Stanford Muck," Reuters, Sept. 11, 2009.

5. 스탠포드 직원들이 받았던 보너스에 대한 구체적인 내용은 법정관리인이 신청한 잠정적 금지 명령 혹은 그 직원들 계좌에 대한 가처분 명령을 토대로 했다. 참조, Ralph S. Janvey V. James R. Alguire et al., Case No. 03-09-CV-0724-N, U.S. District Court for the Northern District of Texas, Dallas Division, Filed April 19,2010,pp 6-7.

6. "Person of the Year" Issue, Times, Dec. 30, 2002.

7. Philip Jos, M. E. Tompkins, and S. W. Hates, " In Praise of Difficult People," Public Administration Review, vol. 49, no. 6,p 557.

8. Randi Sims, "Collective Versus Individualist National Cultures: Comparing Taiwan and U.S. Employee Attitudes Toward Unethical Business Practices," Business Society, vol. 48, no 1, March 2009.

9. Alexis de Tocqueville, Democracy in America, trans. Henry Reeve (Edward Walker),p. 243

10. Myron Peretz Glazer And Penina Migdak Glazer, The Whistleblowers: Exposing Corruption in Government Industry (Basic, 1989), pp. 5-6.

11. Jos et al., "In Praise," p. 557.

12. Albert Hirschman, Exit, Voice, and Loyalty (Harvaed, 1970), p. 30

13. ibid., pp. 107-108.

14. 〈뉴욕타임스〉에 게재된 뉴욕경찰청의 비리에 대해서는 다음을 참조, David Burnham, "Graft Paid to Police Here Said to Run Into Millions," New York Times, Apr. 25, 1970.

15. Judith Ehrlich, The Most Dangerous Man in America (Ehrlich and Goldsmith, 2009).

16. Robert Ann Johnson, Whistleblowing: When it Works-and Why (lynne Rienner, 2003), p. 20.

17. Claude Fischer, "Sweet Land of ... Conformity? Americans Aren't the Rugged Individuals We Think We Are," Boston Globe, June 6, 2010.

18. Ellen Nakashima, "Bradley Manning Is at the Center of The Wikileaks Controversy, but Who Is He?" Washington Post, May 4, 2011.

19. C. Fred Alford, Whistleblowers: Broken Lives and Organizational Powers (Cornell, 2001), pp. 19-20, 110.

20. United States Department of Labor, Welch v. Cardinal Bankshares Corp., Case No 2009-SOX-15 (Administrative Law Judges, 2004),p. 43.

21. Barack Obama,"Remarks by the President to the Nation on the BP Oil Spill," Office of the Press Secretary, June 25, 2010.

22. Ian Urbina, "Workers on Doomed Rig Voiced Concern About Safety," New York Times, July 21, 2010.

23. Cass Sunstein, Why Society Need Dissent (Harvard, 2003),pp. 2-5.

24. Vaclav Havel, The Power of the Powerless: Citizens Against the State in Central-Eastern Europe, trans. Paul Wilson (Palach, 1985), p. 63.
25. 마코폴로스의 설명에 대해서는 다음을 참조, Harry Markopolos, No Cne Would Listen; A Financial Thriller (Fox Hounds, 2011).
26. Sunstein, Societies, pp. 109-10
27. Alford, Whistleblowers, p. 53.
28. U.S. Securities and Exchange Commission, p. 2
29. Michael Sallah and Rob Barry, " Feds Probe Banker Allen Stanford's Ties To Congress," Miami Herald, Dec. 27, 2009. 스탠퍼드가 정치인들에게 기부한 내용과 앤티가 섬에서 정치인들에게 접대한 내용을 보다 상세하게 보려면 다음을 참조, Bryan Burrough, "Pirate of the Caribbean," Vanity Fair, vol. 51, no. 7, JULY 2009.
30. U.S. Securities and Exchange Commission, pp. 17-19, 54-56.
31. U.S. Securities and Exchange Commission, pp. 64-70. 증권거래위원회의 관할권 쟁점 등을 포함한 보다 자세한 사항은 해당 절을 참조.

에필로그

1. Darrel Vandeveld, Written Statement of Darrel Vandeveld, "Exhibit B," cASE 1:05-cv-02385-RUM.Jan. 12, 2009, accessed May 16, 2011, p. 14.
2. 자와드의 석방에 대한 자세한 내용은 다음을 참조, William Glaberson, "Judge Orders Guantanamo Detainee to Be Freed," New York Times, July 30, 2009.
3. Lawerence Morris, "Guantanamo Prosecutor Is Quitting in Dispute Over a Case," New York Times, Sept 24, 2008.
4. Martin Luther King, Jr., The Autobiography of Martin Luther King, Jr. (Warner, 2001), p.14.
5. Supreme Court OF the United States, United States v. Seeger, 380 U.S.163, March 8, 1965.
6. Michale Walzer, Obligations: Essays on Disobedience, War, and Citizenship (Harvard University Press, 1970), pp. 121, 130-31.
7. Susan Sontag, At the Same Times: Essay and Speeches (Farrar, Straus and Giroux, 2007), p. 181.